역사학자 **전우용**의 시대 논설

역사의 시선

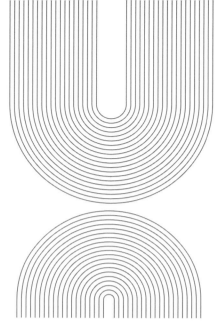

역사학자
전우용의
시대 논설

역사의 시선

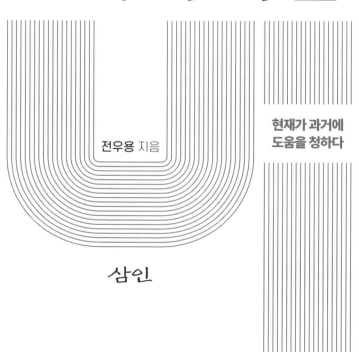

전우용 지음

현재가 과거에
도움을 청하다

삼인

2019년 3월 초, 나는 브라질 동포들의 3.1 운동 100주년 기념행사에 강연자로 초청받아 상파울루에 이틀간 머물렀다. 강연 하루 전, 한국 영사관 직원의 안내로 상파울루 미술관에 갔다. 미술관 앞 광장에서는 많은 사람이 모여 시위인지 축제인지를 벌이고 있었다. 영사관 직원에게 무슨 행사인지 물었다. 그는 브라질 교원노조가 룰라 석방을 요구하며 시위하는 중이라고 알려주었다. 국내 언론을 통해 룰라가 부패 혐의로 체포되었다는 사실만 알았기에, 교원노조의 '부패 정치인' 석방 시위는 의외였다. 귀국 후 브라질 정치 관련 언론 기사들을 훑어보고서야 '룰라 석방 시위'의 배경을 이해했다. 제3자의 처지에서 보기에도 룰라 기소와 재판은 '노동자 출신 진보적 정치인'을 향한 '보수적 엘리트 집단'의 편견과 예단으로 가득 차 있었다. 증거와 증언을 조작한 검찰, 검찰의 주장만을 '기정사실화'하여 보도하고 룰라 측의 반론은 묵살한 언론, "피고인이 증거를 인멸했기 때문에 증거 자료를 제출할 수 없다"는 검찰의 황당한 주장을 수용한 법원, 모두 이성을 잃은 것처럼 보였다. 진보적 정치인의 집권을 막아야 한다는 '집단 광기(狂氣)'가 저들을 사로잡은 듯했다. 국제사회 일각에서는 이를 'Soft Coup', 즉 '연성 쿠데타'라고 지칭했다. 총칼을 동원하지 않은 '비폭력 쿠데타'라는 뜻이었다. 브라질 쿠데타 세력이 이용한 것은 '법과 글'이었다.

  반년 후, 한국에서도 비슷한 일이 벌어지기 시작했다. 당시 문재인 대통령이 검찰개혁론자인 조국을 신임 법무장관으로 지명하자, 즉각 조국 일가를 '사냥'하기 위한 검찰과 언론의 연합 작전이 시작되었다. 나는 수백 군데를 압수수색하여 딸이 받은 표창장과 장학금, 아들이 받은 인턴활동증명서까지 '범죄의 증거'로 이용하는 검찰과 수십만 건의 기사로 검찰의 주장만을 일방적으로 전달하는 언론들에서 브라질 엘리트 집단이 표출했던 광기를 다시 보았다. 1960년대부터 1980년대까지 쿠데타와 군사독재의 역사를 공유했던 두 나라이니만큼, '연성 쿠데타'의 역사도 공유하게 될지 모른다는 생각이 들었다. 그래서 SNS에 법조-언론 엘리트 카르텔에 의한 연성 쿠데타 가능성을 경고하는 글을 몇 차례 올렸고, 검찰 개혁 촉구집회에서 연설도 했다. 검찰의 조국 일가 '사냥'을 비판하는 내용의《검찰개혁과 촛불시민》, 세칭 '조국백서'의 서문도 썼다. 당시 나는 자타칭 진보 언론이던

〈한겨레〉와 〈경향신문〉에 4~5년 동안 매주 한 차례씩 칼럼을 게재하고 있었다. 우연인지 몰라도 두 신문사로부터 '그만 쓰라'는 통보를 받은 것은 이 일로부터 얼마 지나지 않은 때였다. 이후 나와 '레거시 미디어'의 관계는 완전히 단절되었다.

나는 2008년부터 신문 칼럼을 썼다. E. H. 카가 제시한 '역사는 과거와 현재 사이의 끊임없는 대화'라는 명제는 역사를 도그마(Dogma)로 만들어서는 안 된다는 경고였다. 일부 인간이 역사를 도그마로 만든 참혹한 결과가 제2차 세계대전 중의 독일, 전쟁 이후의 소련, 중국 등지에서 일어난 대량 학살과 인권 유린이었다. 역사가들에게 이 명제는 '늘 현실에 발을 딛고 과거를 보라'고 촉구하는 권고문이기도 했다. 그런데 과거는 바위처럼 단단하지만 현실은 유동적이다. 그렇기에, 과거를 보는 일보다 현실에 발을 딛는 일이 훨씬 더 어렵다. 내가 신문 칼럼을 쓴 이유는 첫째로 내 발을 현실에 딛기 위해서였고, 둘째로는 독자들에게 과거와 현재 사이의 대화법을 알리기 위해서였다.

작년 가을, 삼인출판사 직원이 찾아와 '현재와 대화하는 과거'에 관한 책을 함께 만들자고 제안했다. 당장 새 글을 쓸 시간이 없었다. 과거에 써 놓은 글들이라도 괜찮겠느냐고 역제안했다. 출판사에서는 내가 보내준 원고 파일들을 꼼꼼히 검토하고선 '현재적 의미가 있는 과거'에 관한 꼭지들만 선별해 출판하겠다고 답했다. 얼마 후, '시점을 현재에 맞춘' 수정 제안이 첨부된 편집 원고가 도착했다. 과거에 내가 쓴 글들을 다시 읽고 고치면서, 암담한 느낌이 들었다. 용산 참사와 세월호 참사가 이태원 참사로 재현되고 최순실의 국정농단이 김건희의 국정농단으로 반복되는 현실을 보면서 '단단한 과거'가 조금도 도움이 되지 않았다는 사실을 새삼 깨달았기 때문이다. 소설가 한강은 노벨문학상 수상 소감에서 "과거가 현재를 도울 수 있을까?"라는 질문을 던졌다. 평생 역사학을 공부한 처지에서 답하자면, 과거는 자기를 잊지 않고 도와달라고 부탁하는 현재만 도와준다. '과거를 잊은 민족에게 미래는 없다'라는 격언이 생긴 이유이기도 하다.

원고를 수정하는 동안에, 윤석열이 친위 쿠데타를 일으켰다. 2019년의 연성 쿠데타에 이은 '경성(硬性) 쿠데타'였다. 브라질 국민들은 2022년 대통령 선거에서 연성 쿠데타로 집권한 세력을 심판했다. 연성 쿠데타를 주도한 자들은 선거 직후 대거 외국으로 망명했다. 윤석열 일당이 친위 군사 쿠데타를 감행한 데에는 자기들에게도 같은 미래가 닥칠지 모른다는 불안감이 작용하지 않았을까? 머리글을 쓰고 있는 지금, 내란은 아직 진행 중이다. 몇 해 전, 유엔은 한국을 '선진국'으로 인정했다. 그러니 2024년 12월 3일 자 윤석열의 비상계엄 선포는 '선진국 최초의 군사 쿠데타'다. '최초'는 '타산지석(他山之石)'으로 삼을 것이 없다는 뜻이기도 하다. 그렇기에 내란을 진압, 수습하는 과정에서도 세계사상 유례를 찾을 수 없는 해괴하고 희한한 장면들이 연출되었다. '타산지석'을 찾을 수 없다면 '온고이지신(溫故而知新)'하는 수밖에 없다. 우리는 왜 이런 일을 겪는가? 우리의 민주주의는 왜 이토록 허약한가? 이런 일을 다시 겪지 않으려면 우리가 어떻게 해야 하는가? 10여 년 전의 잘못조차 교정하지 못하는 우리가 수백 년, 수천 년 전의 일에서 어떻게 교훈을 얻을 수 있을까?

윤석열이 비상계엄을 선포하자마자, 국회 앞으로 달려간 시민들이 있었다. 그들은 맨몸으로 장갑 군용차와 총 든 군인들을 막아서서 민주주의를 지켰다. 모두 군사 쿠데타와 군부 독재로 얼룩진 역사를 잊지 않은 사람들이었다. 그들 앞에서 머뭇거린 군인들도 5월 광주를 기억하고 있었다. 그들은 과거를 불러내 현재를 돕게 만들었다. 역사는, 자기에게 배우려는 의지가 있는 사람에게만 가르침을 베푼다. 내가 과거에 쓴 글들을 고쳐 굳이 책으로 엮어낸 것은, '역사에서 배우려는 의지'를 가급적 많은 분과 공유하고 싶어서다. 과거에 배우려는 의지를 버리지 않아야, 현재에서 길을 잃는 재난을 피할 수 있다.

수십 꼭지의 글을 우리가 걸어온 길, 우리가 걸어갈 길, 바른길을 찾기 위해 우리가 지켜야 할 것과 버려야 할 것 등으로 주제를 나눠 모양새 있게 편집해 준 삼인출판사 편집부 직원들께 감사드린다. 더불어 몸을 던져 내란을 막고 이 나라의 미래에 새 지평을 열어준 시민들께 무한한 경의를 표한다. 우리 뒤에 바위처럼 단단한 과거가 버티고 있다는 사실을 잊지 않는 한, 더 나은 미래를 꿈꿀 우리의 권리는 결코 침해받지 않을 것이다.

2025년 2월 14일

전우용

1장

그들이 만든 세상에 관하여

#01
심의와 살의

    왕위를 얻고 지키기 위해 조카와 동생들까지 죽였던 조선 세조(世祖)는 남달리 병치레가 잦았다. 그 스스로 너무 많은 사람을 죽인 데 따른 업보라고 생각했던지, '억불숭유(抑佛崇儒)'의 건국 이념을 묵살하고 궐내에 절을 짓기도 했다. 그렇다고 기도에만 매달리지는 않았다. 그는 자기 병을 고치기 위해 수많은 의서(醫書)를 탐독했다. 나중에는 약 짓는 일도 전의(典醫)에게 맡겨두지 않고 반드시 함께 토론한 뒤 스스로 처방을 내릴 정도로 의학에 일가견을 쌓았다.

    재위 9년째인 1463년, 세조는 친히 《의약론》이라는 책을 지었다. 이 책에서 그는 먼저 '어떤 병에 무슨 약이 좋다고 하여 아무 때나 써서는 안 된다'는 점을 분명히 했다. 처방 못지않게 약을 쓰는 시점이 중요하다고 본 것이다. 현대 의학에서는 이미 상식이지만, 당시로서는 탁견(卓見)이었다. 이어 그는 자신의 기준에 따라 의사를 여덟 종류로 나눴다.

첫째는 심의(心醫)니, 환자의 마음을 편안하게 해주는 의사다. 환자의 마음이 편안하면 저절로 기운이 편안해지며 의사의 말을 잘 따르게 되어 치료 효과도 높아진다는 것이다.

둘째는 식의(食醫)니, 환자의 상태에 따라 입에 맞는 음식을 골라줘서 기운을 차리게 해주며, 음식을 약으로 쓰기도 하는 의사다.

셋째는 약의(藥醫)니, 의서에 따라 약방문을 쓸 줄만 알 뿐 약을 어느 시점에 써야 할지 모르는 의사다. 이런 의사는 이미 약을 쓸 시점을 넘겼음에도 계속 약만 먹으라고 한다.

넷째는 혼의(昏醫)니, 환자의 상태가 위급해지면 망연자실하여 어쩔 줄 몰라 하는 의사다.

다섯째는 광의(狂醫)니, 환자를 자세히 살피지도 않고 아무 약이나 마구 쓰며 여기저기 닥치는 대로 침을 놓는 의사다.

여섯째는 망의(妄醫)니, 이미 고칠 수 없는 상태가 된 환자를 치료하겠다고 함부로 나서는 의사다.

일곱째는 사의(詐醫)니, 의술에 대해 잘 알지도 못하면서 의사 행세를 하는 사기꾼이다.

여덟째는 살의(殺醫)니, 총명하여 의술에 대해 아는 바는 많으나 세상일에 경험이 없어 인도(人道)와 천도(天道)를 알지 못하며 병자를 측은하게 여기는 마음도 없는 자다.

세조는 '살의'에 대해 특히 길게 언급하면서 "이런 의사는 남에게 이기려는 마음만 가득하여 남이 동쪽이라 하면 서쪽이라 우기고, 먼저 말을 내뱉은 다음에 그를 합리화하는 논거를 찾는데, 찾을 수 없으면 억지를 부린다. 이는 어리석은 자가 아니라 자신만 옳다고 여겨 남을 능멸하고 거만하게 구는 자다. 최하(最下)의 쓸모없는 인간이니, 마땅히 자기 한 몸을 죽일지언정 다른 사람은 죽이지 말아야 할 것이다"라고 통렬히 꾸짖었다.

그런데 세조는 최상급의 심의라 해도 약의 처방과 시약(施藥) 시점을 정확히 알기는 어렵다고 했다. 그가 가장 높이 평가한 의사는 '무심지의(無心之醫)'였다.

마음은 생(生)이 되나 본래 생(生)이란 없다. 생이 없으면 병도 없고, 병이 없으면 의사도 없고, 의사가 없으면 일도 없다.

불교 경전인 《반야심경》의 '색즉시공(色卽是空) 공즉시색(空卽是色)'과 사실상 같은 뜻이었다. 그러나 '무심지의'에 대한 얘기는 그가 의학보다 종교에 더 의지하고 있었음을 보여줄 뿐, 속세에서는 심의는커녕 약의도 찾기 어려웠다.

조선 시대 상소문들은 흔히 임금을 의사에 비유하곤 했다. 임금이 백성의 질병과 고통을 덜어주는 일에 무심하다고 비판하는 글도 있었고, 자기가 나라의 병을 고칠 수 있는 약방문을 만들었으니 이것을 채택해 달라고 요청하는 글도 있었다. 그런데 어떤 경우든, 그들이 말하는 '나라의 병을 고치는 의술'의 첫 단계는 백성의 마음을 읽고 그들과 마음으로 소통하는 것이었다. 조선 세조가 가장 뛰어난 의사로 꼽은 '심의'와 조야(朝野)의 지식인들이 생각한 '나라를 구하는 의사'의 덕목은 완전히 같았다. 먼저 환자의 마음을 열고 그 뒤에 약을 쓰는 것.

  나라의 병을 고치는 데에도 정확한 처방과 시점이 중요하다. 아무리 좋은 처방이라도 환자가 수긍하지 않거나 받아들일 태세가 되어 있지 않을 때는, 먼저 환자의 마음 상태를 바꾼 뒤에 써야 한다. 좌파 정권 때문에 병든 나라를 고치겠다고 큰소리친 윤석열 대통령의 임기도 반을 넘었다. 먼저 국민의 마음을 편안케 하여 자기가 처방한 '약'을 기꺼이 받아먹도록 하는 '심의' 노릇을 하고 있는지, 아니면 국민의 형편을 자세히 살피지도 않고 아무 약이나 마구 쓰는 '광의'나 정치에 대해 제대로 알지도 못하면서 정치한다고 설치는 '사의' 노릇을 하고 있는지, 그것도 아니면 자신만 옳다고 여겨 남을 능멸하고 거만하게 굴면서 자기 처방에 수긍하지 않는 사람들을 '반국가 세력'이나 '반대한민국 세력'으로 몰아붙이는 '살의' 노릇을 하고 있는지는 누구나 어렵지 않게 알 수 있을 터이다. 세조가 '살의'라는 이름을 붙인 것은 이런 의사가 사람을 죽이기 때문이다. '살의' 같은 사람이 나라를 다스리면, 국민이 죽고 나라가 망한다.

#02
측은지심 없는 정치

내가 돌아올 때 경기(京畿)에 들어오니 길가에 나와 보는 사람이 한
명도 없었다. 사유를 물으니, 경기감사가 각 고을에 공문을 보내 백성들
이 나와 보지 못하게 했다고 한다. 굶주린 사람들이 많아 어가(御駕)를
가로막고 하소연할까 봐 금지한 것이라니, 용서할 수 없다.*

현대 한국인들이 '겨레의 성군**'으로 추앙하는 세종은 어가를
가로막고 하소연하는 굶주린 백성들의 불경(不敬)이 아니라, 왕
의 이목을 어지럽힐까 걱정해 왕과 백성 사이를 가로막은 고위
관리의 충성심에 격분했다. 그는 불쌍한 백성들이 왕에게 직접
호소할 수 있도록 길을 열어주는 것이 왕정의 도리이며, 그 길을
막는 신하는 벌받아 마땅하다고 생각했다.

---

* 《세종실록》(26년 5월 7일).
** 서울 종로구 통인동에 있는 '세종대왕 나신 곳' 표지석에 새겨진 문구.

그가 한글을 창제한 것도 백성에 대한 측은지심의 소산이었다. 세종에게 '이르고자 할 바(말하고 싶은 바)'가 있어도 그 뜻을 충분히 전달할 수 없는 어리석은 백성들을 불쌍히 여기는 마음이 없었다면, 한글은 세상에 나오지 못했을 것이다. 이때의 '이르고자 할 바'는 저잣거리에서 백성들끼리 나누는 말이 아니다. 그런 말은 굳이 글로 쓸 필요가 없다. 한글은 힘없는 백성이 힘센 권력자에게 '말하고자 하는바'를 글로 옮겨 전달할 수 있게 해주려고 만든 글자다.

맹자는 불쌍한 사람을 동정하는 마음[측은지심(惻隱之心)], 더러운 것을 미워하고 스스로 부끄러움을 아는 마음[수오지심(羞惡之心)], 자신을 낮추고 남에게 양보할 줄 아는 마음[사양지심(辭讓之心)], 옳고 그름을 분별할 줄 아는 마음[시비지심(是非之心)]의 네 가지 마음을 인간의 본성으로 설정하고 이들을 각각 인(仁), 의(義), 예(禮), 지(知)에 배정했다. 나아가 정치는 다른 무엇보다도 측은지심을 근간으로 한 정치, 즉 인정(仁政)이어야 한다고 설파했다. 재난을 당한 사람, 억울한 일을 겪은 사람, 절박한 상황에 놓인 사람들을 불쌍히 여기고, 그들의 말에 먼저 귀를 기울이는 것이 인정(仁政)의 요체다.

유교 정치 이념이 지배한 조선 시대에는 일반 백성들이 최고 통치자에게 직접 억울한 사정을 하소연할 수 있는 길이 지금보다 훨씬 넓었다. 다들 익히 아는 신문고가 있었고, 왕이 행차할 때 어가 주변에서 징이나 꽹과리를 쳐 직접 호소할 기회를 얻는 격쟁(擊錚)이 있었으며, 왕이 서울 시민들의 고충을 직접 들어주는 공시인순막(貢市人詢瘼)이 있었다. 이런 정치 이념 때문에 조선왕조가 망했다고 주장하는 이도 있으나, 그보다는 이런 정치 이념 덕분에 500년 이상 존속했다고 보는 편이 옳다. 조선왕조가 내부로부터 붕괴하기 시작한 것은, 오히려 노론 일당 장기 집권체제가 인정(仁政)의 이념을 허구화하면서부터였다.

측은지심은 인정(仁政)의 요체일 뿐 아니라 인지상정(人之常情), 즉 인정(人情) 그 자체이기도 하다. 더럽고 부패한 것을 거리끼지 않는 사람, 거만해서 사양할 줄 모르는 사람, 무식해서 시비를 분별하지 못하는 사람더러 '인정머리 없다'고 하지는 않는다. '인정머리 없다'는, 동정심이 없어 불쌍한 사람을 거들떠보지 않는 매몰찬 인간에게 쓰는 말이다. 그런데 작금에 벌어지는 일들을 보면, 이 민족이 세종을 '겨레의 성군'으로 숭앙하는 민족이라고도, 이 나라가 인정(仁政)의 오랜 전통을 가진 나라라고도, 도저히 말할 수 없다.

2009년 용산에서 경찰의 과잉진압으로 6명이 사망하고 24명이 다친 대형 참사가 발생한 뒤, 정부와 서울시는 '정당한 공권력 행사'였다며 피해자들에게 모든 책임을 떠넘겼다. 참사 발생 한참 후 마지못해 서울시 대변인을 통해 '사과 성명'을 발표했던 당시 서울시장 오세훈은 2021년 서울시장 선거에 재출마하면서 용산 참사의 본질은 "과도한 폭력행위를 진압하기 위한 경찰 투입으로 생긴 일"이라며 과거의 '사과'를 사실상 철회했다.

2014년 세월호 참사 때 정부 기관과 관변단체 회원들이 한 일은 차마 글로 표현하기도 어려울 정도다. 제 자식이 억울하게 죽은 이유나 속 시원히 알아야겠다며 하소연하는 사람들을 가로막은 경찰, 텅 빈 가슴 부여안고 단식하는 유족들 옆에서 일부러 냄새나는 음식을 시켜 먹으며 조롱하던 극우단체 회원들, 살았을 때 잘해주지 못한 게 너무 미안하다며 목숨 걸고 단식하는 아비 뒤를 캐어 세상에 몹쓸 사람인 양 매도한 언론인들, 이 모든 일을 자기와는 아무 관계없는 일인 양 외면하고 뮤지컬이나 관람하며 활짝 웃던 최고 통치자, 35년 전에 아비 잃은 딸 보고는 불쌍하다면서도 140일 전에 자식 잃은 부모더러는 그만 슬픈 척하라며 비난하던 사람들 ….

정부 주도의 '몰인정'은 윤석열 정부 출범 후 더 심해졌다. 코로나19(이하 '코로나')로 인한 '사회적 거리 두기'가 해제된 이후 처음 열린 이태원 핼러윈 축제에서 159명이 압사당하는 끔찍한 참사가 일어났다. 경찰의 부주의 또는 동선 통제 실패로 발생한 이 참사에 스스로 책임진 정부 관료는 단 한 명도 없었다. 대형 사고가 일어나면 총리나 주무 장관이 '도의적' 책임을 지고 물러나는 것이 정치적 관행이었지만, 이 정부는 그런 관행조차 묵살했다.

더구나 위패도 영정도 없는 합동분향소를 급조해 희생자들을

'애초에 없던 존재'처럼 만들어 공동체에서 떠나보냈다. 합동분향소는 1982년 의령 우범곤 순경 총기 난사 사건 이래 100차례 가까이 만들어졌지만, 위패와 영정 없이 설치된 것은 이때가 처음이었다. 그러나 기본 격식조차 갖추지 않은 이 합동분향소를 두고 언론들은 '개인 정보 보호'를 위해서라는 황당한 주장으로 정부의 처사를 두둔했다. 극우단체 회원들과 일부 개신교인들은 한술 더 떠 '남의 나라 귀신놀음에 놀러 간 사람들 잘못'이라며 죽은 이들을 비난했다. 세월호 참사 직후 "가난한 집 아이들이 수학여행을 경주에나 갈 것이지 왜 제주도로 가다가 이 사달을 내나?"라던 모 대형교회 목사 발언의 재판(再版)이었다. 이들은 참사 현장에 찾아와 묵도하는 자발적 추모객들을 향해 차마 글로 옮기기 어려울 정도로 더러운 욕설을 확성기로 퍼붓기까지 했다. 세월호 참사 직후 극우단체 회원들의 패륜적 언행을 목도한 어떤 이는 자기 SNS에 '전에는 사람들이 진보와 보수로 나뉘는 줄 알았는데, 세월호를 겪고 보니 인간과 짐승으로 나뉘더라'라고 썼다.

누구나 자기 몸에서 가장 신경 쓰이는 신체 부위는 '아픈 부위'다. 가족 중에서 가장 신경 써야 할 사람은 '아픈 사람'이다. 가족 잃은 비탄에 몸부림치는 사람들을 먼저 보살피는 것은 모든 단위 공동체의 기본 윤리이자 운영원리다. 국가 공동체의 운영원리도 같다. 그래서 정치의 첫 번째 덕목이 '측은지심'인 것이다.

측은지심이 없으면 사람이 아니고, 측은지심을 버린 정치는 폭
정이다.

#03
'기득권 세력'이란?

　1894년 봄, 세상의 도의를 바로 세우겠다며 동학교도를 중심으로 봉기한 농민군이 내건 강령 중 하나는 '구병입경 진멸권귀 (驅兵入京 盡滅權貴)'였다. '병사를 몰아 서울로 쳐들어가 권세 있고 귀한 자들을 모두 없애버린다'라는 뜻이다. 그때 그들은 서울의 '권귀'들에게 왜 그토록 깊은 원한을 품었던 것일까? 이로부터 100년 전, 정조는 '과거에 급제하는 자들이 모두 서울 남산과 북악 사이에 사는 집안 출신뿐'인 현실을 개탄했다. '남산과 북악 사이'란 서울 안을 의미한다. 우수한 교육자원이 서울에 몰려 있었기 때문만은 아니었다. 권세 있는 자들이 자기 지위를 대물림하기 위해 온갖 부정행위를 서슴지 않았던 게 근본 원인이었다. 부정행위는 답안지에 암호로 어느 가문 출신인지를 표시하거나 사전에 시험 문제를 빼돌리는 일에서 시작해 나중에는 공공연한 대리시험으로까지 발전했다. 응시자의 급제 여부를 결정한 것은 학력이 아니라 인맥이었다. 세도 가문에 속한 응시자에게는 출제자, 감독자, 채점자가 모두 친인척관계나 사제관계로 맺어진 사람이었다.

서울의 이른바 '명문가 자제'들은 스무 살이 되기 전에 과거에 급제해 벼슬길에 나아갔으나, 시골 선비들은 수십 년을 공부하고 수십 번 과거를 치르고도 급제하지 못했다. 급제하더라도 미관말직을 전전하다가 곧 그만둬야 했다. 게다가 서울의 '명문가'들은 혼인관계로, 사제관계로, 친구관계로 자기들끼리의 공고한 네트워크를 구축하고 '이질적인' 존재가 그 안에 끼어드는 것을 철저히 막았다. 그 네트워크 안에서, 그들은 '아무 짓이나 마음대로 할 수 있는 권리'를 행사하며 풍요와 향락을 한껏 누렸다. 이들이 당대의 '기득권 세력'이었다. 19세기의 서울은 이들이 흥청망청하며 태평성대를 구가하는 공간이었으나, 같은 시기의 농촌은 불만과 분노, 적개심이 들끓는 민란의 공간이었다. 소작농과 자작농뿐 아니라 시골 양반들조차도, 서울로 쳐들어가 권세 있고 귀한 자들을 다 죽여 없애자는 과격한 주장에 동조했다. 이것이 조선왕조 멸망의 전조(前兆)였다.

윤석열 대통령은 취임 이후 여러 차례 노동조합을 '귀족, 기득권 카르텔'이라고 규정하고 이를 '개혁'하겠다고 공언했다. 지금이 19세기라고 치면, 시골 양반과 자작농들을 '기득권 세력'으로 지목한 셈이다. 물론 19세기 소작인의 처지에서는 자작농도 부럽고 벼슬자리 하나 못 얻은 주제에 행세하려 드는 시골 양반들도 꼴 보기 싫었을 터이다. 그들이 일상에서 느낀 억울함, 불쾌감, 시기심 등은 대개 자기보다 조금 처지가 나을 뿐인 주변 사람들로 인한 것이었다. 그런데도 그들은 결국 자기들이 겪는 고통의 근본 원인이 진짜 기득권 세력인 세습 '권귀'들에게 있다는 사실을 깨달았다. 누가 선동해서 그랬던 게 아니다. 온 세상 사람들의 분노와 원한을 사는 일은, 온 세상 사람들에게 영향을 미칠 수 있는 권력자들만 저지를 수 있다. 왕이 그런 사람이요, 서울의 '권귀'들이 그런 사람들이었다.

소작농, 자작농, 시골 양반 할 것 없이 '서울로 쳐들어가 권귀를 다 없애자'며 봉기했던 게 불과 120년 전이다. 지금은 그런 권귀가 확실히 사라진 시대일까? 수많은 젊은이가 수십, 수백 번씩 자기소개서와 이력서를 쓰면서 절망을 쌓아가는 반대편에는, 부모덕에 어려움 없이 취업해서 승승장구하는 극소수의 젊은이가 있다. 아버지 연줄로 부동산 개발회사에 취업해 2년 남짓 일하고 퇴직금으로 50억 원을 받은 젊은이가 있는가 하면, 최저임금도 못 받는 인턴사원으로 취업해 밤샘 작업하다가 기계에 끼어 사망하는 젊은이도 있다. 자동판매기 커피값으로 800원을 '횡령'한 버스 기사를 해고한 건 정당하다고 판결한 판사가 있는 반면, 주가 조작범들의 '협조'로 23억 원을 챙긴 대통령 부인을 '무혐의' 처리한 검사도 있다.

경쟁의 영역을 초월한 자들, 무죄를 유죄로 만들고 유죄를 무죄로 바꿀 수 있는 자들은 이미 공사(公私)의 경계도 눈에 보이지 않을 정도로 충분히 오만하고 방자하며, 자기들끼리 공고한 네트워크를 구축하고 있다. 게다가 이런 특권적 지위의 세습은 현재 한국 사회의 두드러진 현상 중 하나다.

세습 기득권의 문제는 좌절감, 적대감, 시기심 등의 부정적 감정을 사회 전반으로 확산시키는 데에만 있는 것이 아니다. 현대 한국의 사회 발전과 경제 성장을 뒷받침한 강력한 힘은 해방과 전쟁을 겪으면서 특권의 세습 질서가 뿌리째 흔들린 데에서 나왔다. 천민의 자식이 귀족의 자식을 앞지를 수 있는 문이 열렸고, 그 문을 통과하려는 열정이 사회 곳곳에서 끓어 넘쳤다. 그런 열정에 찬물을 끼얹는 것이야말로, 한국 경제의 성장 동력을 죽이는 짓이다. 고작 정규직 노동자를 기득권 세력으로 지목해서 비정규직과 같은 처지가 되라고 요구하는 시대에, 무슨 발전의 희망이 있겠는가?

한국 사회와 경제를 위해 지금 시급히 개혁해야 할 것은 '진짜 기득권 세력'의 관행과 문화, 그리고 그들이 구축해 둔 특권의 카르텔이다. 진짜 기득권 세력이 '기득권 세력'이라는 '명예로운 이름'을 정규직 노동자에게 붙여 주는 건, 그들 자신이 신성불가침의 지위에 있음을 선언하는 것일 뿐이다. '신(神)'과 같은 지위를 누리는 세력이 있는 사회에는, 결코 희망이 깃들지 않는다.

#04
광기 바이러스

　2015년 2월, 10대의 김 모 군이 부모 몰래 출국하여 IS(Islamic State: 이슬람국가)에 가입했다. 다 알다시피 IS는 무고한 민간인들을 공개 참수하는 등의 만행을 여러 차례 저질러 인류 공동의 적(敵)으로 지탄받는 과격 무장 세력이자 미국과 그 동맹국들을 적대하는 반미단체다. 이 사건이 발생했을 때, 사람들은 그가 왜 그런 행동을 했는지에 대해 구구한 추측을 했고 언론들은 그가 평소 페미니즘에 증오감을 드러냈다고 보도했다. 하지만 그가 어떤 집단의 사주에 따라 움직였다고 주장하거나 페미니즘에 반대하는 사람들은 모두 IS에 가담할 위험성이 있다고 생각하는 사람은 없었다. 그의 IS 가입이 '한미동맹을 공격하는 행위'라고 주장한 사람도 없었다.

　그런데 이로부터 20여 일 뒤 50대의 김 모 씨가 미국 대사에게 테러를 가했을 때의 반응은 이와 판이했다. 해외에 있던 박근혜 (당시) 대통령은 이를 즉각 '한미동맹을 공격하는 행위'로 단정했고, 대다수 언론은 이를 '개인 김 씨'가 아닌 '반미 종북 세력의 일원인 김 씨'의 행위로 취급했으며, 경찰은 김 씨를 사주한 배후 세력이 있다는 전제하에 수사에 착수했다. 새누리당(국민의힘 전신)은 야당을 '종북 세력의 숙주'라고까지 몰아붙였다.

두 사건으로부터 10년 가까운 세월이 흐른 2024년 1월, 부산에서 60대 김 모 씨가 더불어민주당 이재명 대표의 목을 칼로 찔렀다. 경찰은 수사에 착수한 지 얼마 되지 않아 '개인의 단독 범행'이라고 발표했고 심지어 사건 발생 직후 현장을 물로 청소하여 증거를 인멸하기까지 했다. 병원 측도 주요 증거물인 피해자의 피 묻은 옷을 쓰레기통에 버렸다. 정부 관계자와 여당 의원들, 친윤 언론과 지식인들은 이재명 대표에 대한 '테러'가 아니라 목숨을 잃을 뻔했던 그의 이동 경로와 과정만을 문제 삼았다. 부산대병원에서 서울대병원으로 옮긴 것은 부산시민과 부산대병원을 무시한 처사라느니, 소방헬기를 타고 이동한 것은 특혜라느니 하는 이야기들이 신문지면과 방송화면을 장식했다.

절대다수 언론은 범인의 정체와 동기, 의도에 대한 국민 일반의 궁금증을 해소해 주려는 시도를 전혀 하지 않았다. 60대 김 모 씨가 어떤 사람들과 어울렸는지, 그가 어떤 '이념'에 사로잡혀 있었는지는 경찰과 언론의 관심 밖에 있었다. '개인 일탈'과 '특정 집단의 사주를 받은 행위'를 구분하는 이 정부와 언론의 기준은 무엇일까?

1911년 조선총독부는 현재의 옥인동 경찰청 보안수사대 자리에 순화원이라는 전염병 환자 전문병원을 세웠다. 그런데 당시에는 전염병에 대한 효과적인 치료법이 없었기 때문에, 이 병원은 환자를 위한 시설이 아니라 아직 전염병에 걸리지 않은 사람들로부터 환자를 격리하기 위한 시설이었다. 게다가 조선총독부는 감염자 또는 보균자를 적발하여 순화원에 이송하는 임무를 경찰에 맡겼다. 물론 경찰은 질병을 진단할 능력이 없었다. 그들 중에는 민족적 편견에 사로잡혀 조선인을 병균처럼 대하는 자도 많았다. 그렇다 보니 단지 전염병이 도는 때에 '열이 있는 사람'처럼 보인다는 이유만으로 순화원에 끌려가서는 거기에서 감염되어 죽는 사람도 적지 않았다. 같은 해, 조선총독부는 '데라우치 총독 암살 음모 사건'을 조작하여 총독 정치를 위협할 것으로 의심되는 조선인들을 마구잡이로 체포, 투옥하고 고문했다. 이른바 '105인 사건'이다.

순화원 설치는 '세균에 감염된 것으로 의심되는 생체'를 '건강한 사람들'로부터 격리하기 위한 조치였고, 105인 사건은 '불온사상에 감염된 것으로 의심되는 정신'을 '순종적인 사람들'로부터 격리하기 위한 조치였다. 세균과 바이러스가 질병을 일으킨다는 생각은 20세기 초에야 반박할 수 없는 과학적 지식으로 자리 잡았지만, 질병에 관한 정보와 지식의 유통 속도는 그 어떤 것보다도 빠른 법이다.

　세균과 바이러스에 관한 지식의 확산에 동반하여, 사람의 특정한 생각을 세균이나 바이러스처럼 취급하는 태도도 일반화했다. 주로 '특정 가문의 구성원'으로 분류됐던 개인들은 '특정한 생각을 가진 세력의 일원'으로 재분류됐고, 국가 권력은 역적의 삼족이나 구족을 멸하는 야만적 처벌 대신 국가의 안녕을 위협하는 '위험한 생각'을 가진 것으로 의심되는 집단 전체를 격리하거나 물리적으로 소멸시키는 방법을 택했다. 하지만 사실은 이 방법이 역적의 삼족이나 구족을 멸하던 옛 방법보다 훨씬 더 야만적이었다. 당장 우리나라에서도 유사 이래 수많은 '역모 사건'이 있었지만, 그 사건들의 희생자 수를 다 합쳐도 1950년의 국민보도연맹 사건*의 희생자 수보다 적다. 게다가 이 사건의 희생자들은 '전염병 환자'에 비유하자면 완치 판정을 받고 퇴원한 사람들이었다.

　사람의 몸에 질병을 일으키는 세균은 찾아내 없앨 수 있지만, 사람으로 하여금 일을 저지르게 만드는 '병적인 생각의 요소'는 온전히 밝혀낼 수 없다. 알베르 까뮈의 소설 《이방인》의 주인공 뫼르소는 살인의 동기를 묻는 판사의 질문에 "햇빛 때문"이라고

---

* 국민보도연맹은 이승만 정부가 좌익 활동을 하다가 전향한 사람들을 모아 1949년에 조직한 단체로, 일제강점기 시국대응전선사상연맹의 후신 격이다. 한국전쟁이 발발하자 군경은 연맹에 소속된 사람들을 찾아내 재판 없이 학살했는데, 그 인원이 수만 명에 달하는 것으로 추정된다. 이는 한국전쟁기 최초의 '양민 집단학살'로, 현재까지도 진상이 규명되지 않았다.

대답했다.

사람의 생각과 기분, 외부의 자극, 구체적 행위 사이의 수많은 변수를 이해하려는 의지 없이 행위와 생각 사이의 일대일 대응관계만을 설정하면, 특정한 범죄를 예방하는 방법은 범죄자와 비슷한 생각을 가진 것으로 의심되는 사람 전부를 격리 또는 소멸시키는 것, 한 가지밖에 없다. 국가 권력이 사람의 생각을 '세균 같은 것'과 '그렇지 않은 것'으로 나누고 전자를 박멸하려 들면, 나치의 홀로코스트, 일본 군국주의자들의 관동대학살, 이승만 정권 때의 양민 학살 같은 일들이 일어날 수밖에 없다.

인류는 아직 '개인 일탈 범죄'들을 막을 방도는 찾지 못했다. 그러나 특정한 생각을 박멸해야 한다는 의무감에 사로잡힌 사람들이 자행한 끔찍한 반인륜 범죄들은 여러 차례 목도했고, 그 예방책에도 대략 합의했다. '자유민주주의'가 사상의 자유와 표현의 자유를 핵심 가치로 삼는 것은 사람의 생각을 세균이나 바이러스로 취급해서는 안 된다는 인류적 합의의 결과다.

윤석열 대통령은 취임 이후 여러 차례 '이념이 가장 중요'하다며 공산 전체주의 세력, 반국가 세력, 반대한민국 세력을 박멸하려는 의지를 피력했다. 그가 말한 공산 전체주의나 반국가적 또는 반대한민국적 '사상'은 코로나 바이러스처럼 검출할 수 있는 게 아니다. 사람의 생각을 구성하는 요소는 무수히 많다. 무슨 무슨 '주의'라는 이념만 하더라도 자본주의와 공산주의 외에 개인주의, 자유주의, 가족주의, 지역주의, 민족주의, 민주주의, 공리주의, 사익지상주의, 인도주의, 국제주의, 평화주의, 생태주의, 성차별주의, 양성평등주의 등 이루 다 헤아릴 수 없다. 비유하자면, 사람의 생각은 수많은 '주의'를 섞어 직조한 옷감과 같다. 이들 중에서 특정한 요소를 선별하여 박멸할 수 있다는 믿음과 박멸하겠다는 의지야말로, 반인륜적 집단 광기를 촉발하는 '광기 바이러스'다.

#05
대통령의 서재

고등학생 시절 대입 영어시험 예상 문제 지문으로 빠지지 않았던 게 에이브러햄 링컨의 게티즈버그 연설문과 존 F. 케네디의 대통령 취임사였다. "국민의, 국민에 의한, 국민을 위한 정부는 지상에서 절대로 사라지지 않을 것", "국가가 국민을 위해 무엇을 해줄 것인가를 묻지 말고, 국민이 국가를 위해 무엇을 할 수 있는가를 물어라"는 민주주의와 애국주의에 관한 가장 간결하고 명료한 명언으로 오늘날에도 세계인의 뇌리에 깊이 새겨져 있다. 이들의 글을 외며, '우리나라 학생들은 언제쯤이면 우리나라 대통령이 남긴 명언을 욀 수 있게 될까?' 생각했던 적이 있었다. 이들의 연설문은 말을 듣기 좋게 꾸며내는 수사학(修辭學)의 결과물만은 아니다. 이들은 자기 시대의 과제를 명확히 이해했고, 자기가 이해한 바를 설득력 있게 전달하는 방법을 잘 알고 있었다.

민주주의 시대의 권위는 세습혈통이 아니라 '앎'에서 나온다.

국민 대중의 삶에 대한 '앎', 세계사의 추이와 국제관계의 변동에 대한 '앎', 공동체 앞에 산적한 과제들의 우선순위와 그 해결 방도에 대한 '앎' 등. 민주국가의 지도자라면 자기 나라에서 발생하는 문제들에 대해 깊고 넓게 알아야 한다. 기자회견장에서 사전 각본 없이 질문에 즉답하는 능력을 민주국가 지도자의 기본 소양으로 보는 것은 이 때문이다. 민주적 권력이 '앎'과 굳게 결합해 있기에, 미국 전직 대통령들의 안락한 생활과 정치적 영향력을 뒷받침하는 것도 '말'이다. 그들은 현직에 있을 때보다 퇴임 후에 더 많은 돈을 번다. 연봉은 각료급으로 격하되지만, 시간당 10만 달러 이상의 강연료를 받는다(1억 원이 훌쩍 넘는 돈이다).

대통령이 되기 위해 평생에 걸쳐 쌓아온 '앎'에다 대통령직에 있으면서 얻은 '특별한 앎'이 더해져, 전직 대통령의 '앎'은 특별한 권위를 갖는다. 그들이 받는 고액 강연료는 그의 전직(前職)에 대한 예우인 것만이 아니다. 그의 특별한 '앎'에 지급되는 보수의 의미가 더 크다. '앎'과 '말'이 곧 재산이자 영향력인 사회에서는 대통령이 퇴임 후를 대비해 무슨 재단이나 사조직을 만들 이유가 없다.

권위의 원천이 세습혈통이던 왕조 국가에서도 왕의 '앎과 말'은 매우 중요했다. '왕의 말이 곧 법'이 되기 위해서는 법조문과 똑같이 명확하고 구체적이어야 했다. 왕의 말에 조리가 없으면 법도가 무너지고 세상이 어지러워질 수밖에 없었다. 문제를 정확히 설명하지 못하는 것은 문제를 이해하지 못하기 때문이다. 문제를 이해하지 못하면서 답을 제시할 수는 없다.

사극에서 묘사되는 것과는 달리, 조선 시대 왕들의 일과 중 가장 많은 시간을 점한 것이 경연(經筵)이었다. 경연이란, 왕이 학식 높은 신하들에게 배우는 것을 말한다. 배워야 알 수 있고, 알아야 다스릴 수 있다. 유교의 치국론에서 치국평천하(治國平天下)하려는 자에게 수신제가(修身齊家)보다 먼저 요구한 것이 '격물치지 성의정심(格物致知 誠意正心)'이었다. 사물을 탐구해 앎을 얻으며, 그 앎으로 뜻을 가다듬고 마음을 바로잡는다는 뜻이다.

정치, 경제, 외교, 안보부터 윤리, 도덕, 역사 인식에 이르기까지 총체적 난국이다. 윤석열 대통령은 취임 직후부터 야당을 '박멸 대상'으로 대했고, 국회에서 제정한 법률에 대해 2년 반 동안 24차례 거부권을 행사했다. 빈도(頻度)로 보자면 12년간 45차례의 거부권을 행사했던 이승만의 기록을 멀찍이 뛰어넘은 셈이다. 대통령실은 이에 대해 "여야 합의로 통과되지 않은 법률안에는 거부권을 행사하는 게 원칙"이라며 전 세계 의회정치 역사상 유례를 찾아볼 수 없는 황당한 궤변을 늘어놓았다. '서로 합의하기 위해 최선을 다하되 합의가 되지 않으면 다수결에 따른다'는 것은 초등학생도 아는 민주주의의 기본원칙이다.

게다가 최근에는 대통령 부인이 여당 공천과 관급 공사 사업자 선정 등 국정 전반에 깊이 개입한 정황이 속속 드러나고 있다.

윤석열 정부는 '정치'가 아니라 일방적 '권력 행사'만 하고 있을 뿐이다. 경제 현실도 처참하다. 윤석열 정부 출범 이후 경제성장률은 2년 연속 2% 이하를 기록했다. 2024년 3분기 성장률은 마이너스 성장과 다를 바 없는 0.1%를 기록했다. 1997년 외환위기 이후 처음 겪는 일이다. 물가는 폭등하고 자영업자의 폐업이 속출하며 주가 상승률은 OECD 국가 중 최저치를 기록하고 있다. 경기 침체와 부자 감세로 인해 재정 수지가 극심한 적자 상태에 빠졌기 때문에, 재정 수단을 동원한 경기 부양도 불가능하다. 이런 형편에도 대통령 부부는 예비비까지 전용하여 효과도 의심스러운 해외 순방을 거듭했다.

윤석열 정부가 표방한 '가치 외교'도 무역 수지 적자와 경기 침체의 주요인 중 하나다. 윤석열 대통령은 취임 직후부터 중국과 러시아에 적대하는 발언을 공공연히 함으로써 묵시적인 '경제 보복'을 자초했다. 반면, 일본에는 과거사 문제와 관련한 국가적 채권을 조건 없이 탕감해 줌으로써 아무런 경제적 이익도 없이 후세에 심각한 부담만 넘겨 주었다. 남북관계는 완전히 파탄나서 남측의 대북 전단(일명 '삐라') 살포와 확성기 방송, 북측의 대남 오물 풍선과 확성기 방송이 상시 교환되는 상태에 이르렀다. 한미일 삼각 군사동맹 결성 시도는 북러 간의 준(準)군사동맹을 유발했으며, 우크라이나에 살상 무기를 지원하고 파병까지 검토하겠다는 정부 여당 관계자들의 발언은 러시아와 우크라이나 간 전쟁을 남북 간 전쟁으로 비화시킬 위험천만한 형국을 만들었다. 국민권익위원회는 대통령 부인의 뇌물 수수를 감싸느라 모든 공직자 부인의 뇌물 수수를 허용하는 파렴치한 결정을 내렸고, 검찰은 대통령 부인의 주가 조작을 무혐의 처리하면서 '주식 사기에 이용당했을 뿐'이라고 주장했다. 일관성과 보편성이라는 법 일반의 논리는 물론, 공동체를 지탱하는 양심과 도덕과 염치까지 모두 무너져 내렸다.

이렇게 된 이유의 상당 부분은 대통령의 '앎'과 '말'이 총체적 난국인 데에 있다. 출제자조차 설명하지 못하는 문제를 풀 수 있는 사람은 없다. 통치자의 앎이 모호하면 옳고 그름의 경계가 모호해지고, 통치자의 말이 꼬이면 일의 선후가 꼬이는 법이다. 말은 그저 솜씨나 재주에 불과한 것이 아니다. 사람은 말로써 생각하며, 말로써 세상을 이해하고 분석한다. 말의 수준이, 앎의 수준이다. 윤석열 대통령의 말 중 이제는 그 뜻이 모호해진 "나는 사람에게 충성하지 않는다" 말고 사람들의 마음을 움직였던 말이 무엇이 있는가? 아무리 많은 강연료를 받아도 좋으니, 퇴임 후여기저기 강연하고 다니는 대통령을 보고 싶다. 그럴 능력과 자질을 갖춘 사람이라면, 퇴임 후를 걱정할 이유가 없을 것이다.

대통령 선거를 앞두고는 모든 언론사가 저마다 후보 자격을 검증한다며 온갖 과거사를 다 들추지만, 정작 후보의 서재를 검증하는 경우는 보지 못했다. 주권자라면, 후보가 무슨 책들을 읽었으며 책의 내용을 제대로 이해는 했는지, 그 책들이 그의 식견과 통찰력에 얼마나 도움이 되었는지에 대해서 알 권리가 있는 게 아닐까? 그의 '앎'이 어떤 수준이며, 어떤 것들로 구성되었는지도 모르면서 몇 년 동안 자기와 나라의 운명을 맡기는 건 얼마나 위험한 일인가? 물론 그러려면 먼저 주권자 스스로가 후보의 '앎과 말'을 평가할 지적 수준을 갖춰야 한다. 지식은 무식을 알아보나, 무식은 지식을 분간하지 못한다. "모든 국민은 자기 수준에 맞는 정부를 갖는다"라는 프랑스 정치철학가 토크빌의 말은, 대중 선거로 정부를 구성하는 나라에서는 진실에 가깝다.

자기 수준에 맞는 유튜브만 찾아보지 말고 자기 수준을 높일 책 좀 읽자. 그래서 세상 보는 안목도 키우고 사람 보는 안목도 높이자. 자기 지적 수준을 높여서 정치인의 지적 수준을 제대로 알아보는 것, 이게 총체적 난국에서 벗어나는 가장 바른 길이다.

#06
검열이 원하는 것과 만드는 것

    1928년, 개성에서 왕평이 노랫말을 쓰고 전수린이 곡을 붙인 대중가요 「황성(荒城)의 적(跡)」이 만들어졌다. 고요함, 폐허, 회포, 가없다, 헤매다, 허물어지다, 허무하다, 외롭다, 구슬프다, 눈물짓다 등 식민지 주민의 비애(悲哀)를 표현하는 단어들로 가득 채워진 이 노래는 그해 가을, 단성사에서 이애리수가 부른 뒤 사람들의 입에서 입으로 전해지며 삽시간에 전국으로 퍼져 나가 공전의 히트를 쳤다.

    애초 노랫말을 검열하면서 '문제될 것 없다'고 판단해 통과시켰던 일제 당국은 부랴부랴 이 노래를 금지곡으로 지정하고 작사자와 작곡자를 잡아들여 모질게 닦달했다. 그들은 이 노래의 '황성'이 일본어 '아라키'로 발음되는 황성(荒城, 황폐한 성)이 아니라, 대한제국 시대의 서울을 의미하는 '황성(皇城)'이라고 의심했다. 개성의 옛 왕궁을 폐허로 만든 건 이성계지만, 서울의 옛 왕궁을 폐허로 만든 건 일제였다. 그들은 작사자가 '황성'을 중의적으로 썼거나, 그러지 않았더라도 대중은 그렇게 받아들인다고 생각했다. 이때로부터 20년 전만 해도, 서울의 공식 명칭은 '황성'이었다. '황성은 서울이 아니라 개성'이라는 작사자의 해명은 아무 소용이 없었다. 이 사건을 겪은 뒤, 「황성의 적」(「황성옛터」로도 불림)과 비슷한 노래는 물론 그에 훨씬 못 미치는 노래도 만들어지지 않았다. 식민지 원주민들은 슬픔을 함부로 표현하는 것도 죄가 될 수 있다는 사실을 깨달았다. 이 깨달음은 아예 슬픔이라는 감정을 억누르고 사는 것이 평온한 일상을 유지하는 길이라는 믿음으로 이어졌다.

검열과 그에 후속한 처벌이 반복되면서, 검열당하는 자들은 검열하는 자의 시선으로 자기 내면을 살피고, 검열하는 자가 문제 삼지 않을 범위 안으로 자기 생각과 말의 한계를 좁히는 습관을 들여야 했다. 그런데 아무리 검열하는 자의 시선을 의식하며 산다고 해도, 그가 무엇을 문제 삼을지 정확히 알 수는 없다. 이런 조건에서는 '문제되는' 생각과 말뿐 아니라 '문제될 염려가 있는' 생각과 말도 금기의 영역에 갇히게 마련이다. 설사 검열자가 그어 놓은 '금기의 경계선'이 명료하다 해도, 그에 가까이 다가가는 것은 어쨌든 위험하다. 위험한 경계선에서는 멀리 떨어질수록 안전한 법이니, 지하철 승강장에 전동차가 진입할 때 한 발 뒤로 물러서라는 방송이 나오는 이유다.

이렇게 해서 공개적이거나 반공개적인, 때로는 극히 사적인 대화와 교류마저도, 검열하는 자가 그어 놓은 경계선 한참 바깥의 공간에서만 이뤄지게 된다. 검열이 진행되는 영역뿐 아니라, 검열이 진행될지도 모른다고 의심받는 영역에서도, 사람들은 자신의 '심리적 공간'을 자진해서 축소한다. 마치 운전자들이 카메라 없는 모형 속도 위반 감시 장치 앞에서도 속도를 줄이는 것처럼. 사회의 모든 영역에 감시의 눈이 존재한다는 일반적 믿음 아래에서는, 허용된 범위 안에서만 생각하고 시키는 대로만 말하는 기계적 인간, 노예적 인간이 대량 생산될 수밖에 없다.

2022년 9월, 윤석열 대통령은 미국 뉴욕에서 열린 글로벌 펀드 재정공약회의에 참석해 미국 대통령 바이든의 연설을 들었다. 이 자리에서 바이든은 "나는 의회의 동료들과 협력해 글로벌 펀드에 60억 달러를 더 기부하려고 한다"고 말했다. 연설이 끝난 뒤 윤석열 대통령은 박진 (당시) 외교부 장관에게 "국회에서 이 새끼들이 승인 안 해주면 ○○○은 쪽팔려서 어떡하나?"라고 말했다. 전후 문맥상, 그리고 발음상 ○○○는 의심의 여지 없이 '바이든'이었다. MBC 등 일부 언론은 이 장면을 방송했다.

얼마 후 대통령실 대변인은 "다시 한번 잘 들어봐 주십시오. 바이든이 아니라 날리면입니다"라는 황당한 주장을 폈다. 그러자 친윤 언론들과 윤석열 지지자들은 '날리면'이 맞는다고 우기기 시작했고, MBC는 방송통신심의위원회로부터 중징계를 받았다.

대통령실은 해외 순방 비행기에 MBC 기자를 태우지 않는 것으로 '사적 보복'을 가했다. 이 사건의 재판을 담당한 판사는 발언 당사자에게 서면 증언조차 요구하지 않고 '바이든인지 날리면인지 알 수 없다'며 MBC 보도에 문제가 있다고 판결했다. 이후 대통령 언사의 문제점을 지적하는 보도는 나오지 않았다.

2022년 10월, 한국만화영상진흥원이 개최한 부천국제만화축제에서 고등학생이 그린 '윤석열차'라는 작품이 경기도지사상을 받았다. 윤석열 대통령의 막무가내식 국정 운영을 재치있게 풍자한 그림이었다. 대통령실과 친윤 언론, 대통령 지지자들은 이번에도 정부 주관 행사에서 대통령을 비판하는 그림이 수상한 것은 용납할 수 없다는 반응을 보였다. 이후 정부 기관이나 정부의 예산 지원을 받는 단체들이 주관하는 공모전 등에는 '묵시적 가이드라인'이 생겼고, '대통령을 비판하면 손해'라는 생각이 일반인들 사이에 확산했다.

22대 국회의원을 뽑는 총선거 직전인 2024년 4월에는 선거방송심의위원회가 일기예보 도중 화면에 '파란색 1'자를 내보낸 MBC에 대해 '관계자 징계'를 결정했다. 파란색 1번은 해당 방송국이 '미세먼지 적음'을 표시하는 기호로 늘 사용해온 것이었으나, 선거방송심의위원회는 MBC가 시청자들에게 야당 지지를 권유하기 위해 이 화면을 내보냈다는 황당한 주장을 굽히지 않았다.

대통령실, 방송통신위원회, 방송통신심의위원회 등 국가기관들이 대통령과 여당을 비판하거나 '비판하는 것으로 해석될 수 있는' 표현들을 규제, 처벌하는 일이 반복되고 있다. 허위인지 아닌지, 문제가 되는 표현인지 아닌지를 판단하는 권한을 권력기관이 독점한 상태에서, 이는 '표현의 자유'를 위축시키는 것일 뿐 아니라, 사람들에게 금기의 영역을 넓히고 생각할 공간을 줄이라고 협박하는 것과 다를 바 없다. 국가 권력의 검열은 국민의 '자기 검열'을 낳기 마련이다. 검열과 자기 검열을 당연시하는 문화야말로 후손에게 물려줘서는 안 되는 식민지 노예 문화다.

#07
유취만년*

　황희의 아들 남원군 황수신이 죽었다. 여러 벼슬을 거쳐 영의정에 올랐는데, 사람됨이 뼈대가 웅위(雄偉)하고 성품이 관대하며 자질이 풍부하여 재상(宰相)이 될 만한 그릇이었다. 경사(經史)를 조금 섭렵했고, 관리로서의 능력에는 장점이 있었다. 정승이 되어서는 대체(大體)를 유지하는 데 힘을 기울여 때에 따라 태도를 바꾸며 세태에 영합했다. 여러 대에 걸쳐 벼슬을 했으나, 큰 업적은 남기지 못했다. 뇌물이 폭주하여 한 이랑의 밭을 탐하고 한 구(口)의 노비 때문에 다퉜으니, 여러 차례 대간(臺諫)의 탄핵을 받았다. 사람들이 그를 일러 말하기를 '성은 황이요, 마음도 황(黃)이다'라고 했다.**

＊유취만년(遺臭萬年): 더러운 이름을 후세에 오래도록 남김.
＊＊《세조실록》42권(13년 5월 21일).

세종 때의 명신(名臣)이자 청백리였던 황희의 아들로 그 역시 영의정에까지 올랐던 황수신의 일생에 대한 사관(史官)의 총평이다. 비록 살아서는 2대에 걸쳐 재상이 되는 '가문의 영광'을 누렸지만, 죽은 뒤의 역사적 평가는 냉혹했다.

누군들 재산에 욕심이 없겠는가마는, 권력을 가진 공직자가 재산을 탐하면 반드시 불공정한 짓을 저지르게 마련이다. 농사꾼이나 장사꾼의 축재(蓄財)가 노력과 신용, 때로는 운의 대가인데 반해 공직자의 축재는 주로 '부정(不正)'의 결과다. 보통사람은 돈을 좇아 움직이지만, 권력을 지닌 공직자는 돈이 따라다니는 사람이다. 청렴한 사람에게도 거부하기 어려운 뇌물이 따르기 마련인데, 탐욕스러운 사람에게야 오죽하겠는가. 그래서 조선 시대 사람들은 욕심 많은 사람은 고관될 자격이 없다고 생각했고, 탐관오리를 특히 경멸하고 증오했다. 그런 문화에서 '황노랭이'라는 별명이 붙었으니 '2대 정승'이라는 명예가 무색해질 수밖에 없었다.

출세에 눈이 먼 부대장이 헌병참모나 특무대 같은 권력기관을 시켜 얼굴이 반듯하고 싱싱한 젊은 여인을 골라 높은 사람에게 상납하는데 성병(性病) 보균자는 절대 금물이라고 한다. 많은 돈을 들이지 않아도 가장 환심 사는 비결이라니 역시 출세하는 사람은 남달리 영특한가 보다. 특히 직속 상관 관등성명의 맨 상위에 자리하는 높은 분이 일선 시찰차

전방에 오면, 그분이 가장 좋아한다는 여자를 진상한다. 그 높은 장군은 여자 대학생 같은 지성과 미모를 갖춘 숫처녀를 선호한다는 소문이 전방의 많은 장병 사이에 널리 퍼지고 있었는데, 오늘 그 간택의 현장을 목격했으니 하늘에 떠 있는 모든 별이 신기루의 허상처럼 보일 것이 아닌가?*

6.25 전쟁 중 의무병으로 근무했던 저자가 틈틈이 적어둔 일기를 묶어 펴낸 책의 한 대목이다. 저자는 스스로 생각하기에 '민감한 내용'들이 적지 않은 이 일기장을 꼭꼭 숨겨 두었다가 휴전 50년이 지난 뒤에야 출판했다. 당자(當者)가 서슬 퍼런 권력을 휘두르는 동안에는 땅속 깊이 묻혀 있던 이야기도, 세월이 흐르면 다시 불쑥 솟아 나와 사람들의 눈과 귀로 전해지게 마련이다. 본래 윗사람은 속여도 아랫사람은 속일 수 없는 법이어서 영원히 숨길 수 있는 비리와 비행이란 없으니 역사란 이렇듯 무겁고 무섭다. 사람으로 태어나 역사에 청명(淸名)을 새기지 못할 바에는 이름을 남기지 않고 사라지는 편이 낫다. 유취만년(遺臭萬年)이라, 이름에 따라붙은 냄새를 길이 전하는 것은 자신에게뿐 아니라 조상과 후손에게까지 욕이 되는 일이다.

---

*《실낙원의 비극》(박남식 지음).

국가의 '반부패 총괄기관'인 국민권익위원회는 얼마 전 대통령 부인이 값비싼 가방을 받은 행위와 관련해 '배우자의 직무와 관련이 없다면 공직자 부인이 고가의 선물을 받아도 무방하다'는 유권해석을 내놓았다. 부부관계도 아닌 박근혜와 최순실을 '경제공동체'로 규정하여 함께 뇌물죄로 처벌했던 전례에 비춰보면, 해괴하기 짝이 없는 판정이다. 역사의 평가는커녕 상식과 양심의 눈치도 보지 않고 권력자의 심기만 옹호하는 '간신배의 정신'이 온 나라를 뒤덮고 있다.

대통령은 모든 국가적 직무의 최종 결정권자다. 그와 관련 없는 '국가적 직무'는 없다. 대통령 부인이 '남편의 직무와 관계없는 고가의 선물'을 받아도 된다면, 직무가 한정된 공직자 부인들은 '고가의 선물'을 받는 데 거리낄 이유가 조금도 없다. 국민권익위원회의 유권해석은 이 시대 자체를 '뇌물의 시대'로 만들어버렸다. 관료 한 명에게 붙은 더러운 냄새가 영원히 전해지는 것만 '유취만년'이 아니다. 공직 윤리 자체에 들러붙은 '더러운 냄새'가 영원히 전해지는 것도 '유취만년'이다.

#08
과거제와 천거제

① 1873년생. 1889년 알성문과 급제. 1891년 성균관 대사성, 1896년 학부협판(오늘날의 차관에 해당), 1902년 주프랑스 특명전권공사.

② 1872년생. 1900년 통신원 전화과 주사, 1901년 내장원 종목과장, 1902년 한성부 판윤(현재의 서울시장에 해당), 1903년 군부협판, 1904년 군부대신 서리.

①은 당대의 세도가 민겸호의 아들이자 민영환의 동생인 민영찬의 약력이고, ②는 영친왕의 생모 순헌황귀비 엄 씨의 조카 엄주익의 약력이다.

17세의 소년으로 과거에 급제하여 24세에 차관급으로 승진한 민영찬이나, 과거제가 폐지된 뒤 29세에 미관말직으로 처음 벼슬길에 올라 초고속 승진을 거듭, 겨우 4년 만에 장관서리가 된 엄주익이나 오늘날의 기준으로는 어처구니없을 정도의 벼락출세에 해당한다. 얼핏 보기에는 과거에 급제한 민영찬이 그나마 '자격 시비'에서 벗어날 요건을 갖춘 듯하지만, 그가 '공정'하게 급제했을 가능성은 거의 없다.

> 문장을 잘 짓는 자를 거벽이라 하고, 글씨를 잘 쓰는 사람을 사수(寫手)라 한다. 돗자리, 우산, 꽹과리 등의 기구를 나르는 자를 수종(隨從)이라 한다. … 세도가와 부잣집에서는 출제관에게 미리 뇌물을 바치고 거벽과 사수를 사서는 대신 시험을 치게 한다. 좋은 자리를 잡아 먼저 답안지를 내기 위해 수종들을 부리니, 과거 시험장이 전쟁터를 방불한다. 예전에는 그래도 남의 글을 사는 값이 꽤 비쌌으나, 미리 시험관에게 뇌물을 바치는 것이 상례가 되어 글 값이 싸졌다. 형식만 대강 갖추면 되어 굳이 비싼 글을 살 필요가 없어졌기 때문이다.

다산 정약용이 《경세유표》에서 묘사한 19세기 초의 과거장 풍경이다. 뇌물과 연줄이 합격의 보증수표가 된 과거제는 더 이상 정당한 관리 등용제도가 될 수 없었다. 출제와 채점이 불공정하고 대리시험과 부정행위가 함부로 자행되는 것만이 문제가 아니었다. 다시 다산의 말을 빌리자면, 경륜과 지식이 탁월함에도 글을 꾸미는 '사소한' 재주가 부족하거나, 단지 글씨를 잘 못 써서 버림받는 사람이 부지기수였다. 평생을 과거 공부만 하다가 아무런 쓸모 있는 일도 하지 못한 채 머리만 허옇게 센 사람들이 나오는 것은 오히려 작은 부작용이었다. 그래서 많은 학자가 과거제 개혁을 주장했다. 시험 절차와 출제 방식의 개혁을 주장한 사람도 있었고, 과거제를 폐지하고 대신 천거제(薦擧制)를 택하자고 주장한 사람도 있었으며, 두 제도를 병행하자고 한 사람도 있었다.

조선 후기의 과거제 개혁론은 1894년 갑오개혁으로 과거제가 폐지되고 『선거조례』와 『전고국(銓考局)조례』가 제정됨으로써 실현됐다. 관리는 칙임관, 주임관, 판임관으로 나뉘었다. 칙임관은 총리대신의 추천을 받아 대군주가 직접 임명했고, 주임관은 각 아문대신의 추천을 받아 총리대신이 대군주에게 보고한 뒤 임명했으며, 판임관은 각 아문대신이 선발하여 전고국의 시험을 거쳐 임용했다. 시험제와 추천제를 병행한 이 관리 임용제도에 따라 대신의 권한이 커졌지만, 임기는 평균 6개월을 넘기지 못했다. 대신들은 그 6개월간, 자기 몫을 챙기는 데 바빴다. 정실 인사, 뇌물 인사가 횡행했고 하급 관직은 한갓 죽은 뒤의 '묘비명'을 장식하는 수단으로 전락했다. 심지어 황제 자신이 매관매직으로 황실 금고를 채우기도 했다. 임면권자는 자신인데, 대신들이 중간에서 사복을 채우는 것이 못마땅했음직도 하다.

초야(草野)에서 인재를 골라 뽑아[=선(選)] 조정에 들이는[=거(擧)] 것을 '선거'라 한다. 시험을 쳐서 관직을 주는 게 과거(科擧)고, 믿을 만한 사람의 추천을 받아 관직을 주는 게 천거(薦擧)다.

어느 나라에서나 귀족끼리 관직을 나눠 갖던 고대에는 천거(薦擧)만 있었으나 중세부터는 과거(科擧)가 병행됐다. 우리나라에서는 고려 시대부터 과거(科擧)를 실시해 조선 시대에는 관리 임용의 기본 방식이 됐다. 높은 관직을 지녔거나 특별한 공이 있는 사람의 친척에게 관직을 주는 음서제(蔭敍制)도 있었지만, 음서로 관직을 얻어도 고위직에 오르려면 과거에 합격해야만 했다. 과거로 능력을 검증받은 사람이 아는 사람의 추천으로 관직을 얻은 사람보다 나을 것이라는 통념에 따른 관행이었다. 하지만 조선 말기의 관리 임용과 승진 실태는 과거제도 운용하기에 따라서는 천거제보다 더 심한 폐단을 낳을 수 있다는 사실을 입증했다.

문제는 언제나 '제도'보다 '문화'다. '공정'을 하찮게 여기는 사람들이 지배하는 세상에서는 '공정을 가장한 시험'이 횡행하거나 끼리끼리 요직을 나눠 갖는 '정실 인사'가 만연하기 마련이다. 시험을 요식행위로 만드는 '내정(內定) 문화', 능력과 자질에 관계없이 친한 사람을 요직에 앉히는 '낙하산 문화'는 제도가 만드는 게 아니라 사람이 만드는 것이다.

시험제도와 인사고과제도, 인사검증제도가 고도로 정비된 오늘날에도 상식적인 사람들이 도저히 납득할 수 없는 인사는 무수히 많다. 지금 대통령은 국회 청문회를 통해 '부적격 사유'가 낱낱이 까발려진 사람들도 거리낌 없이 요직에 임명한다. 대통령실에 근무했던 연고로 막대한 연봉을 받는 공기업 대표나 임원이 된 사람도 많다. 이런 일들은 공직 전체에 대한 사회적 불신을 심화할 뿐 아니라 궁극적으로는 공직 사회와 국가를 썩게 만든다.

#09
현대의 샤먼

    비디오 예술의 선구자 백남준은 1932년 서울 창신동에서 백낙승의 아들로 태어났다. 조선 시대 서울 육의전 중 으뜸은 비단을 취급하던 선전(縇廛)이었는데, '선'이 우리말 '서다'의 형용사형과 같아 '입전(立廛)'이라고도 했다. 선전의 도가(都家)는 지금의 종로타워, 옛 화신백화점 자리에 있었다.

    백낙승의 아버지 백윤수는 이 선전(縇廛)의 거상이었다. 그는 1916년 대창무역주식회사와 1924년 대창직물주식회사를 설립하여 선전의 여맥(餘脈)을 이었다. 일제강점기 조선인 기업 대다수가 단명했던 것과는 달리, 백씨 일가의 사업은 계속 성장했다. 1930년대 말에 사망한 큰형 백낙원의 뒤를 이어 회사 경영을 맡은 백낙승은 태평양전쟁 중 일본군에 비행기를 헌납하는 등 적극적인 친일 행보를 보이며 사업을 한층 확장했다. 이 기간에 회사 이름도 '태창(泰昌)'으로 바꿨다.

해방 후에는 이승만에게 매달 50만 원씩 생활비와 활동비를 대주는 것 외에도 수시로 거금을 보냈다. 정부 수립 후에도 이 후원금을 끊지 않아, "달러에 벌벌 떨던 이 박사가 일본 기계를 들여와 태창방직을 확장하도록 허가해 준 것은 이 인연 때문"이었다고 한다(이승만의 비서였던 윤석오의 회고). 이승만과 돈독한 관계를 맺은 덕에 백낙승의 사업은 날로 번창하여 한국 최초로 '재벌'이라는 칭호를 얻기에 이르렀다.

한국 최고 재벌의 막내아들로 유복을 넘어 호사를 누리던 백남준은 1949년 17세 때 돌연 홍콩으로 유학을 떠난다. 이승만에게 무기 구매 밀명을 받고 홍콩 출장길에 오른 백낙승이 좌익 청년들과 어울리던 막내아들을 동행시켰다는 설이 있다. 이듬해 6.25 전쟁이 발발했을 때, 백남준은 일본 도쿄대 학생이었다. 한국에서는 같은 또래 젊은이들이 피 흘리며 죽어 나가고 있었지만, 그는 국교 단절 상태인 일본에서 평온하게 지낼 수 있었다. 하지만 마음마저 평온하지는 않았을 것이다. 도쿄대학을 졸업한 뒤 그는 다시 독일로 향했다.

백남준은 독일에서 철학과 음악을 전공했는데, 학업 부담보다 인종차별 때문에 더 고생했다고 한다. 제2차 세계대전 중 독일과 일본은 동맹관계였지만, 그때만 해도 독일에 사는 '황인종'은 드물었다. 일본인이든 한국인이든 중국인이든 모두 황인종으로 묶어 버리는 독일인들의 시선 앞에서, 그의 자의식도 황인종으로

용해(溶解), 확장됐다.

사실 그의 생애에서 '한국인'이라는 자의식을 가져야 했던 기간은 아주 짧았다. 그는 '황국신민의 서사*'를 외고 '동방요배(東方遙拜)**'를 하면서 유년기를 보냈다. 그는 자기 아버지가 '민족반역자'로 비난받는다는 사실을 모르지 않았다. 한국인 젊은이들이 '국가와 민족에 대한 의무감'을 가장 강력히 요구받던 시기에, 그는 일본에 있었다. 이런 개인적 경험도 그의 자아(自我)가 민족을 초월한 지점에 자리 잡는 데에 큰 영향을 미쳤을 것이다. 황인종에 대한 경멸적 시선에 괴로워하던 그에게 구원의 빛으로 다가온 것은 독일인을 포함한 유럽인들에게 씻을 수 없는 공포를 안겨 준 황인종의 영웅 칭기즈칸이었다. 이후 그는 몽골·아시아의 문화를 연구하는 데에 몰두했고, 그 문화의 정수를 샤머니즘에서 찾았다.

마침 유럽에 TV 수상기가 급속히 보급되던 때였다. 그가 보기에 TV 수상기는 자기 몸에 다른 사람의 혼령을 받아들이고, 자기 입으로 그 혼령의 말을 대신 전하는 샤먼(Shaman) 그 자체였다. TV 화면에 모습을 드러내는 것은 사람들의 영혼이었고, TV 스피커를 통해 흘러나오는 소리는 그 영혼의 음성이었다. 그는 TV 수상기들을 '인간의 형상'으로 배치했다. 현대 예술사에 한 획을

---

* 황국신민의 서사: 일제가 1937년에 만들어 조선인들에게 외우게 한 일본 천황에 대한 충성 맹세문.
** 동방요배: 일본 천황궁이 있는 동쪽을 향해 절하는 의식.

그은 비디오 아트는 이렇게 탄생했다.

백남준이 TV 수상기를 샤먼의 몸으로 해석한 건 탁견(卓見)이었다. 이 물건은 실제로 현대의 샤먼 역할을 톡톡히 수행했다. 대중은 TV 수상기를 통해 흘러나온 개그맨들의 우스꽝스러운 말을 마치 방언이나 주문처럼 암송했고, 가수들의 노래와 춤을 따라 했다. TV 수상기가 보여주는 영상과 들려주는 말들은 선지자의 예언과 같은 권위를 지녔다. 대중의 논쟁은 종종 "TV에서 봤다"나 "TV 뉴스에 나왔다"라는 말로 종결되곤 한다.

뉴미디어의 발달로 TV의 위세가 꺾일 것이라는 예측이 있으나 아직도 많은 사람은 TV 수상기를 통해 유튜브나 OTT를 접한다. 그런데 근래의 한국 TV 방송들은 신통력과 예지력을 지닌 '용한 샤먼'이기는커녕, 복채 많이 주는 사람의 비위나 맞추는 '돌팔이 무당'에 가깝다. 윤석열 대통령이 후보이던 시절부터 그를 '공정과 상식의 화신'인 양 떠받들었던 TV 방송사들 중 일부가 최근에는 정부의 무능과 부패에 대해 날 선 비판을 하고 있다. 하지만 이들 중 윤석열을 지지하고 윤석열 정부를 찬양했던 과거의 자기 행태를 반성하거나 사과한 곳은 한 군데도 없다. 현대의 샤먼인 TV의 위세는 앞으로도 쉬 꺾이지 않을 것이다. 그런 만큼, 이 샤먼을 조종하는 사람들의 책임도 무겁게 물어야 한다.

#10
아첨의 기념비

　중국 명나라 황제의 능 13기(基)가 몰려 있는 '명십삼릉'은 만리장성, 이화원, 천단(天壇) 등과 함께 베이징 인근의 대표적인 관광 명소다. 이곳의 명물 중 하나는 '만력황제(萬曆皇帝) 무자비(無字碑)'다. 문자 그대로 '문자 없는 비석'이다. '고인의 사적을 칭송하고 이를 후세에 전하기 위하여 문장을 새겨 넣은 돌'이라는 비석의 사전적 정의에 비춰보면, 존재 이유를 몰각(沒却)한 비석이라고 해도 좋다. 현지 관광 안내인은 한국인 관광객들에게 이 '존재 이유를 몰각한 비석'이 존재하는 이유를 대개 이렇게 설명해준다.

　"만력제는 임진왜란 때 조선에 군대를 파견한 바로 그 황제입니다. 이 사람이 황제일 때부터 명나라 국운이 기울기 시작했습니다. 이 사람은 무능했으나 과시욕은 아주 심했습니다. 자기 무덤 앞에 세울 비석을 만들기 위해 당대의 문장가들을 불러 글을 짓게 했지만, 하나같이 마음에 들지 않았답니다. 그래서 '사람의 글로는 내 공적을 묘사할 수 없다'라며 비석에 글자를 새기지 말라고 했답니다."

관광 안내인들의 설명이 으레 그렇듯, 정반대의 설명도 있다.

"만력황제는 명나라 역사상 가장 무능한 황제였습니다. 기록할 만한 공적이 없었기 때문에 이렇게 글자 없는 비석을 세운 겁니다."

두 설명 모두 정확하지는 않지만, 앞의 설명이 사실에 조금 더 가깝다. 글자 없는 자기 신도비(神道碑)를 세우게 한 명나라 황제는 만력제 말고도 여럿이 있다. 명나라 시대에는 무자황제신도비(無字皇帝神道碑)가 일종의 관행이었다. 그런데도 유독 만력제의 무자비만 거론되는 까닭은, 그의 신도비가 눈에 잘 띄는 곳에 있다는 점과 더불어 그의 망자존대(妄自尊大)*한 성품과 무능이 무자비와 잘 어울렸기 때문일 터이다.

우리나라에도 만력황제 무자비와 비슷한 유물이 있다. 1902년은 고종 즉위 40주년이자 망육순(望六旬, 51세)이 되는 해였다. 대한제국 정부는 이 해를 맞아 대규모 축전을 준비했다. 민간에서도 고종의 치적을 칭송하기 위한 '자발적'인 운동이 벌어졌다. 물론 백성들의 처지에서 이런 '자발적' 운동에 참여한다는 것

---

* 망자존대: 망령되게 함부로 자신을 높이고 잘난 체함.

은 으레 관권에 기댄 모리배들의 금품 강요에 응하는 것을 의미했다. 이 '자발적' 운동의 결과로 만들어진 기념물이 광화문 네거리의 '칭경기념비전'과 원구단 경내로 이전된 세 개의 석고(石鼓)다. 기념비전 안의 기념비에는 고종의 공적을 칭송하는 글이 새겨졌으나 돌북 모양의 비석인 석고는 '무자비'로 남았다. 조선왕조 말기의 선비이자 역사가인 황현의 《매천야록》에 따르면 그 경위는 이렇다.

먼저 의정부 참정 김성근이 돌북을 만들어 거기에 고종의 공적을 기록하자고 건의했다. 고종이 승낙하자 김성근 등은 '성상의 공적을 칭송하는 돌북을 세우기 위한 모임'이라는 뜻의 송성건의소(頌聖建議所)를 만들고 전국 관리들의 봉급에서 일정액을 강제 징수하기 시작했다. 당시 관행으로 보면, 관리들은 백성들에게 그 비용을 전가했을 것이다. 당시 대한제국의 석수(石手) 중에는 외곽에 정교한 용 문양을 두른 매끈한 돌북을 만들 정도의 기술을 가진 사람이 없었기 때문에, 중국인 석수까지 초빙했다.

돌북이 완성된 뒤 다음 차례는 고종의 업적을 칭송하는 글을 짓고 돌에 새기는 것이었다. 그런데 이 모임의 부의장이자 '글짓기' 책임자로 추대된 이유승이 직책을 사양하고 상소를 올렸다.

역대의 제왕으로 그 덕망과 업적을 기록한 것은 오직 책으로 전한 것뿐이며, 비석을 세워 자기 덕을 칭송한 것은 진시황 때부터 시작됐습니다. … 성군의 업적은 경전과 사전(史傳)으로 전해지는 것이지 비석으로 전해지는 것이 아닙니다. 지금 성상의 업적은 사가들이 기록해 후세에 전할 것이니 어찌 한 조각의 돌에 새길 필요가 있겠습니까? 중지하라는 특명을 내려 겸손한 덕을 빛내시기 바랍니다.

막상 글을 쓰려다 보니 자기가 '희대의 아첨꾼'으로 역사에 기록될까 두려웠기 때문일 것이다. 고종도 머쓱했던지, 상소를 받아들여 글자를 새기지 말라고 지시했다.

언제부터인가 일반 대중도 정치인을 신격화하는 말과 글을 거리낌 없이 내뱉고 쓴다. 박정희에게 '반인반신', 즉 신과 동격의 지위를 부여한 사람이 있는가 하면, 이승만을 '민족의 태양'으로 숭배하면서 광화문광장을 이승만광장으로 부르는 사람도 있다. 죽은 정치인뿐 아니라 산 정치인을 두고서도 우상화와 신격화의 충동을 참지 못하는 사람이 많다. 옛날의 간신들은 자기 임금이 요순우탕(堯舜禹湯)보다 낫다고까지는 차마 하지 못했다. 그러나 지금은 그런 금도조차 사라져 낯 뜨거운 아첨이 난무한다.

통치자를 후세의 조롱거리로 만드는 건 비판 세력이 아니라 측근의 아첨 세력이다. 2010년 11월, 김문수 당시 경기도지사는 "이명박 대통령은 이승만, 박정희, 세종대왕, 정조대왕을 다 합쳐도 반만년 역사에서 최고의 역량을 가졌다"고 칭송했다. 지금도 윤석열 대통령에게 '정의와 공정의 화신'이라는 찬사를 바치는 사람들이 있다. 그러나 역사는 통치자의 진면목과 더불어 그에게 아첨했던 자들의 말까지 기록하는 법이다. 아첨꾼들이 칭송해 마지않는 주군은 언제나 폭군과 혼군(昏君)이었다.

#11
정복자의 눈, 성인의 눈

　윤석열 정부 들어 일제의 식민지 지배와 친일 반민족행위를 정당화하는 발언과 행위가 빈발하고 있다. 박근혜 정부 때에도 "일본의 한국 식민 지배는 신의 뜻"이라거나 "위안부는 일본군과 동지적 관계를 맺고 있었다"고 주장한 사람들이 있었으나, 그들은 공직 후보에서 자진 사퇴를 하거나 고발당했다. 그런데 윤석열 정부에서는 "일제강점기 우리 선조들의 국적은 일본"이라고 주장하는 사람이 장관에 임명됐고, "위안부가 강제동원되었는지는 논쟁적 사안이기 때문에 답변할 수 없다"고 말한 사람이 방송통신위원장이 됐다. 또한, 헌법 전문에 '3.1 운동으로 건립된 대한민국 임시 정부의 법통을 계승'한다고 명시되어 있음에도 건국절이 언제냐는 질문에 대답을 못 하는 사람이 헌법재판관이 됐다. 심지어 '친일파 명예 회복'을 주장한 사람이 독립기념관장이 되기까지 했다. 육군사관학교는 홍범도 장군 흉상을 철거하려

했고, '독도는 영토 분쟁지역'이라는 내용의 글이 국방부 교재에 실렸으며, 공영방송 KBS는 독도를 지운 한국 지도 화면을 내보내기도 했다.

정부의 행태는 민간에 즉각적인 영향을 미치는 법이다. 삼일절에 일장기를 내거는 한국인, 자기 차에 욱일기를 새기는 한국인이 나오기 시작했다. 오늘날 한국 사회의 '주류 지식인'들은 일제가 한국인들을 식민지 노예로 삼아 영구 지배하기 위해 조작했던 '식민사학'의 관점과 논리를 자발적으로 수용했다. 지금의 한일관계는 한 세기 전의 한일관계와 판이한데 저들은 왜 일본 군국주의와 식민주의를 추종하는 것일까?

20세기 초, 단재 신채호는 역사를 '아(我)와 비아(非我)의 투쟁의 기록'이라고 정의했다. 그런데 이는 신채호가 창안한 역사관이 아니라 약육강식, 우승열패, 적자생존의 '철칙'이 자연계와 인간계 모두를 지배한다고 보던 제국주의 시대의 보편적 역사관이었다. 생명체 진화의 동인(動因)이 생존경쟁인 것처럼, 역사도 인간 집단 사이의 경쟁에 의해서만 진보한다는 믿음이 19세기 말 이후 인류의 역사의식을 지배했다. 그러나 20세기의 역사는 경쟁에 그런 '순기능'만 있는 것은 아님을 여실히 증명했다.

국가 간 경쟁의 최종적이며 노골적인 단계가 전쟁이다. 자본주의 기술 문명의 지원을 받는 전쟁은, 역사를 진보시키기는커녕 인류 자체를 파멸로 이끌 수 있다는 사실을 이제는 누구나 알고 있다. 역사상 가장 많은 사람을 죽인 연쇄 살인마도 전쟁이고, 가장 많은 사람을 성폭행한 연쇄 성폭행범도 전쟁이며, 가장 많은 건물에 불을 지른 연쇄 방화범도 전쟁이다.

수천만 명의 생명이 덧없이 스러지는 참혹한 일을 겪고 나서야, 인류는 우리와 남 사이에 넘나들 수 없는 전선(戰線)을 그어놓고 끊임없이 싸워온 태도와 관행 자체를 근본적으로 바꿔야 한다는 교훈을 얻었다. 그 교훈의 결과가 1948년에 공포된 『세계인권선언』 제1조 '모든 인간은 태어날 때부터 자유로우며, 누구에게나 동등한 존엄성과 권리가 있다. 인간은 이성과 양심을 지니고 태어났기에, 형제애로 서로를 대해야 한다'이다. 경쟁은 인간의 '동등한 존엄과 권리'를 해치지 않는 범위 안에 있어야 한다고 천명한 것이다.

우리와 남을 나누고 주체와 타자(他者)를 구별하는 것은 사람이 세상을 인식하는 첫 단계이니, '경계 짓기'를 아예 그만둘 수는 없다. 하지만 사람 사이의 '경계들'을 가능한 대로 허물어 나가고 우리와 남 사이의 차별을 줄이며 다양성을 인정하고 공존 가능성을 모색하는 일은, 어렵더라도 포기할 수 없는 현대의 문명사적 과제다.

사실 사람들 사이의 경계를 허물려는 시도가 20세기 후반에 처음 나타난 것도 아니다. 이런 시도는 아주 옛날부터 있었다. 하나는 정복자의 방법이고 다른 하나는 성인(聖人)의 방법이었다.

정복자들은 약자들을 정복해 존재 자체를 절멸(絶滅)하려 들었으나, 성인들은 약자를 위해 강자의 탐욕과 횡포를 억제하려 했다. 주지하듯이 역사상 인간 집단 사이의 경계를 힘으로 허물려 한 정복자들의 모든 시도는 대량 학살, 인종 청소 등의 반생명적, 반인륜적 행위로 이어졌다.

평화적인 '경계 허물기'는 약자의 처지에서 세상을 볼 때만 가능하다. 장애인에게 편한 세상은 비장애인에게도 편하지만 그 반대는 아니다. 가난한 자가 안심할 수 있는 세상에선 부자도 안심할 수 있으나 그 반대도 아니다. 문제는 경계를 허물려는 시도에 있는 것이 아니라 강자 중심의 '경계 허물기'에 내포된 본래적 범죄성을 인지하지 못하는 데에 있다.

일본의 식민 지배와 친일 반민족행위들을 정당화하는 '식민사관'의 배후에는 '강자의 반인륜 범죄'를 당연시하는 경쟁지상주의가 자리 잡고 있다. 이는 뉴라이트나 신친일파의 문제만이 아니다. 현대인 다수가 힘 있는 자들이 범하는 반인륜적, 반생명적 범죄에 별문제를 느끼지 못한다. 힘없고 가난한 것을 '죄'로 규정하고, 수모와 학대 심지어 학살까지도 그 '죄'의 대가로 보는 태도가 만연한 세상에선, 약자가 당하는 모든 참혹한 일들이 '신의 뜻'이 되고 약자를 겁박하는 모든 행위가 '자발적 협력'을 끌어내기 위한 일이 된다.

정복자의 눈이 아니라 성인의 눈으로 세상을 바라봐야 한다.

힘이 아니라 도의가 지배하는 세상으로 바꿔야 한다. 그래야 세상이 더 안전하고 평화로워진다.

#12
친일파의 시대

친일파.

글자 그대로 일본과 '친한' 일파 또는 정파(政派)라는 뜻이다. 요즘 사람들은 친(親)이라는 글자에서 '친구'를 연상하지만, 이는 '부자유친(父子有親)'에서 보듯 본디 부모와 자식 간의 관계에서 지켜야 할 도덕률을 의미했다.

1880년, 주일 청국공사관 참찬관 황준헌(黃遵憲)은 수신사로 일본에 온 김홍집에게 조선이 취해야 활 외교 방책을 제시한 《사의조선책략(私擬朝鮮策略)》이라는 책자를 건넸다. 그는 조선을 위협하는 최대 위협 세력을 러시아로 규정하고, 조선은 친(親)중국, 결(結)일본, 연(聯)미국으로 러시아에 대처해야 한다고 주장했다. 결(結)은 동맹관계, 연(聯)은 연합관계를 의미한다. 여기에서 친(親)이 동맹이나 연합보다 상위의 관계임은 분명하다. 당시 중국과 조선은 종주국 대 속방(屬邦)의 관계였으니, 여기에서 친

(親)은 '부모처럼 섬기다'라는 뜻이었다. 양친(兩親), 선친(先親), 부친(父親), 모친(母親) 할 때의 그 '친(親)'이다.

'친일파'라는 말은 일본인들이 처음 만들어 썼다. 1884년 갑신정변이 일어나자, 조선에 있던 일본 외교관들은 이를 친일파 대 친청파 사이의 권력 투쟁으로 규정하여 본국에 보고했고, 일본 언론들도 이런 인식을 공유했다. 그들은 정변을 일으킨 김옥균 일파를 친일파, 독립파, 개화파로, 나머지 조선 정부 내 주류 세력을 친청파, 사대파, 수구파로 구분했다. 그들은 친일을 독립과 개화, 친청을 사대와 수구에 연결시킴으로써 자기들이 조선의 문명개화를 위한 선의의 협력자인 양 행세했다.

1894년 갑오개혁 때에도 주한일본공사관은 개혁 주도 세력을 친일파로 분류했다. 그러나 일본의 왕후 시해와 내정 간섭에 반대해 곳곳에서 의병이 봉기했음에도, 이 무렵까지 한국인들은 '친일파'라는 단어를 사용하지 않았다. 임진왜란에 대한 기억을 잊지 않은 한국인들에게, 게다가 일본을 오랑캐, 왜구로 인식하면서 문화적 우월감을 간직해 왔던 한국인들에게, 일본을 '부모처럼 섬기는 것'은 있을 수 없는 일이었다.

한국인들이 '친일파'를 오늘날과 같은 의미, 즉 '자기 일신과 일족만의 영달을 위하여 일본 침략자들에게 부역하면서 동족을 괴롭히는 자'라는 뜻으로 쓰기 시작한 것은 1907년 고종 강제 양위와 군대 해산 이후였다. 1907년 8월 미국에서 발간된 〈공립

신보〉는 친일파를 이렇게 정의했다.

일본을 의지하여 우리나라를 팔며, 일본을 의지하여 우리 황상 폐하를 능욕하며, 일본을 의지하여 우리 동포를 학살하며, 잔인하고 악독하여 사람의 낯에 짐승의 마음을 가진 자.

친일파와 같은 뜻으로 '토왜(土倭)'라는 말도 썼다. 근래 모 당 대변인이 사용한 '토착왜구'라는 말 때문에 새삼 주목을 받았지만, 사실 이 말은 해방 후에도 사람들의 입에 종종 오르내렸다. 1910년 〈대한매일신보〉는 '토왜(土倭)'의 종류를 다음과 같이 나눴다.

① 일본과 각종 조약을 맺을 때 세운 공을 내세우며 이권을 얻기 위해 분주히 움직이는 자
② 흉계를 숨긴 각종 성명을 내어 백성을 선동하는 자
③ 일본군에 의지해 남의 재산을 빼앗고 부녀자를 겁탈하는 자
④ 일본군의 밀정이 되어 무고한 양민을 죽음으로 이끄는 자
⑤ 일본으로부터 월급 받는 자로서 누군가 원망하는 기색을 보이면 허무맹랑한 말로 모함해 참혹한 지경에 이르게 하는 자
⑥ 일본어를 조금 안다고 가짜 채권을 꾸며 남의 재산을 탈취하는 자

친일 고위 관료, 친일 언론인과 교육자, 일진회 등 친일단체 회원, 일본군 밀정, 기타 일본을 배후에 둔 사기 범죄자 등을 두루 '토왜'로 지목한 것이다. '친일파'라는 단어에 토왜, 매국노, 민족 반역자, 사익지상주의 모리배(謀利輩)라는 의미를 덧붙이는 문화는 일제강점기 내내 유지됐고 해방 이후에도 소멸하지 않았다. 일차적인 이유는 반민특위 활동의 좌절로 인해 새로운 대일관계 위에서 친일의 개념을 재정립하지 못했기 때문이다. 그에 따라 친일에 결부된 온갖 부정적 의미가 과거의 망령이 되지 못하고 현존하는 권력으로 남았으며, 일제강점기의 반민족행위를 합리화하려는 의식이 지배적 지위를 점했다.

일본의 식민 통치에 적극 협력한 행위를 합리화하는 의식은 다음 몇 가지 요소로 구성됐다.

첫째는 도덕관념이 결여된 힘 숭배의식이다. 한국이 일본의 식민지가 된 이유는 힘이 약했기 때문이며, 약자가 강자에게 짓밟히는 것은 당연하다는 담론이 횡행했다. 이런 의식에서는 침략자와 그에 협력한 자의 불의와 부도덕성은 감지되지 않는다. 자기 힘을 과시하며 약자의 권리를 무자비하게 짓밟는 현대 한국의 '갑질 문화'도 이런 의식의 소산이다.

둘째는 약자 혐오와 엘리트의식이다. 힘 숭배의 짝이 약자 혐오다. 이런 의식을 가진 사람들은 모든 사회 문제를 약자들이 분수에 넘는 욕심을 부리기 때문에 발생하는 것으로 본다. 일제강점기 친일 부역자들이 일본 통치의 야만성은 외면하고 한국인의 저항만을 문제 삼았던 것이나, 현재의 기득권 세력이 재벌의 전횡은 외면하고 최저임금만을 문제 삼는 것은, 완전히 같은 의식의 소산이다.

셋째는 정체성의 혼란이다. 일본의 근대 사상가 후쿠자와 유키치는 처음 구미 제국주의의 침략에 맞서기 위해서는 아시아 각국이 연대해야 한다고 생각했다. 그러나 조선에서 갑신정변이 실패하자 생각을 바꿔 일본인은 스스로 아시아인이라는 정체성을 버리고 유럽인의 관점에서 다른 아시아인들을 대해야 한다고 주장했다. 유명한 '탈아입구론(脫亞入歐論)'이다. 이후 일본은 자기 편리한 대로 아시아의 대표 국가가 됐다가 비(非)아시아 국가가 됐다가를 반복했다.

일제강점기의 친일 한국인 엘리트들은 일본인의 이런 아시아관을 축소해 자기들 나름의 '한국관'을 만들었다. 그들은 일본을 대할 때는 한국인의 대표로, 한국인 일반을 대할 때는 준(準)일본인으로 행세했다. 그러다 보니 일본인과 조선인 사이를 오락가락하면서 정체성의 혼란을 겪었다.

오늘날 한국 기득권층 중에 의도적 이중국적자가 적지 않은 것도 이런 의식의 소산이며, 자칭 애국 세력이 성조기, 이스라엘기, 일장기까지 들고 시위하는 것도 정체성 혼란의 발로이다. 빈곤한 자의식을 보강하기 위해 정치적, 군사적, 종교적 권위를 외부에 의탁하려 드는 것이다.

윤석열 정권을 '친일매국'이라고 규탄하는 시민사회의 여론이 높다. 그 지지자들도 소녀상을 모욕하면서 일제의 반인륜 행위들을 미화하는 등 노골적인 친일 행태를 보인다. 친윤 언론들은 이 문제를 지적하면 '철 지난 친일몰이'라고 비난한다. 시대가 달라졌고 일본이 변했으니 더 이상 '친일'을 거론하지 말아야 한다는 것이다. 하지만 한국 엘리트들이 과거 반민족행위자들의 의식에서 벗어나지 못하는 한, 그리고 대중의 눈에 그런 사실이 보이는 한, 친일파라는 말이 욕으로 쓰이는 상황은 끝나지 않을 것이다.

13

자기 역사의 존엄을 훼손하는 자들

　'밀레니엄 전환'을 앞두고 전 세계가 'Y2K 대비'니 '밀레니엄 축제'니 하며 시끌벅적하던 1999년 말, 어떤 기자에게 20세기가 시작되던 100년 전엔 어떤 행사가 있었느냐는 질문을 받은 적이 있다. 서력기원과 태양력이 공식 채용된 해가 1895년이었으니 궁금할 만도 했다. 그러나 19세기 말까지 서양식 역법은 대중의 일상생활은 물론 국가의 공식의례에도 거의 영향을 미치지 못했다. 사람들의 시간관념은 아직 누적되는 '서양적 시간'이 아니라 순환하는 '동양적 시간'에 지배됐고, 그래서 100년마다 한 번씩 바뀌는 '세기'가 아니라 60년마다 한 번씩 돌아오는 '주갑(周甲)'을 중요시했다.

　임진왜란 5주갑이던 1892년, 고종은 임진왜란 당시의 국왕 선조(宣祖)의 존호(尊號)를 추가했고 이듬해에는 선조의 환도(還都) 5주갑을 기념하는 의식을 치렀다. 이때는 개항 이후여서 일본 상인들이 국내에 많이 들어와 있었는데, 민간에서는 그들에 대한 여러 형태의 공격이 끊이지 않았다. 일본 외교관들은 조선인들이 중국인보다 일본인을 훨씬 싫어한다고 불평을 늘어놓았다.

4주갑이던 1832년과 3주갑이던 1772년에도, 임진왜란 때의 공신과 의병들을 추모하는 공식적인 기념의식(儀式)이 있었다. 조선왕조는 이렇게 임진왜란에 관한 기억을 60년마다 한 번씩 소환해 일깨웠으며, 민간에서도 임진왜란의 기억을 잊지 않으려는 의례가 반복됐다. 임진왜란 6주갑인 1952년은 6.25 전쟁 중이었지만, 서울 충무로에서는 '임진란 6주갑 기념 국난 극복 시민대회'가 열렸다. 이 행사에는 이승만 (당시) 대통령도 참석했다. 한국인들의 일본에 대한 경계심은 식민지 지배 때문에만 생긴 것이 아니며, 그 뿌리는 매우 깊다.

1932년, 미국인 의료 선교사 셔우드 홀은 결핵환자 요양 시설 건립 기금을 마련하기 위해 크리스마스실 발행계획을 세웠다. 그는 도안으로 한국인들이 가장 좋아하는 상징물을 택했다. 바로 거북선이었다. 그는 '조선 아이들은 이순신 장군과 거북선 이야기는 아무리 들어도 지루해하지 않는다'는 사실만 알았다. 그가 가져온 도안을 본 조선총독부 관리는 "취지는 이해하나 이 도안은 절대로 쓸 수 없다"고 말했다. 조선인과 일본인을 두루 만나 조선총독부 관리가 왜 거북선 도안을 싫어하는지 설명을 들은 뒤에야, 그는 임진왜란이 양 민족의 의식 속에 어떻게 자리 잡고 있는지를 비로소 이해했다. 많은 한국인이 일제의 한국 강점(强占)을 '왜란'의 재발로 인식했고, 이순신 같은 인물이 다시 나오기를 고대했다.

한국인들의 반일감정이 유별나다고 하는 외국인이 많다. 심지어 근래에는 한국인 중에서도 자국민의 반일의식이 '민족주의'의 소산이 아니라 저열한 '종족주의'의 산물이라고 주장하는 사람이 늘어나고 있다. 같은 시기에 식민지 통치를 겪었던 대만이나 베트남, 필리핀, 말레이시아 등 다른 나라 사람들과 비교하면 그런 면이 있다. 그러나 그들은 일반적인 제국주의 대 식민지 관계로 환치할 수 없는 긴 역사에까지는 눈을 돌리지 못한다. 수백 년 동안 임진왜란의 기억을 간직하고 살았으면서도 일본에 나라를 잃은 울분과 허망함, 굴욕감을 제삼자의 시선으로 온전히 이해하기는 어려울 터이다.

더구나 한국인들은 근거가 있건 없건 일본에 대해 문화적 우월감을 느끼고 살았다. 일본인들은 그런 한국인들의 자존심을 꺾기 위해 한국인들이 존엄성을 부여했던 장소들을 모욕했다. 그들은 궁궐 전각들을 허물고 유원지로 만들거나 그 바로 옆에 위압적인 모양과 규모의 관공서를 지었다. 대한제국의 성소(聖所)이던 원구단 자리에는 호텔을 지었고, 독립문 옆에는 감옥을 만들었으며, 국립 현충원 격이던 장충단 옆에는 유곽을 설치했다. 지금도 전국 곳곳에는 일본이 한국 역사를 모욕하기 위해 만들었던 시설과 그 흔적들이 남아 있다. 그 탓에 이 땅에서는 아직도 덕수궁의 이름이나 근대 건축물의 보존 문제를 두고 논란이 끊이지 않는다.

2011년 12월 13일, '일본군 위안부 문제 해결을 위한 수요집회' 1,000회를 맞아 한국의 시민단체 정의기억연대가 일본 대사관 앞에 '평화의 소녀상'을 세웠다. 일본 대사는 이에 대해 '외교공관의 존엄에 관한 중대한 문제'라고 주장했고, 일본 총리도 철거를 요구했다. 이듬해인 2012년의 '임진왜란 7주갑' 행사는 그이태 전 설립된 사단법인 '임진란정신문화선양사업회'가 안동에서 개최했지만, 이 사실을 아는 사람은 극히 드물었다. '주갑'이 더 이상 중요하지 않게 된 세태 변화도 작용했겠으나 일본의 식민 통치를 정당화하고 친일 반민족행위를 옹호하는 한국인들이 목소리를 높이기 시작한 것도 영향을 미쳤을 것이다. 한 대학교수가 방송에서 '일본군 위안부는 자발적 매춘부'라는 취지로 발언하기까지 했다.

2024년 10월 11일, 독일 베를린시의 미테구청은 재독 시민단체 코리아협의회가 2020년에 세운 '평화의 소녀상'을 10월 31일까지 철거하라고 지시했다. 이 소녀상이 '연방정부와 베를린시의 특별한 외교적 이해관계에 걸림돌이 된다'는 이유에서였다. 베를린 등 세계 각국 도시에 설치된 '평화의 소녀상'은 '전쟁과 여성인권'에 관한 인류 보편의 고민을 담은 상징물이었다. 베를린에 이 상징물이 세워진 뒤, 일본 외교 당국과 우익 시민단체는 물론 한국의 극우 시민단체들까지 소녀상 철거를 요구하고 나섰다. 한국인 일부까지 철거를 요구하는 마당이었으니, 독일인들이 외교적 불편을 감수하며 소녀상을 존치할 까닭이 없었다.

일본 외교 당국과 우익단체들은 독일뿐 아니라 소녀상이 설치된 세계 모든 곳에서 철거를 요구하고 있으며, 한국의 극우단체들도 그에 동조하고 있다. 지금은 국내에 있는 소녀상을 일부러 훼손하는 한국인까지 나오는 형편이다. 그뿐인가? 일본 정부와 우익 세력의 비위에 맞도록 '우리 역사'를 바꿔야 한다고 주장하는 인사들이 정부 요직을 차지하고 있다. 심지어 일제강점기 한국인들의 국적은 일본이었다고 당당하게 주장하는 사람이 장관직에 올랐다. 정부가 앞장서서 친일 반민족행위자들을 '애국자'로 둔갑시키고 독립운동가들을 '반국가 세력'으로 매도하고 있는 셈이다.

절대다수 한국인은 아직도 임진왜란 때 일본군을 무찌른 이순신 장군을 가장 존경하며, 그의 동상은 세종로에 서서 남쪽을 바라보고 있어야 한다고 생각한다. 일본인들에게는 자기 선조들이 한국 역사를 능욕한 사실이 '과거사'일 수 있겠으나, 한국인들에게는 현재의 일이다.

일본 군국주의가 한국인들의 '존엄'을 모독하기 위해 만든 시설과 흔적들은 아직도 한국 땅 곳곳에 남아 있다. 위안부 할머니와 그들의 한(恨)에 공감하는 사람들이 '단일 문제에 대한 세계 최장기간 시위'를 이어오면서 되찾으려 하는 명예를 일본 정부가 외면하는 것도, 한국인들에게는 자기 역사의 존엄에 관한 중대한 문제다. 민간단체든 정부든, 자기 역사의 존엄을 스스로 훼손하는 집단에 영광스럽고 존엄한 미래는 없다.

#14
세종대왕이 한글만 안 만들었어도

"세종대왕이 한글만 안 만들었어도 국어 시험 안 봐도 되는 건데…."

"맞아. 그럼 영어만 배우면 되잖아. 세계화 시대에 영어 못하면 안 된다고 하면서 국어는 왜 배우라는 건데…."

몇 해 전, 길에서 우연히 들은 중학생들의 대화다. 그들의 철 없는(?) 대화를 들으며 일제 말 조선총독부가 조선어 과목을 폐지했을 때 조선인 학생들과 학부모들의 반응이 떠올랐다. 전문학교와 대학에 진학하는 데 도움이 되기는커녕 방해만 되는 과목, 열심히 공부하면 할수록 '조선인'이라는 수렁에 빠져들어 당당한 '일본 국민' 되는 데에 지장을 주는 과목, 이런 과목을 더 안 배워도 되는 새로운 현실에 기뻐한 자가 많았다.

물론 조선어 연구에 목숨을 건 학자들도 있었고, 조선어 교육 폐지는 조선 민족을 말살하려는 짓이라며 분노하는 사람도 많았으나, 그 시대의 소위 '식자층' 중에는 이들을 '시대의 흐름을 모르는 자'나 '제 자식 고등 교육을 시킬 능력도 없으면서 불평만 늘어놓는 자'로 매도하는 사람이 적지 않았다. 이런 사람들은 심지어 해방 후 제1회 서울대학교 입시에 국어 과목을 넣는 데에도 반대했다. 경성제국대학에 입학하기 위해 몇 년씩 옛 국어(일본어)만 공부해 온 학생들에게 느닷없이 새 국어(한국어) 시험을 치르게 하는 것은 부당하다는 주장이었다. 우여곡절 끝에 국어 과목이 서울대학교 입시에 포함되기는 했으나, 그 뒤로도 오랫동안 '지식인' 상당수는 일본어로 편지를 쓰곤 했다. 그들에게는 일본어가 고급 언어이자 특권층의 언어였고 한국어는 저급 언어이자 서민의 언어였다.

1920년대에 이광수는 '조선인의 타락한 민족성을 개조해 독립의 기틀을 다지기 위해서는 일본 통치가 허락하는 범위 안에서 정치적, 산업적, 교육적 훈련을 통해 실력을 길러야 한다'고 주장했다. 그에게 일본은 조선 민족을 괴롭히는 적이 아니라 조선 민족이 보고 배워야 할 스승이었다. 그의 이런 주장은 조선총독부 관리나 조선식산은행 직원이 된 조선인들, 또는 되려고 하는 조선인들에게는 양심의 가책을 덜어주는 묘용(妙用)이 있었다. 일본 통치에 협력하면서 일본인들에게 배우는 것도 조선 민족의 실력을 기르는 방편이라는데 거리낄 이유가 무엇인가?

그런데 이광수는 얼마 지나지 않아 자기 논리의 결함을 깨달았다. 조선인을 일본인과 비슷한 민족으로 '개조'하는 것보다는 조선인을 그냥 일본인으로 만드는 게 더 빠르고 확실한 길이었다. 결국 그는 이름을 가야마 미츠로(香山光郞)로 바꿨고, 꿈도 일본어로 꾸는 모범적인 일본인이 됐다. 그는 1940년에 쓴 '심적(心的) 신체제(新體制)와 조선 문화의 진로'라는 글에서 이렇게 단언했다.

> 나는 지금에 와서는 이러한 신념을 가진다. 즉, 조선인은 전연 조선인인 것을 잊어야 한다고. 아주 피와 살과 뼈가 일본인이 되어버려야 한다고.

민족의 언어와 문화를 버리고 일본인처럼 되려고 애쓰면서도 조금은 양심의 가책을 느꼈던 사람들이 이 주장에 환호했다. 그는 나약하고 타락한 조선 민족을 그가 보기에 '세계 일등'인 일본 민족으로 만들어 주는 게 진정 조선 민족을 위하는 길이라고 확신했다. 그랬기에 대한민국 정부 수립 후 반민특위에 체포돼서도 당당하게 "민족을 위해 친일했소"라고 말할 수 있었다. 하지만 그는 조선 민족이 일본 민족이 되기 위해 노력하는 것과 일본 민족이 조선 민족을 동등한 일원으로 받아들여 주는 것은 전혀 다른 문제임을 몰랐다. 일본 식민 권력은 극소수의 조선인에게만 본보기 삼아 일본인과 동등한 권리를 부여했다. 절대다수의 조선인은 일본인과 같은 의무를 지되 같은 권리는 누리지 못하는 '하등(下等) 일본인'이 됐다.

근래 이광수의 주장 덕에 양심의 가책을 덜었던 자들이나 이광수와 비슷한 행보를 보였던 자들에게서 '친일파'라는 딱지를 떼어 주자고 목청을 높이는 사람이 많아졌다. 이제 식민지 시대도 아니니 누가 초국가주의나 세계주의를 내세운다고 해서 잘못이랄 수는 없다.

"여기서 출세하면 좋지만, 그게 안 되면 미국에서 살게 하려고."

그 자신이 미국 영주권자이면서 미국 시민권자인 아들을 은근히 자랑하는 어떤 '사회 지도층'이 털어놓은 내심이다. 이게 이광수 사상의 핵심이다.

세계화 시대에 국적 선택은 자유이고, 제 자식 '더 살기 좋은 나라' 국민이 되게 하려는 부모의 욕망도 탓할 거리는 못 된다. 하지만 세계주의자면 세계주의자답게, 초국가주의자면 초국가주의자답게들 살았으면 좋겠다. 자기 자식들을 피와 살과 뼈까지 미국인으로 만들려고 애쓰던 사람들이 공직이 눈앞에 어른거리면 둘도 없는 '애국자'로 돌변해 자기 생각이야말로 진정한 애국주의라고 강변한다. '이광수는 친일파가 아니라 선각자'라는 사람들의 애국하는 방식은, 조선 민족을 말살하는 것이 조선 민족을 위하는 길이라 믿었던 이광수의 '애족'하는 방식과 다르지 않다.

#15
독도가 한국 땅이라는 증거가 없다?

2012년 8월, 일본인 고지도 연구가 구보이 노리오는 1870년 대 말부터 1901년 사이에 일본 정부가 직접 발행했거나 검정(檢定)한 지도들을 공개하고, 독도를 일본 영토로 표시한 지도는 하나도 없다는 사실을 지적했다. 그는 '러일전쟁' 이전까지 일본인들에게는 독도가 일본 땅이라는 의식 자체가 없었다며, "독도는 역사적으로 일본 땅"이라고 주장한 노다 요시히코 (당시) 총리에게 "진실을 직시하라"고 일침을 놓았다.

구보이 노리오가 지적한 대로, 일본이 독도를 시마네현에 편입한 것은 '군략상' 필요에 의해서였다. 그런데 러일전쟁 당시 일본군의 '군략상' 요구는 독도에 국한하지 않았다. 1904년 2월 8일, 한국에 상륙한 일본군은 곧바로 서울을 점령하고 한반도 전역을 일본군의 지배하에 두었다. 같은 달 23일에는 한국 정부를 협박해 이른바 '한일의정서'를 체결했다. 이 의정서의 핵심 조항은

'대일본제국 정부는 (대한제국 영토 내에서) 군략상 필요한 지점을 마음대로 수용할 수 있다'였다. 대한제국의 영토 주권을 사실상 박탈한 셈이다. 이로부터 1년 뒤인 1905년 2월 22일, 일본은 시마네현 고시로 독도를 자국 영토에 편입했다.

이 이전의 '역사적 사실들'을 무시하더라도, 대한제국 정부는 이보다 5년쯤 앞선 1900년 10월 27일에 관보를 통해 독도가 울릉군의 부속도서임을 명시해 둔 상태였다. 이어 같은 해 11월 17일, 일제는 이른바 '을사늑약'을 강요해 대한제국의 외교권을 빼앗았다. 이로써 대한제국은 독도 문제에 대해 외교적으로 항의할 기회조차 잃었다. 그 뒤를 이은 것이 일본의 한국 강제병합과 반인도적 식민 통치였다. 일본이 독도를 자기 영토로 편입한 것과 한반도 전역을 식민지로 삼은 것은, 일련의 연속된 과정이지 서로 분리된 '사실들'이 아니다. 독도 문제가 영토 문제 이전에 역사 문제인 까닭이다.

한국 광복 50주년이자 일본 패전 50주년인 1995년 8월 15일, 무라야마 도미이치 (당시) 총리는 "식민지 지배와 침략으로 많은 나라, 특히 아시아 제국의 여러분에게 다대(多大)한 손해와 고통을 주었다"며 '통절한 반성의 뜻'과 '진심 어린 사죄의 마음'을 표했다. 한일 강제병합 100주년인 2010년 8월 10일에도 칸 나오토 (당시) 총리는 한국인들의 뜻에 반한 '일한병합조약'이 한국인들에게 다대한 손해와 고통을 주었음을 인정하고 다시 한번 '통절한 반성과 진심 어린 사죄의 마음'을 표했다.

일본 총리는 식민지 지배를 공개적으로 사과했지만, 일본 정부는 오히려 과거 군국주의적 침략을 합리화하는 방향으로 역사 교과서의 검정 기준을 바꿨고, 독도 영유권 주장을 강화했으며, 위안부 피해자에 대한 배상을 거부했다. 일본 우파 지식인들은 수시로 일본이 식민지 지배 기간 중 한국 경제와 문화를 발전시켰다는 주장을 폈으며, 위안부 강제동원 등 반인도적 행위들을 '증거가 없거나 부족하다'며 부인했다. 한국인을 비롯한 아시아인들이 일본인들에게 바라는 것은, 이웃 국가와 민족의 정당한 권리를 침해했던 침략행위 전체, 즉 일본 군국주의 역사 전체에 대한 반성이다.

하지만 아베 신조가 총리로 재취임한 2012년 이후 일본은 급속히 우경화했다. 일본의 극우 세력은 1980년대부터 '정상국가화'를 주장해 왔는데, 그들에게 '정상국가'란 '전쟁할 수 있는 나라'를 의미했다. 이들은 과거 '군국주의 침략의 역사'를 반성하기는커녕, 오히려 그를 '자랑스러운 역사'로 분식(扮飾)하려 들었다. 그들은 일본의 한국 병합은 정당했으며 일본의 식민 지배 덕에 한국이 발전했고, 종군위안부나 노동자 강제동원 등의 '반인도적 전쟁범죄'는 한국인들이 꾸며낸 이야기라고 주장했다. 이런 주장은 일본 극우 세력을 핵심 지지기반으로 삼은 아베 내각의 대내외 정책에도 반영됐다. 일본 총리는 한국인들에게 사과하지 않았고, 일본 고위 관료들은 수시로 과거의 군국주의 침략을 미화했다. 이러는 사이에 일본 극우 세력은 도처에서 혐한(嫌韓) 시위를 벌였고, 일본 대형 서점들에는 '혐한서적코너'가 따로 생기기까지 했다.

2018년 10월 30일, 우리나라 대법원은 일제강점기 한국인 노동자 강제동원과 인권유린에 대해 일본 기업의 배상 책임이 있다고 판결했다. 당시 박근혜 행정부와 양승태 사법부 사이의 '판결 거래 의혹' 또는 '사법 농단 의혹'이 해소되지 않은 시점이었지만, 사법부는 '인권 문제'에 관한 국제규범에 따라 판결했다. 당시 일본의 아베 내각은 이에 강력하게 반발해 한국을 수출입 절차 우대국 목록인 화이트 리스트에서 삭제하고 한국에 대한 반도체 소재, 부품, 장비 수출을 규제했다. 우리 정부는 대법원 판결을 뒤집을 수 없을뿐더러 일본이 오히려 '인도주의'의 문제를 '경제'의 문제로 치환해 억지를 쓴다고 맞섰다. 2019년 8월, 문재인 (당시) 대통령은 국무회의에서 "우리는 다시는 일본에 지지 않을 것"이라고 강경 대응방침을 천명했다. 한일관계는 이 상태에서 수년간 냉각됐다.

그런데 윤석열 대통령 취임 이후부터 우리 정부는 한일 간 과거사 문제와 관련해 도대체 어느 쪽이 전쟁범죄와 인권유린을 저지른 당사자인지 알 수 없을 정도로 노골적인 대일 굴종 행태를 보였다. 대법원 판결을 무시하고 일본 기업의 배상 책임을 면제해 주고 나서, 외교부 장관은 "우리가 먼저 잔의 반을 채웠으니 나머지 반은 일본이 채울 것"이라고 말했다. 한일 간 다른 현안들에 대해서는 일본이 양보할 것이라는 순진한 기대감의 표현이었는지, 아니면 일방적 양보에 대한 국민의 분노를 무마하려는 임기응변의 발언이었는지는 알 수 없다.

그 이후에도 한국의 일본에 대한 굴종적 태도는 일관됐다. 일본 후쿠시마 핵 오염수 방류를 지지하는 것도 모자라 정부 예산으로 핵 오염수 안전 홍보물을 만들어 유포하기까지 했다. 욱일기를 단 일본 해상자위대함이 국내에 들어오게 허용했으며, 일본 정부가 한국인 강제노역에 대한 기록을 뺀 채 사도광산을 유네스코 세계 유산으로 등재하는 데에 동의했다. 그뿐 아니라 '식민지 시대 한국인의 국적은 일본', '위안부는 자발적 매춘부', '식민지 시대 일본이 한국을 수탈한 것이 아니라 한국인들이 일본에 수출한 것', '한국의 경제 성장은 일본 덕', '독립운동은 독립에 기여한 바 없다' 등 일본 극우 세력의 주장을 그대로 따라 하는 사람들을 고위직에 임명했다. 대통령실 외교담당 고위 공직자의 '중요한 것은 일본의 마음'이라는 말은, 이 정부가 '국민의 마음'보다 '일본의 마음'을 더 중요하게 여긴다는 본심의 표현이었다.

정부 고위층이 독립운동을 폄훼하고 친일 민족반역자들을 옹호하는 태도를 보이자, 삼일절에 일장기를 내거는 사람, 자동차에 욱일기 문양을 새기고 다니는 사람도 나왔다. '평화의 소녀상'을 모욕하고 외국에까지 가서 철거 운동을 펼치는 단체들까지 생겼다. 일본의 군국주의 침략행위를 정당화하고 친일 반민족행위자들을 숭배하는 한국인이 늘어나니, 일본 정부가 '반성과 사과의 뜻'을 표할 필요를 느낄 리 없다.

윤석열 정부 들어 독도 영유권을 주장하는 일본 정부의 태도는 갈수록 고압적이고 일본 해상자위대와 해경 함정은 수시로 독도 해역을 침범한다. 그런데도 국방부 교재에는 '독도는 영토 분쟁지역'이라는 내용이 실리고 우리나라 공영방송은 독도를 한국 영토에서 제외한 지도를 보여줬다. 또한, 전국 곳곳에 있던 독도 모형이 사라졌다. 정부와 지자체는 '교체 예정'이라고 하지만, 이런 일들을 경험한 사람들은 정부의 태도에 의심을 품을 수밖에 없다. 심지어 '독도가 한국 땅이라는 증거가 없다'는 주장에 동조하는 자들이 정부 고위직을 차지하고 있다. 이 상태로 시간이 더 흐르면 '역사적으로나 국제법상으로나 독도는 한국 고유영토'라는 한국인의 보편적 믿음 자체가 흔들릴 수밖에 없다. 한국인들이 믿지 않는 '사실'을 국제사회가 인정할 이유는 없다.

문제는 외교관계에서 한 번 뒤틀린 사안을 바로잡기란 매우 어렵다는 데에 있다. 과거사 문제, 영토 문제, 환경 문제 등에서 일단 '굴종적 양보'를 한 이상, 다음 정권이 이를 바로잡으려 해도 일본은 "왜 이전 약속을 어기느냐?"며 항의할 것이 뻔하다. 일본은 한국에 '약속을 지키지 않는 나라'라는 낙인을 찍고 어떤 재교섭, 재협상에도 응하지 않을 것이다. 1905년 일본이 독도를 시마네현에 편입시켰을 때에도, 대한제국 정부는 속수무책이었다. 그로부터 120년 넘게 지난 지금, 한국은 그때의 한국이 아닌데도 그런 상태가 재연되는 듯해 한심하고 암담하다.

16

8.15를 건국절로 삼자고?

 1948년 5월 제헌국회가 구성되고 헌법 제정 작업이 시작되자, 초미의 관심사가 된 것은 국호 문제였다. 해방 직후 건국준비위원회가 중심이 돼 조선인민공화국을 선포한 바 있으나 한국민주당은 이를 거부하고 대한민국 임시 정부를 받들자고 주장했다. 그러나 미 군정은 임시 정부를 인정하지 않았고 임시 정부 요인들도 개인 자격으로 귀국할 수밖에 없었다. 이후 정국의 소용돌이 속에서 임시 정부 봉대론도 잦아들었고, 임시 정부 주석이던 김구는 단독 정부 수립에 반대해 5.10 총선거에 불참했다. 임시 정부 중핵들이 헌법 제정 과정에 불참한 상황에서 국호 문제는 원점에서 논의할 대상이었다.

 제헌헌법 초안에서 국호가 '대한민국'으로 잠정 결정됐다는 소식이 알려진 뒤, 이 국호가 부당하다고 지적하는 지식인들의 글이 여러 신문 지면을 채웠다. 부당한 이유는 다각도에서 제시됐으나 요약하면 다음 몇 가지였다.

첫째, 대한의 '한'은 우리 옛 국호인 삼한(三韓)에서 따온 것인데 한반도의 남쪽만을 차지하고 있던 나라의 이름을 쓰는 것은 진취적이지 못하다.

둘째, 작은 나라 이름에 '대(大)'자를 붙이는 것은 온당하지 못할뿐더러 남에게 조롱당할 일이다.

셋째, 나라가 망할 때 이름이 대한이었는데 그 이름을 그대로 쓰는 것은 상서롭지 못하다.

넷째, 대한민국 임시 정부가 일제강점기 독립운동 전체를 대표하지 못한다.

이런 이유로 많은 이들이 새 국호는 망국의 이미지에서 자유롭고, 진취적 대국이었던 고구려의 계승성을 밝히는 의미가 있는데다가 국제적으로 통용되는 영문 국호인 'KOREA'에 합치하는 '고려'로 하는 것이 마땅하다고 주장했다.

대한민국이라는 국호에 반대하는 주장들이 다 나름대로 일리가 있었으나, 제헌국회는 굽히지 않았다. 다른 정치적 고려들도 있었지만, 가장 중요하게 생각한 것은 '광복'의 역사적 의미를 인식하는 문제였다. 독립을 연합국이 승리한 덕에 거저 얻은 것으로 생각한다면, 그 독립을 이루기 위해 혹독한 시련을 겪다 돌아간 선열(先烈)들의 희생은 무의미한 것이 되고 만다. 제헌국회는 삼천만 민족이 하나가 돼 일제의 잔학한 탄압에 맞서 싸워 독립을 이뤄냈다는 생각을 국호에 담고자 했다. 제헌헌법 전문이 '유구한 역사와 전통에 빛나는 우리 대한국민은 기미 삼일운동으로 대한민국을 건립하여'로 시작한 것은 이런 역사 인식에 기초했기 때문이다. 제헌헌법 전문은 대한민국이 삼일운동으로 건립, 즉 건국됐음을 분명히 밝혔다. 오해하는 사람이 있을까 봐 덧붙이자면, 국가를 '건립'하는 게 '건국'이다.

제헌헌법 기초위원들은 미국 독립의 서사(敍事)도 참작했다. 영화 「7월 4일생」으로 더 유명해진 7월 4일은 미국의 독립기념일이다. 이날은 메이플라워호를 타고 처음 북아메리카 대륙에 정착한 영국인들이 첫 번째 추수에 성공한 날을 기념하는 '추수감사절'과 더불어 미국의 양대 명절이다. 그런데 이날은 미국 헌법이 제정된 날도, 미국 정부가 수립된 날도, 미국 독립이 국제적으로 공인된 날도 아니다. 북아메리카의 영국 식민지 13개 주 대표가 모여 독립을 선언한 날이다. 1776년의 이 독립선언으로부터 독립전쟁이 시작됐고, 미국 헌법은 식민지 연합군이 독립전쟁에서 승리한 1783년으로부터 4년이나 지난 뒤인 1787년에 제정됐다. 조지 워싱턴이 미국 연방정부의 초대 대통령에 취임한 해는 1789년이다.

제헌헌법 기초위원들은 우리 민족도 1919년 3월 1일 민족대표들이 모여 독립을 선언하고 이후 26년간 독립전쟁을 치러 1945년 일본을 몰아냈으며, 1948년 헌법을 제정하고 정부를 수립한다는 독립 서사(敍事)를 만들고자 했다.

정부 수립 이듬해인 1949년 10월 1일, 『국경일에 관한 법률』이 제정돼 개천절, 삼일절, 광복절, 제헌절이 국경일로 정해졌다. 모두 국가와 국체(國體)에 관한 기념일로서, 제헌헌법 전문의 내용을 그대로 담았다. 개천절은 우리 민족의 유구한 역사와 전통이 시작된 날, 삼일절은 대한민국 건립의 초석을 놓은 날, 광복절은 불완전한 독립으로 암흑 상태에서 신음하던 민족 구성원 대다수가 빛을 다시 찾은 날, 제헌절은 헌법을 제정한 날이다. 다른 국경일들이 개천(開天), 광복(光復) 등 의미소(意味素)를 가진 반면 삼일절만 날짜로 쓴 것은 대한민국 임시 정부가 이날 수립된 것이 아닌 데다가, 해외 독립운동가들이 내내 이날을 '삼일절'로 불렀기 때문이다.

이명박 정권 때부터 뉴라이트 인사들은 대한민국 정식 정부 수립일인 1948년 8월 15일을 '건국절'로 별도 지정하라고 정부에 요구해 왔다. 이들은 3.1 운동은 실패한 운동이며, 대한민국 임시 정부는 여러 독립운동단체 중 하나였을 뿐이고, 광복은 순전히 미국 덕분에 이뤄진 것이라고 주장한다. 대한민국을 독립운동과 분리해 '반공국가'로만 자리매김하려는 의식적 시도다. 뉴라이트 인사들이 이승만을 숭배하는 것도 이 때문이다.

근래에는 광복절이 1945년 8월 15일을 기념하는 날이 아니라 1948년 8월 15일을 기념하는 날이라고 주장하는 사람도 늘고 있다. 이 주장에 따르면, 광복절이 곧 건국절이고 삼일절은 근본 없는 국경일이 된다. 이른바 '보수 대통령'인 이명박, 박근혜, 윤석열은 이들 주장의 일부를 수용해 광복절 기념사 때마다 '건국'이라는 말을 입에 올렸다. 일부 언론은 나라에 건국절과 국부가 없는 것은 문제라며 8.15를 광복절 겸 건국절로 기념하고 이승만을 국부로 추대하자고 주장한다. 하지만 독립선언서는 독립선언의 주체가 '이천만 민중'임을 명기했다. 우리 선조들이 목숨 바쳐 이룩한 독립의 공을 왜 '군주'와 같은 의미인 '국부(國父)'에게 돌려야 하는가? 이승만이 국부라면 국모는 또 누구인가?

제헌헌법과 『국경일에 관한 법률』이 모두 공인한 대로, 대한민국의 독립기념일은 삼일절이다. 선열들이 일제의 총칼에 맨손으로 맞서 싸워 세운 나라가 대한민국이기에, 지금 국호가 대한민국인 것이다. 지금 대한민국에 건국절이 없다고 주장하는 사람들, 대한민국 건국 정신이 무엇인지, 헌법 정신이 무엇인지, 삼일절이 왜 국경일인지 알고서 그런 말을 하는지 모르겠다. 우리 역사와 순국선열들에게 미안하지도 않은가?

#17

국사 교과서와 헌법 정신

넓은 의미에서 역사란, 과거 전체, 또는 '인간이 해온 일과 하려고 했던 일' 전체를 의미하지만, 어떤 인간도 과거에 일어났던 일 전체를 다 알 수는 없다. 그렇기에 일반적으로 역사란 '과거에 일어났던 일들에 관해 특정한 인간 집단이 공유하는 기억'으로 정의된다. 어떤 사건을 기억하는 방식이나 태도는 사람마다 다르다. 누구나 자기 처지와 기준에서 과거를 기억한다. 그러다 보니 평범한 사람들의 일상에서도 '역사'는 자주 '전쟁'의 원인이 되곤 한다. 많은 언쟁이 "그때 네가 그랬잖아"라는 말에 대해 "내가 언제?"라고 대답하는 순간부터 시작한다.

평생을 함께 산 부부조차 같은 일을 달리 기억하는 탓에 다투는 일이 흔한데, 서로 살아온 경로가 다른 사람들에게 같은 기억을 가지라고 요구할 수는 없다. 일본인들이 기억하는 임진왜란의 역사와 한국인들이 기억하는 임진왜란의 역사가 다를 뿐 아

96

니라, 이완용이 기억하는 일제강점기의 역사와 신채호가 기억하는 일제강점기의 역사도 다를 수밖에 없다. 소수자가 보는 역사, 지배자가 보는 역사, 여성이 보는 역사, 남성이 보는 역사가 다 같다면 그게 오히려 이상한 일이다.

'국사'는 다양한 경험과 관점, 태도를 지닌 사람들에게 '공통의 기억 요소'들을 제공함으로써 그들을 '하나의 국민'으로 통합하기 위한 역사다. 그래서 '국사'와 '한국사' 사이에는 상당한 간격이 생길 수밖에 없다. 누구나 자기 관점에서 어떤 지역, 나라, 집단에 대해 연구하고 그 결과를 발표할 수 있다. 일본 군인의 관점이나 중국 기업인의 관점에서 과거 한반도에서 일어났던 사건들을 연구하지 말라는 법은 없다. 학문 영역으로서 '역사'의 무대는 다양한 시선과 관점, 태도가 서로 얽히는 공개된 마당이다. 하지만 '국사'는 '대한민국 국민의 관점에서 보는 한반도의 역사'만을 지칭한다. 일본인 학자가 쓴 '한국사'는 '국사'가 될 수 없다.

국가는 '자국민의 관점'에서 과거를 기억하라고 요구하며, 그 요구 사항을 '검정 기준'으로 명시한다. 일본인이 쓴 '한국사' 책이라면 '메이지유신의 원훈(元勳) 이토 히로부미가 한국인 테러리스트 안중근에게 암살당했다'라고 해도 무방하지만, '국사' 책에는 '안중근 의사가 한국 침략의 원흉(元兇) 이토 히로부미를 척살했다'라고 써야 한다.

'국사'체계에 대한 근본적 비판, 즉 국가가 국민의 기억을 통제하려 드는 것은 온당치 못하다는 일각의 지적은 논외로 하자. 국민국가체제에서는 공동의 기억이 없으면 국가를 공동체로 유지하기 어렵다는 현실론을 수용할 수밖에 없다. 그렇더라도 '국민'으로서 공유해야 할 관점과 태도를 누가, 어떤 근거로 제시할 수 있느냐의 문제가 남는다. 어떤 정파나 사회 세력이 자기에게 유리한 방향으로 '국사'의 역사관을 함부로 뜯어고칠 수 있게 허용한다면, '국사'는 국민을 통합하는 수단이 아니라 국민을 정신적 내란 상태로 몰아넣는 흉기가 되고 만다. 가뜩이나 사회가 다원화, 다극화한 마당에 '국사'를 배운 시기에 따라 역사관마저 달라진다면, 국민 사이의 불신과 증오, 갈등과 대립은 더 격렬해질 수밖에 없다. 그래서 '국사'의 역사관은 헌법의 가치관, 즉 헌법 정신의 테두리 안에 머물러야 한다.

대한민국 헌법 전문은 '유구한 역사와 전통에 빛나는 우리 대한국민은 3.1 운동으로 건립된 대한민국 임시 정부의 법통과 불의에 항거한 4.19 민주이념을 계승하고, 조국의 민주개혁과 평화적 통일의 사명에 근거해 정의, 인도와 동포애로써 민족의 단결을 공고히 하고 …'로 시작한다. 대한민국 '국사'의 역사관은 헌법이 명시한바 3.1 정신과 4.19 정신이며, 그 핵심 가치는 정의, 인도, 동포애다. 이미 3.1 운동 당시에 기미독립선언서는 침략주의, 강권주의를 인도(人道)에 반(反)하는 '불의'로, 그에 맞서 싸우는 것을 '정의'로 규정했고, 그 공약삼장(公約三章)의 첫 번째에서 '오늘 우리의 이 거사는 정의, 인도, 생존, 존영을 위한 민족적 요구'라고 천명했다.

순서가 중요하다. 공약삼장은 정의와 인도를 생존보다 앞세웠다. 정의와 인도가 전제되지 않은 생존은 인간의 생존이 아니라 동물의 생존이라는 사실을 일제강점 10년간 뼈저리게 느낀 결과였다. 이 정신이 헌법에 그대로 담겨 '정의, 인도와 동포애'가 민족 단결의 3원칙이 됐다. 또, '불의에 항거한 4.19'라는 구절은 당시 학생과 시민들이 '불의'에 맞서 싸웠음을 명백히 규정한 것이다. 이승만 정권은 헌법이 적시(摘示)한바 '불의'를 자행한 정권이자 불의 자체다.

2024년 8월, 교과서는 물론 변변한 역사 서적 출판 실적도 없는 출판사가 뉴라이트 역사관을 담아 펴낸 고등학교 국사 교과서가 정부의 검정을 통과했다. 박근혜 정권 때 교학사 교과서와 국정 교과서에 이은 세 번째 '국민 역사의식 변경' 시도다. 교과서라는 이름으로 나온 이 국사책들은 수준 이하의 숱한 오류도 문제지만, 국가 공동체의 구성원들이 공유해야 할 규범적 가치인 헌법 정신을 짓밟은 점이 더 큰 문제다. 일제의 식민 통치가 우리 역사를 발전시켰다면, 그에 항거한 독립운동은 역사 발전을 저해한 어리석은 난동이 되고 만다. 이승만 정권이 '정의'였다면 그에 항거한 행위는 '불의'가 되고, 이승만이 '국부(國父)'라면 그를 몰아낸 사람들은 '후레자식'이 될 수밖에 없다. 이렇게 헌법 정신을 부정하는 역사책을 '국사'로 승인하는 행위야말로, 대한민국을 정신적 내란 상태에 빠트리려는 내란 예비음모라고 해야 하지 않겠는가?

2장

무엇을 버릴 것인가?

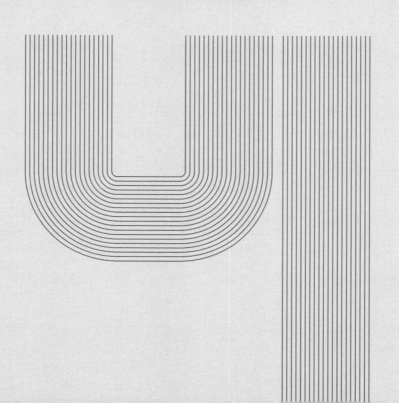

#01
초록동색과 당동벌이

1946년 7월, 해방되고 처음 치른 세브란스의과대학의 입시 문제 중에는 '가리키다'와 '가르치다'를 넣어 별도의 단문(短文)을 지으라는 문제가 있었다. 요즘에는 초등학교 저학년생도 아는 문제지만, 당시에는 명문 의과대학 응시자들에게조차 어려운 문제였다. 1938년부터 각급 학교에서 '조선어' 교육이 사실상 폐지되어 '한국어'를 체계적으로 배우지 못한 학생들이 응시한 것도 하나의 이유였지만, 두 단어의 구별을 어렵게 만든 데에는 사람들이 의식하지 못한 더 근본적인 이유가 있었다.

일제강점기의 교육 현장에서는 '교수하다'라는 뜻의 '가르치다'와 '지시하다'라는 뜻의 '가리키다'를 굳이 구별할 필요가 없었다. 학생들은 교사가 칠판에 써 놓은 내용을 공책에 옮겨 적은 뒤, 교사가 지휘봉으로 '가리키는' 내용에 주목하면서, 교사가 하는 말을 경청하면 됐다. 질문은 일반적으로 '교사의 권위에 대한 도전'으로 간주됐다. 애초에 '한국인' 교육의 목표가 '충성스럽고 선량한 황국신민을 양성하는 것'이었기 때문에, 교사들이 학생들에게 요구한 일차적인 덕목은 '순종'이었다. 교실에서는 '공부 못 하는 것'과 '말 안 듣는 것(지시에 따르지 않는 것)' 모두가 처벌 대상이었다. 이런 조건에서는 학생이든 교사든 '지시와 교수', '복종과 학습' 사이의 차이를 명확히 인식하기 어려웠다. 게다가 두 단어가 발음까지 비슷하니 혼동할 만도 했다. '잃다'와 '잊다'도 비슷한 경우다. 하나는 손에 쥐고 있던 것이 사라진 것을, 또 하나는 머릿속에 들어있던 것이 사라진 것을 뜻하니 말이다.

근래에는 뜻도 발음도 전혀 다른 두 단어가 일상적으로 혼동되고 있다. 아니 좀 더 정확히 표현하면, 한 단어가 자기와는 별 관계도 없는 다른 단어를 집어삼키고 있는 형국이다. 어디를 가나 "품질이 틀려요", "맛이 틀려요", "재료가 틀려요", "콘텐츠가 틀려요" 하는 소리가 귀에 들어온다. 심지어 언어생활을 계도할 책임이 있는 방송에서조차 그렇다. TV 앞에 한 시간만 앉아 있어도 이런 '틀린' 용례들을 무수히 접하게 된다. 연예인들끼리 방담하는 프로그램에서 특히 심한데, 출연자들은 "사람이 틀려졌어", "인생이 틀려져요", "생각하는 게 틀려"라는 말들을 마구 쏟아낸다. 도대체 틀린 생각을 하고 사는 사람이 어떻게 좋은 사람이 될 수 있으며, 틀린 인생을 살아서 무슨 영화(榮華)를 본다는 건가?

'다르다'와 '틀리다'는 다르다는 것, '다른' 것을 '틀린' 것이라

표현하면 틀린다는 것은 학교에서도 미디어에서도 수없이 계몽하는 내용이다. '다르다'는 '같다'의 반대말이며 '틀리다'는 '맞다'의 반대말이고 '옳다'의 반대말은 '그르다'이다. '옳고 그름'은 가치관이 개입된 판단이며, '맞고 틀림'은 수치나 규격 등 탈가치적인 정밀도와 근사치에 대한 판단이다. 두 물건이나 물질 사이에 쓸모없는 틈이 생기지 않도록 하는 일이 '맞춤'이고, 서로 맞지 않아 틈이 생기는 것이 '틀림'이다. 문과 문틀이 서로 맞지 않으면 문이 비틀리기 마련이다. 그런데도 일상의 언어생활에서 이런 오류가 전혀 시정되지 않는 것은, 굳이 두 단어를 구별해서 사용할 필요를 느끼지 못하는 집단적 잠재의식 때문이 아닐까?

자기와 생각이나 기호가 비슷한 사람을 더 좋아하고, 그렇지 않은 사람과 친해지기 어려운 것은 인지상정이다. 그래서 '초록동색(草綠同色)'이라 한다. 그러나 자기와 다른 사람들을 배척하는 것은 다른 문제다. 옳고 그름을 따지지 않고 자기 편에는 무조건 동조하고, 다른 편은 덮어놓고 배척하는 것을 '당동벌이(黨同伐異)'라고 한다.

조선 시대에 '당동벌이'는 죄였다. '당동벌이의 율(律)'이라는 것이 있어 편당(偏黨)을 이뤄 조정의 시비 분별을 흐리게 한 자는 엄한 처벌을 받았다. 당동벌이는 '붕당(朋黨)'의 폐단이 드러나기 시작한 조선 중기 이후 자주 문제가 되었는데, 일례로 숙종 3년(1677)의 상소문 한 구절을 보자.

당동벌이는 갈수록 심해져 중앙 고관(高官)에서 지방 수령에 이르기까지 서로 의지하여 잘못을 덮어주며, 탐욕스럽고 더러운 짓이 풍습이 되어 공공연히 뇌물을 주고받으며 자기 세력을 믿고 남을 침해하므로, 침을 뱉으며 욕하지 않는 이가 없는데도 조정 안에는 규탄할 사람이 없습니다.

붕당이 대를 이어가며 '가문'들과 결합한 탓에 '같고 다름'만 따지는 풍조가 생겼고, 이로 인해 '옳고 그름', '맞고 틀림'을 구별할 길이 막혔다는 것이다.

누구나 자기 생각과 판단이 맞기를 바라지만, 희망과 현실 사이에는 언제나 거리가 있게 마련이다. 나도 맞고 너도 맞을 수도 있고, 둘 다 틀릴 수도 있다. 민주주의는 '다름'을 용인하는 체제다. '다른 것'들을 조화시키려는 노력을 다한 뒤에야, 마지막으로 '다수결의 원칙'을 적용하는 것이다. 그러나 지금 우리 사회는 '다르다'를 '틀리다'로 쓸 뿐 아니라, '싫다'와 '나쁘다'를 구별하지 않으려는 충동에 사로잡혀 있는 듯하다. 그런 사회 앞에 놓인 미래는 불안하다. 히틀러도 스탈린도, 자기와 생각이 다른 사람들을 범죄자 취급하는 풍조가 낳은 '사람'이었다. 어차피 혼동해서 쓸 바에는 차라리 '틀리다'를 '다르다'로 쓰면 어떨까? 혹시 아는가? 세상이 달라질지….

#02
관찰사, 수령, 향리, 토호

　우리나라 행정구역 명칭은 도(道), 시, 군, 구, 면, 리, 동, 도(島) 등으로 나뉜다. 행정구역이니만치 지도상에 평면으로 표시되는 것이 당연하고 명칭도 그에 합당하게 되어 있지만, 도(道)만은 '면'이 아니라 '선' 개념이다. 길을 뜻하는 도(道)를 행정구역 명칭으로 쓰는 예는 같은 한자 문화권인 중국과 일본에서도 극히 드물다. 고대 중국에서 사용된 예가 있고, 일본의 홋카이도(北海道)가 있는 정도다. 도는 고려 시대에 행정구역 명칭으로 정착했다. 그 행정 책임자를 안찰사(按察使)라고 했는데, 지방을 순회하며 행정 실태를 조사하고 조세를 거두는 등의 일을 맡았다. '안찰'이란 어루만지고 살핀다는 뜻이며, '도'란 안찰사가 지나는 길을 의미한다. 경주와 상주를 잇는 길이 경상도가 되고 충주와 청주를 잇는 길이 충청도가 되는 식이다. 안찰사는 안렴사, 도관찰출척사 등을 거쳐 조선 초기에 관찰사로 바뀌었고, 이 이름은 대한제국이 망할 때까지 바뀌지 않았다. 관찰사라는 이름은 문자 그대로 '정해진 길로 다니며 관찰하는 왕의 사신(使臣)'이라는 뜻이다.

신라 말엽, 중앙 정부의 통제력이 약해지자 독자적 지배영역을 확보하고 장군이니 성주(城主)니 자칭하는 호족들이 생겨나면서 후삼국 시대가 열렸다. 후삼국을 통일한 고려왕조는 호족들의 세력을 억누르고 중앙 정부의 권한을 키우는 데 힘을 쏟았다. 안찰사가 '어루만지고 관찰'한 대상은 바로 이들이었다. 중앙 정부가 오랜 기간 억압한 결과, 호족은 향리(鄕吏)가 됐다. 고려 시대에는 향리가 중앙 관리로 진출하는 길이 열려 있었지만, 조선 시대에는 그 길이 막혔다. 향리직은 '권세 있는 자리'가 아니라 '세습하는 역(役)'이 됐으며, 보수도 없었다. 그렇지만 여러 대에 걸쳐 같은 고을에서 살면서 쌓아 놓은 지식은 그들이 나름대로 행세할 수 있는 기반이었다. 중앙에서 파견된 임기제 수령들은 한편으로는 향리를 단속했지만, 그들에 기대지 않고서는 행정을 처리할 수 없었다.

설총이 창안한 것으로 잘못 알려진 '이두(吏讀)'는 향리들이 공문서를 작성할 때 쓰던 표기법이다. 한문을 우리말의 문장 구성법에 따라 고치고 한자의 음이나 훈을 따서 토를 붙인 것으로, 이서(吏書), 이토(吏吐), 이투(吏套), 이문(吏文) 등으로도 불린다. 향리들이 이두 표기법을 고수한 것은, 한문만 배운 수령도 잘 모르고 일반 백성은 더더욱 모르는 자기들만의 암호체계를 유지할 필요가 있었기 때문일 터이다. '시호등용량(是乎等用良)'을 '이온들쓰아'로 읽고 '이므로'로 풀거나 '위재을량(爲在乙良)'을 '하두을란'이라 읽고 '하거든'으로 푸는 것이 그리 어렵지는 않았으나 무엇이든 새로 배우려면 귀찮은 법이다. 향리들은 이 특수한 표기법으로 자기들을 통하지 않고서는 수령과 백성이 연결될 수 없도록 했다. 더구나 조선 시대 지방에서는 양반들이 또 다른 유력자로 등장했다. 전직 고위 관료, 미래의 고위 관료, 그들의 친척과 친지들이 곳곳에 둥지를 틀고 수령을 견제했다. 그런 속에서 수령과 지방 양반, 향리들 사이에는 때로 협력하고 때로 견제하는 '긴장관계'가 유지됐다.

그러나 조선 말 세도정치가 시작되면서 이 긴장관계가 흐트러졌다. 전임 수령과 후임 수령이 모두 같은 당파이다 보니 전임자의 잘못을 들추고 바로잡는 일이 사라졌다. 향리의 처지에서는 어떤 수령과 짝짜꿍이 되어 한몫 챙겼다가 후임 수령에게 들켜 '경을 칠' 걱정을 안 해도 됐다. 지방 유력자도 달라졌다. 시골 유생이 과거에 합격해 관직을 얻기란 하늘의 별 따기가 됐다. 벼슬길이 막힌 시골 양반 대신에 땅 많이 가진 토호들이 유력자 자리를 차지했다. 어차피 벼슬길을 포기한 사람들이라 수령을 매수하고 향리를 구슬려 세금 적게 내고 송사(訟事)에서 이기는 데에만 열중했다. 그들은 새 수령이 오면 거창하게 환영연 치러주고, 임기 마친 수령을 위해 전임자 것보다 더 큰 송덕비(頌德碑)를 세워줘 변변치 않은 '토착 권력'이나마 흔들리지 않기를 바랐다. '구관이 명관'이라는 말은 전임자가 정말 잘해서가 아니라 수령이 바뀔 때마다 돈 들 일이 생겼기 때문에 나온 말이다.

조선 말기의 이른바 '삼정문란(三政紊亂)'은 현대식 표현으로는 공직 기강의 전반적 해이다. 기강의 해이는 곧 긴장의 이완이다. 서로 견제해야 할 사람들이 '한통속'이 되면 긴장은 저절로 풀어지며 그로 인한 피해는 고스란히 백성들 몫이 된다. 시골 백성들에게 이 문제를 해결할 방법은 '민란'밖에 없었지만, 대한민국 국민은 공직자를 선출하고 감시할 권리를 다 가지고 있다. 투표하는 것은 잠시나마 '임금'이 되는 일이고, 감시하는 것은 '관찰사'가 되는 일이다. 그저 분개만 한다고 공직 비리니 토착 비리니 교육 비리니 하는 것들이 사라지지는 않는다. 그 누가 권리를 행사하지 않는 국민의 눈치를 보겠는가?

#03
신앙, 이념, 지식, 기분

 장희빈과 관련해 TV 드라마의 주인공으로 자주 등장하는 조선 제19대 왕 숙종은 22세 되던 해 초겨울에 두창(천연두)에 걸렸다. 재위 9년째의 일이다. 아들 사랑이 지극했던 그의 모후(母后)는 자신에게 병을 옮겨달라고 하늘에 빌었다. 날이 추웠건만 기도에 앞서 목욕재계하는 일을 빠뜨리지 않았다. 그 정성이 하늘에 닿았음인지, 숙종은 한 달 가까이 앓다가 나았으나 대신 대비가 병들어 영영 일어나지 못했다.

 흔히 옛사람들은 거의 목욕을 하지 않았을 것이라고 추측들 하지만, 이는 사실 근대가 부여한 허상(虛像)이다. 1년에 두 차례, 설과 추석에만 목욕한다는 농담 반 진담 반의 이야기는, 도시화가 진전되고 동네 우물이 사라졌음에도 주택 구조와 수도 설비가 그를 충분히 보완하지 못했던 시절의 이야기일 뿐이다.

 1910년대에 한국을 찾았던 한 외국인은 한국인들이 밖에 나갔다 와서는 목욕부터 한다고 증언한 바 있다. 물론 여름철의 이야기다. 요일제가 없던 조선 시대에는 관리들이 닷새에 하루씩 쉬었는데, 쉬는 날을 '휴목일(休沐日)'이라고 했다. '휴식하면서 목욕하는 날'이라는 뜻이다. 다만 옛사람들이 현대인들처럼 위생과 건강을 생각해서 목욕한 것은 아니다. 그들에게 목욕은 대체로 종교의례의 일부였다. 부정(不淨)한 몸으로 신 앞에 나서서는 안 됐으니, 기도하기 전에는 먼저 몸을 깨끗이 하고 잡생각을 지워야 했다. 그래서 목욕이라는 단어 뒤에는 늘 '깨끗이 하는 계율'이라는 뜻의 '재계(齋戒)'라는 단어가 따라다녔다.

옛날에는 사람이 이해하지 못 하는 일이 너무 많았고, 그런 일들은 모두가 '신의 영역'이거나 '귀신의 소관'에 속하는 것으로 취급됐다. 그런 만큼 신을 찾아야 할 일도 많았다. 가족이 아플 때, 남편이 과거 시험 보러 갈 때, 송사(訟事)에 휘말렸을 때, 메뚜기 떼가 농사를 망쳐 놓을 때, 심지어는 다른 사람을 저주할 때조차도 먼저 목욕을 해야 했다. 보통사람의 일상에서는 이런 경우가 한 해에도 열 번은 족히 넘었을 것이다.

인간이 세상에서 일어나는 모든 사건을 합리적, 이성적으로 해석할 수 있으리라는 희망을 품게 된 것은 16세기 '과학혁명' 이후의 일이다. 이후 사람들은 자신과 타인의 행위를, 그리고 자연에서 일어나는 현상들을 이성으로 재해석했다. 신과 관련되어 있던 행위들이 인간 자신의 직접적 필요에 따른 행위들로 급속히 재구성됐고, 계율 대신에 지식이 사람들의 의식과 행동을 지배하기 시작했다.

현대인들은 무엇을 얼마나 먹을 것인지, 언제 자고 일어날 것인지, 언제 이사를 할 것인지, 어떤 자동차를 살 것인지, 언제 주식을 사고팔 것인지, 누구에게 돈을 빌려줄 것인지 말 것인지 등 일상의 크고 작은 일들을 의학, 법학, 경제학, 물리학, 공학 등의 지식에 의존해 결정한다. 지식이 새로운 신이 된 셈이다.

지식의 영역이 확장되면서 한동안 지식을 서로 다른 방식으로 체계화한 '이념'의 비중이 커졌다. 이교도에게 향하던 화살이 다른 이념을 가진 사람들에게로 돌려졌다. 19세기 말 이래 전 세계에서 이념 대결의 와중에 죽은 사람의 수는 제1차 세계대전에서 희생된 사람의 수보다 적지 않을 것이다. 그런데 이념은 개별 사건과 사물에 대한 지식들을 묶어줬지만, 지식이 세분되고 깊어지자 오히려 지식의 자유로운 발전을 가로막게 됐다. 이른바 '탈(脫)이념화'는 이념이 지식 발전의 질곡이 된 현상에 대한 자각의 결과라고 할 수 있다.

신앙심이나 이념, 지식 외에 사람의 행위를 지배하는 또 다른 요인으로 '기분'이 있다. 신앙심이나 이념, 지식이 서로 어울려 습관적 행위를 만들어 내는 것이라면, 기분은 보통 순간적으로나마 일상을 깨뜨리는 구실을 하며, 가끔은 신념과 이념에 어긋나는 행동을 유발하기도 한다. 어느 날 갑자기 출근하기 싫어지고, 공연히 다른 사람에게 짜증이 나며, 느닷없이 별 쓸모도 없는 물건이 사고 싶어지는 이유를 이념과 지식으로 설명할 수는 없을 터이다.

기분은 건강 상태나 사회적 관계의 변화에 좌우되기도 하지만 날씨와 같은 자연조건에 영향을 받기도 한다. 1987년 6월 10일에 비가 쏟아졌다면 '6.10 민주화운동'이라는 이름이 달라졌을 수도 있다. 근대 사회는 기분에 따라 행동하는 것을 죄악시했지만, 최근에는 당위적 지식으로 포위된 일상을 순간이나마 변화시키는 요소로 취급하는 긍정적 태도가 확산하고 있다. 이제 목욕을 종교의례라고 생각하는 사람은 없다. 먹고 자고 일하고 쉬는 일상의 영역에서 이념이 차지하는 비중도 무시할 수 있을 만큼 미미해졌다. 신념이나 이념보다는 지식과 기분이 차지하는 자리가 훨씬 넓다.

그런데도 근래 한국 사회에서는 이념 문제가 새삼 심각하게 불거지고 있다. 경제적 손실을 감수하면서까지 '이념 외교'를 실행하거나 '이념이 가장 중요하다'며 국민을 이념으로 분열시키는 정치 담론이 횡행한다. 정작 자기 이념이 무엇인지 생각도 하지 않고 사는 사람들에게 어떤 이념이든 선택하고 고백하라고 강요하는 형국이다. 그러나 이념 과잉은 지식 부족의 다른 표현일 뿐이다. 제주 4.3 사건이나 광주 5.18 민주화운동이 '좌익 폭도들의 난동'이었다고 주장하는 것은 특정 이념 때문이 아니라 진상을 직접 알아보는 것조차 귀찮아하는 지적 나태와 지적 무능의 소산이다. 오늘날 이념이라는 말은, 주로 이 지적 나태와 무능을 합리화하는 도구로 이용된다. 사람들이 정확히 판단하는 데 필요한 것은 정보와 지식이지 이념이 아니다.

밥 한 끼와 자존심

꽤 오래전, 당시 중학생이었던 내 아들은 주말마다 혼자 사는 노인 집을 방문해 음식을 만들어 대접하고 말동무 노릇을 해주는 봉사활동을 했다. 하루는 뭔가 의미 있는 생각이 떠올랐다는 듯한 표정으로 말을 걸어왔다.

"혼자 사는 할머니들이 우리랑 얘기하는 걸 무척 좋아해. 평소 너무 외로워서 그렇겠지? 그런데 소년 소녀 가장이나 고아도 많잖아. 고아들이랑 노인들이랑 함께 살게 하면 서로 의지도 되고 외롭지 않아서 좋을 텐데…."

그런 시도가 있다는 보도를 어느 방송에선가 본 기억이 있었기에, "그렇지 않아도 이미 하고 있을 거야"라고 대답해줬다.

그 얼마 뒤, 수십 년간 사회사업에 헌신한 분을 만날 기회가 있었다. 나름 화젯감이 될 만하다고 생각해 꺼낸 것이 아들과 대화한 내용이었다.

"고아원과 양로원을 통합 운영하려는 시도가 있었다고 들었는데, 성과가 어떤가요?"

그분은 기다렸다는 듯 잠시의 망설임도 없이 대답했다.

"그거 애초에 안 되는 일이었어요. 노인들은 아이들 때리고 간식 뺏어 먹고, 아이들은 그런 노인들에게 쌍욕 하고 …. 자애로운 노인과 천사 같은 아이들은 사람들 상상 속에만 있는 거예요."

기대에 정면으로 배치된 대답에 뒤통수를 망치로 맞은 듯한 충격을 느꼈다. 여태 그렇게 낭만적인 인간관을 갖고 있느냐고 비웃는 것 같아 얼굴이 화끈거리기도 했다. 노인들이 아이들 간식을 뺏어 먹지 않아도 될 만큼 충분히 먹게 해줘도 그런 일이 생겼겠느냐고 반박하고 싶은 생각이 잠시 들었으나, 그런 세상을 바라는 것이 '자애로운 노인과 천사 같은 아이들'로 가득 찬 세상을 바라는 것보다 더 비현실적임을 인정하지 않을 수 없었다. 하지만 그래도 마음 한구석에 앙금은 남았다. 사람의 본성이 정말 그런 것일까?

사람의 성정(性情)이 전적으로 유전자에 좌우되는지, 아니면 자신을 둘러싼 '상황들'에 반응하고 적응하면서 형성·변화하는지 쉽게 결론 내릴 수는 없다. 설령 모질고 그악스러운 심성을 지니고 태어나는 인간이 있다 하더라도, 많지는 않을 것이라 믿고 싶었다. 스페인의 역사철학자 호세 오르테가 이 가세트는 "인간에게 본성이란 없다. 그에게는 오직 역사가 있을 뿐이다"라고 했다. 이 말대로, 그 노인들을 그렇게 만든 건 그들이 겪은 역사라고 보아야 하는 것이 아닐까? "내 코가 석 자인데 남 사정 봐줄 여유가 어디 있나?"는 6.25 전쟁 이후의 극심한 빈곤과 그에 후속한 경쟁 만능주의 풍토에서 사람들이 체득한 보편적 신념의 하나다.

2011년, 오세훈 서울시장은 전년도에 서울시의회를 통과한 '학교 무상급식 조례안'에 반대해 시행 여부를 주민투표로 결정하자고 주장했다. 그는 투표 결과에 시장직을 걸겠다고도 했다. 그와 그의 지지자들은 무상급식을 '과잉복지'나 '부당한 복지'의 대표 사례로 지목했다. 이명박 정부가 4대강 사업이니 자원외교니 하는 터무니없는 일들에 수십조 원씩을 쏟아부을 때는 잘한다고 손뼉 치던 사람들이, 고작 학생들 점심 한 끼 값을 두고는 '과잉복지'로 나라가 망한다고 언성을 높였다. 당시에는 투표율 저조로 무상급식 조례가 확정되어 오세훈 서울시장이 사퇴했지만, '부잣집 아이들 공짜 밥'에 반대하던 주장은 '전 국민 재난지원금' 지급에 반대하는 주장으로 이어졌다. 그런데 무상급식의 원래 취지는 부잣집 아이들에게 '공짜 밥' 주자는 것이 아니라 가난한 집 아이들에게 '눈칫밥' 주지 말자는 것이었다.

2020년 11월, 어떤 사람이 동주민센터에 항의 전화를 걸었다. 그는 기초생활수급자 자녀들이 유명 프랜차이즈 식당에서 식사하는 모습을 보고 불쾌감을 느꼈다고 했다. 그는 자기가 낸 세금으로 급식비 지원을 받는 아이들이 감히 자기와 같은 식당에 출입하는 것은 부당하다고 주장했다. 가난한 집 아이들은 주제를 알고 '눈칫밥'이나 먹어야 한다는 것이 그가 제기한 민원의 요지였다. 가난한 부모 둔 죄로 눈칫밥 먹으며 자라야 하는 아이들, 그런 현실을 함께 겪으며 밥과 자존심을 교환하는 게 세상의 원칙이라는 믿음을 내면화하는 아이들, 그런 아이들이 주역이 되는 미래는 어떨 것인가?

어린이가 나라의 미래라면 노인은 나라의 역사다. 밥 한 끼를 위해서 양심은 물론 자존심까지 버리라고 가르쳐 온 것이 우리의 현대사다. 불쌍한 고아들 때리고 간식 뺏어 먹는 불쌍한 노인들을 대량 생산한 것도 이런 역사다. 이런 역사의 흐름을 바꾸지 못하면, 미래의 인간형도 지금과 달라지지 않을 것이다. 이승만 기념관을 만들어 극빈(極貧)과 몰염치의 시대 정신을 소환하는 것보다는, 이 나라의 미래인 아이들의 심성에 투자하는 것이 훨씬 더 생산적인 일이다. 가난한 집 자식들은 '눈칫밥' 얻어먹는 게 당연하다는 생각을 고집한다면, 미래에 화를 당할 사람은 지금의 어른들이다.

#05
지름신의 시대

1852년 프랑스 파리에서 세계 최초의 백화점 르봉 마르셰가 문을 열었다. 2만 5,000제곱미터의 매장에 아크등 360개, 백열등 3,000개를 설치해 휘황찬란한 빛을 밤거리에 뿌렸던 이 건물은 당대에 건립된 어떤 건물보다도 화려하고 웅장했다. 인류가 신전(神殿)과 궁궐 건축에 쏟았던 예술적 열정과 창의성은 이제 상품을 전시하는 건물로 옮겨졌다. 무고한 군인을 간첩으로 몬 프랑스판 조작 사건인 '드레퓌스 사건'에서 양심과 진실의 편에 섰던 에밀 졸라는, 그다운 통찰력으로 이 건물의 본질적 위상을 정의했다.

"백화점은 현대의 신전이다."

이는 당대 최고의 건물과 시설에 대한 헌사(獻辭)였을 뿐 아니라, 후일 이 건물과 시설이 수행할 역사적 역할에 대한 예언이기도 했다.

세계 도처에는 신(神)이나 성인의 이적(異蹟)에 관한 이야기들을 담은 성지(聖地)들이 있고, 그곳에는 으레 옛사람들의 종교적 열정을 담은 신전들이 경이로운 모습으로 들어서 있다. 신전의 안 또는 주변에는 사람들의 소원을 이뤄준다는 성물(聖物)들이 있으며, 그 옆에는 어김없이 헌금함이 놓여 있다.

"유서 깊은 성소(聖所)에 가면 모두 입을 벌리고 감탄합니다. 때로는 두 팔을 들어 감동을 표현하는 사람도 있어요. 하지만 막상 헌금함에 고액권을 넣는 사람은 못 봤어요. 푼돈 넣고 잠시 소원 빈 다음에 바로 돌아서죠. 게다가 이런 곳에서 자유 시간을 많이 주면 오히려 불평하는 사람도 있어요. 제가 인솔하는 팀은 여행사가 꾸린 팀과는 달라서 일정에 꼭 쇼핑을 넣을 이유는 없는데, 그래도 큰 도시의 유명한 백화점에는 꼭 들려야 해요. 사람들이 정말 종교적 열정에 사로잡힌 것처럼 보이는 곳도 백화점이에요. 이런 곳에 들어가면 사람들 눈동자가 빛나고 심장이 두근두근하는 소리가 들리는 듯해요. 거기에서는 사람들이 거액을 '헌금'하는 데 주저하지 않아요. 그 헌금의 대가로 자기에게 꼭 필요하지도 않은 물건을 받아들고서는 한없이 행복한 표정을 짓는데, '신의 은총'을 받은 사람이 있다면 꼭 저런 표정을 짓지 않을까 싶어요."

모 종교단체의 의뢰를 받아 신도들을 인솔하고 수시로 해외 성지들을 순례하는 지인에게 들은 말이다.

굳이 해외에 나가지 않아도 오늘날 아낌없이 헌금하고 합당한 은총을 받아 더 나은 인간이 된 듯한 느낌을 받게 해주는 곳은 어디에나 있다. 옛날 신전이 수행했던 역할을 현대에는 '욕망의 소비 공간'들이 수행하고 있는데, 이 신전들에 모신 신이 세칭 '지름신'이다. 에밀 졸라의 예언은 한 세기쯤 지나 국민의 대다수가 절대빈곤에서 벗어난 나라들에서 예외 없이 실현됐다.

물론 현대에도 수천 년간 인간의 길흉화복을 주재해 온 신들을 위한 신전은 계속 건립되고 있다. 그런데 이 신전에 거(居)하는 신들은 이제 많은 사람에게 더 이상 은총의 최종 주재자가 아니다. 그 신들은 더 강하고 위대한 신에게 가까이 가는 길로 인도해 주는 지위로 내려왔다. 마치 그리스 신화 속 전령의 신이자 상업의 신이며, 현대의 명품 브랜드 이름인 에르메스처럼.

대중 소비 시대의 최고신인 '지름신'은 신자들에게 어떤 윤리적 계율도 요구하지 않는다. 이 신을 모시는 신전에 들어가기 위해서 투명 봉투 등에 넣을 헌금을 미리 준비해 둘 필요는 없다. 신전의 문은 누구에게나 활짝 열려 있으며, 그 안에서는 아무도 양심을 긁는 따분한 설교를 하지 않는다. 그러나 이 신의 전도사들은 어디에나 출입하며 겸손하면서도 설득력 있게 교리를 설파한다. 거실의 TV 화면도, 영화관의 스크린도, 컴퓨터 모니터와 스마트폰의 액정화면도, 심지어 대중교통 수단 내부의 벽면도 '지름신교' 전도사들의 활동 무대다.

'사익을 극대화하기 위한 인간들의 합리적 선택이 시장을 확대하고 발전시키며, 시장의 발전이 곧 역사의 진보'라고 주장하는 신자유주의 담론은, '지름신교'의 권위 있는 교리 해설이다. 이 교리에 따르면, 시장에 대한 도덕적, 윤리적, 공적 개입을 주장하는 것은 신의 섭리에 위배되는 일이다. 이제 꼭 필요하지 않은 물건들을 소유하려는 욕망에 드리워졌던 죄의 그늘은 사라졌다. 먹을 수 있는 음식과 더 쓸 수 있는 물건을 버리면서 죄책감이나 미안한 마음을 갖는 현대인은 거의 없다. "내 돈 내 맘대로 쓰는 데 남이 무슨 상관이냐?", "있는 사람들이 펑펑 써 줘야 가난한 것들에게도 떨어지는 게 있다" 등의 말들이, 지름신교의 교리를 알기 쉽게 전달하는 대중적 기도문이다.

　신은 언제나 영생불멸, 전지전능, 지고지선(至高至善)의 세 가지 속성을 갖춘 존재였다. 그런데 현대의 지름신은 이들 중 '지고지선'이라는 거추장스러운 권능을 떼어 내버렸다. 이 신은 헌금하는 자에게 헌금하는 만큼만 은총을 베푸는 '공평한' 신이다. 지름신교의 신자들에게 다른 신들이 금기시했던 탐욕, 사치, 오만 등은 더 이상 '악덕'이 아니다. 그들에게는 어떤 수단을 동원해서라도 자기 사익을 극대화하는 것이 교리에 합당한 '합리적' 행위다.

　사익 극대화만을 추구하는 현대의 '지름신교' 교도들에게 천벌은 무의미하다. 그들에게는 공동체나 공익을 전제로 구축된 '양심'과 '죄악'에 대한 개념조차 없다. 지름신교의 교세가 커지는 만큼 모든 것, 심지어 공동체가 위임한 권력까지 사유화하여 사익을 극대화하려는 파렴치한 욕망이 자리 잡을 공간은 더 넓어질 것이다. 공동체의 파멸을 막고, 지름신에게 버림받은 가여운 영혼들에 안식할 처소를 마련해 주기 위해서는, 이 '사이비 종교'와 결별할 방도를 찾아야 한다.

#06
동양과 서양

　1871년 4월, 강화도를 점령했던 미국 함대가 물러나자, 당대의 실권자 흥선대원군은 서울 보신각 앞을 비롯한 전국 요처에 척화비를 세우게 했다. 앞면에는 '양이(洋夷)가 침범하는데 맞서 싸우지 않는 것은 어울리자는 것이며, 그들과 어울리자고 주장하는 것은 나라를 파는 짓이다(洋夷侵犯 非戰則和 主和賣國)'라는 문구를, 뒷면에는 '우리 만대 자손에게 경계한다. 병인년에 짓고 신미년에 세우다(戒我萬年子孫 丙寅作 辛未立)'라는 문구를 새겼다. 굳이 병인, 신미의 두 간지(干支)를 명기한 것은 병인양요 (1866)와 신미양요를 잊지 말라는 의미였다. 양요(洋擾)는 양이가 일으킨 난리로서, 요(擾)는 난(亂)보다 규모가 작은 국지적 난리를 말한다.

　당대의 조선 사람 절대다수는 양이가 보통의 인간과는 다르게 생긴 괴상한 종족이라는 사실은 알았으나, 그들이 어디에 살며 어떤 길로 조선에까지 왔는지는 알지 못했다. 병인년에 난리를 일으킨 양이와 신미년에 난리를 일으킨 양이가 서로 수만 리 떨어진 곳에 사는 자들이라는 사실도 몰랐다. 17세기 중엽 네덜란드인 벨테브레와 하멜 일행 등이 표류해 왔을 때, 조선인들은 그들을 남만인(南蠻人)이라고 불렀다. 조선 사람들의 세계에 관한 지식 안에서, 그들 본국의 위치는 지금의 동남아시아와 남태평양 일대였다. 조선인들이 양이라는 말을 쓰기 시작한 것은 중국이 아편전쟁을 겪은 뒤부터였다.

1882년 미국과 통상조약을 맺은 조선 정부는 척화비를 모두 철거했다. 이 뒤로도 한동안은 양이를 배척하자는 목소리가 높았으나 서서히 사그라졌고, 양이에게서 유래한 물건들은 조선 사람들의 일상생활 공간 안으로 빠르게 침투했다. 양철, 양은, 양재기, 양동이, 양초, 옥양목, 양복, 양장, 양화, 양옥, 양식, 양악, 양의 등 앞에 '양'자가 붙는 사물과 사상(事象)들이 하루하루 늘어났다. 더불어 양이라는 단어는 양인(洋人)이라는 단어로 대체됐다. '양'은 '신(新)'과 바꿔도 무방한 글자였고, 선각자, 부자, 배운 사람이 남보다 먼저 채택하고 사용하는 것들이었다. 앞에 '양'자가 붙는 물건들을 소유하고 사용하는 것은 보통사람들의 보편적 욕망이 됐으며, 이윽고 표준의 자리를 차지했다. 반면 우리 자신에게서 유래한 것 중 상당수가 한복, 한옥, 한의학, 국악 등 특별히 그 정체를 표시해야 하는 지위로 밀려났다.

물론 '양'은 동양이나 남양, 북양이 아니라 서양이다. 그런데 서양은 어디이며, 서양인은 누구인가? 서양에 대비되는 지역은 또 어디인가? 동양 말고 남양이나 북양이 있는가? 지도 위에 서양을 표시해 보라고 하면 아마 대다수는 당황할 것이다. 이집트, 세네갈, 우즈베키스탄, 파키스탄, 페루, 볼리비아, 스리랑카 중 동양 국가는 어디이고 서양 국가는 또 어디인가? 원주민계 미국인, 유럽계 미국인, 아프리카계 미국인이 모두 같은 나라 사람이지만 그들 모두가 서양인인가?

　몇 해 전, 어떤 연구기관 대표가 한중일 삼국의 공통 관심사에 관해 논의하는 정례 심포지엄을 구상하고 '동양 삼국 연례 학술대회'라는 이름을 붙인 뒤, 일본과 중국의 관련 연구기관에 참가 의향을 물었다. 일본 측에서는 별 이견을 달지 않았으나, 중국 측으로부터는 "중국은 동양 국가가 아닙니다"라는 냉랭한 대답을 들었다. 그는 초청만 해주면 군말 없이 오던 중국인들이 배가 불러 거만해졌다고 불평했으나, 사실 중국이라는 국호 자체가 동서 어느 쪽에도 속하지 않는다는 관념의 소산이다.

　우리말로는 모두 바다이지만 해(海)는 배로 건널 수 있는 바다를, 양(洋)은 그럴 수 없는 바다, 즉 땅끝을 의미한다. 중국인들이 동양과 서양이라는 말을 쓰기 시작한 것은 기원후 13세기 무렵 송나라 때부터의 일인데, 처음에는 서역 너머 땅끝에 있는 바다가 지중해인 줄 알고 여기에 '서양'이라는 이름을 붙였다. 몽골이 유라시아에 걸친 대제국을 건설한 원나라 때에는 중국인들의 세계에 대한 지식도 팽창했다. 그들은 원래의 서양을 '소서양'으로, 그 밖에 있는 바다를 '대서양'으로 불렀다. 물론 동양과 서양을 나누는 기준은 언제나 중앙, 즉 중국이었다. 그들에게 동양은 마젤란이 태평양이라고 이름 붙인 바다였다. 그들에게는 조선도 동양에 속했으나, 조선 사람들은 그렇게 생각하지 않았다. 중국적 화이관에서 '양'은 오랑캐의 땅이었다. 조선 사람들의 상상 안에서 동양은 중국 동남해안 동쪽, 지금의 인도차이나 반도에 있었다.

조선은 일본에 의해 본의 아니게 동양제국에 편입됐다. 1876년, 조일수호조규(강화도조약)에 서명한 일본 전권대신 구로타 기요타카는 조선과 일본이 아세아주 동양에 함께 있으니 서로 우의를 다지자는 내용의 서신을 첨부했다. 조선의 유교 지식인들에게는 이 내용이 분명 마뜩잖았을 것이나, 조선에 대한 일본의 영향력이 커지는 만큼 일본인들의 세계관이 지배하는 영역도 넓어졌다. 19세기 말부터 세계를 동양과 서양의 둘로 나눠 인식하고, 우리 스스로를 동양의 일원으로 배치하며, 서양과 대비해 동양의 정체성을 재규정하려는 태도가 일반화했다.

동양과 서양은 정밀하게 작도된 세계지도 위에 명료하게 경계를 그릴 수 있는 구체적 권역이 아니다. 그것은 사람들, 특히 자칭 동양인들의 의식 안에 모호하게 그려진 심상지리(心象地理)의 공간일 뿐이다. 서양은 지구의 반이 아니라 기독교 문명의 역사를 가진 백인들이 지배하는 땅이며, 현대 문명의 중심이자 인류 진보의 모범을 표상하는 기호일 뿐이다. 서양과 동양은 공간 개념이라기보다는 역사적 시간 개념에 더 가깝다. 게다가 이 마음속의 공간은 지구의 실제 지표면적보다 훨씬 좁다. 누락된 권역과 그곳에 사는 사람들에 대해서는 이해하려는 의지가 작동하지 않는다.

우리는 지난 100년 넘는 세월 동안 위치도 불명확한 서양에 특별한 의미를 부여하고, 누구인지 불분명한 서양인에게 배우는 것만을 지상과제로 생각하며 살아왔다. 조선왕조 500년을 지배한 게 모화사상(慕華思想)*이라면, 근현대 150년을 지배한 건 서양 숭배사상이다. 이제는 동양과 서양이라는 이분법을 폐기해야 하지 않을까? 다채로운 세계를 있는 그대로 보고 전 세계 모든 사람을 차별 없이 대하는 것이, 우리가 더 많이 배우고 더 많이 발전하는 길이다.

---

* 모화사상: 중국을 따르려는 사상.

#07
정의와 인도의 시대

유구한 역사와 전통에 빛나는 우리 대한국민은 3.1 운동으로 건립된 대한민국 임시 정부의 법통과 불의에 항거한 4.19 민주이념을 계승하고, 조국의 민주개혁과 평화적 통일의 사명에 입각하여 정의, 인도와 동포애로써 민족의 단결을 공고히 하고 ….

대한민국 헌법 전문은 역사적 경험과 시대적 사명으로부터 도출한 국가의 핵심 가치를 정의, 인도, 동포애로 규정하고, 그에 입각해 국가가 수행할 제반 정치, 경제, 사회, 문화적 과제들을 제시한다.

여기서 정의, 인도, 동포애란 무엇인가? 이것들은 누구나 그 의미를 명료히 이해할 수 있는 초역사적이고 보편적인 개념이 아니다. 민족이 분단되어 대립하는 상황에서 '동포애'는 비교적 쉽게 체감되는 개념이지만, 정의와 인도는 그렇지 않다. 세계적 베스트셀러 《정의란 무엇인가》조차도 '정의'가 무엇인지 명백한 답을 주지 않는다. '인도'가 삼강오륜으로 압축되는 유교의 인륜과 다름은 분명하지만, 이를 몇 개의 단어나 문장으로 정의할 수는 없다. 그런데도 1987년 헌법은 이것들을 국가의 핵심 가치로 정했다. 왜 그랬을까? 당시 국민은 그 의미를 제대로 알고 동의했을까?

정의, 인도, 동포애는 1948년 제헌헌법에서부터 국가의 핵심 가치로 명기되었다. 1987년의 헌법 전문은 제헌헌법 전문을 일부 수정했을 뿐이다. 그리고 제헌헌법에서 규정한 정의와 인도는 1919년의 기미독립선언서에서 '정의의 군(軍)과 인도의 간과(干戈)'라고 표현한 '인류통성(人類通性)과 시대 양심'이었다. 인류통성이 인도(人道)요, 시대 양심이 정의(正義)다. 기미독립선언서 공약삼장의 첫 장은 '오늘 우리의 이 행동은 정의, 인도, 생존 존영을 위한 민족적 요구이니'라고 하여 정의와 인도를 생존보다 앞세웠다. 당시의 우리 선조들은 식민지 노예로 살면서 정의와 인도가 전제되지 않은 삶은 '동물적 생존'에 불과하다는 사실을 깨달았다. 생존보다 정의와 인도를 앞세웠기에, 총칼 앞에서 맨손으로 만세를 부를 수 있었다.

'인도'란, 휴머니타리아니즘(Humanitarianism)의 번역어인 인도주의를 줄인 말이다. 역사상 크게 보아 세 차례의 인도주의 고조기가 있었다. 첫 번째는 그리스 로마 시대, 두 번째는 르네상스 시대, 세 번째는 제1차 세계대전 이후의 시대다. 앞 두 시대의 인도주의가 신에게 속박되어 있던 인간의 자립을 지향한 반면, 세 번째 인도주의는 그와 정반대 방향, 동물적 삶을 극복한 인간을 전망했다.

1859년 찰스 다윈은 《종의 기원》을 출간하여 인간이 '신의 형상으로 창조된 특별한 존재'가 아니라 다른 동물에서 진화한 '동물의 일종'임을 선언했다. 그는 인간을 포함한 생물 진화의 원인으로 생존 투쟁과 자연 선택을 제시했는데, 이는 자본주의와 제국주의가 만들어 낸 경쟁 중심의 세계와 무척 정합적이었다. 허버트 스펜서 등의 사회과학자들은 이를 생물 진화의 원리를 넘어서는 사회와 역사 발전의 일반 원리로 정립했다. 이른바 '사회진화론'의 탄생이다.

모든 생명체의 삶은 자체로 동종 사이의 생존 경쟁이며, 이 경쟁에서 승리하기 위해서는 경쟁력을 갖춰야 한다. 끊임없는 경쟁을 통해 승자와 패자가 나뉘고 승자만이 살아남는 것은 종의 진화뿐 아니라 역사와 문명 발전의 철칙이다. 더 날카롭고 튼튼한 이빨이 호랑이의 경쟁력이고, 더 빠른 발이 사슴의 경쟁력이며, 더 많은 재화와 지식이 인간의 경쟁력이다.

사회진화론의 세계관과 역사관은 약육강식(弱肉强食), 우승열패(優勝劣敗), 적자생존(適者生存)이라는 사자성어 세트로 한자문화권에 침투해 사람들의 의식을 장악했다. 경쟁만이 역사를 발전시키며, 강자만이 살아남는 것이 당연하다는 생각이 세계를 지배했다. 이런 생각에서는 자본이 노동을 착취하는 것도, 제국주의가 식민지를 수탈하는 것도, 백인이 유색인을 학살하는 것도, 결코 죄가 아니었다. 이것들은 자연법칙에 충실한 행위였다. 제1차 세계대전이 발발할 때까지, 제국주의는 이런 생각이 지배하는 세계를 즐겼다. 그런데 제국주의의 식민지 분할이 예선이라면, 제1차 세계대전은 승자들끼리 싸우는 본선이었다.

경쟁의 최후 형식은 전쟁이다. 경쟁이 문명 발전의 유일한 동력이라는 생각은, 문명의 성취들을 무참히 파괴하는 전쟁을 겪으며 여지없이 깨졌다. 사람들은 무한 경쟁의 종착점이 인류의 공멸이라는 사실을 깨달았다. 인간의 삶을 동물적 생존 경쟁과 다른 차원으로 옮겨 놓는 일은 절체절명의 시대적 요구였다. 인간이 동물과 다른 존재임을 자각하는 것이 인도주의가 됐다. 약한 민족에게도 자기 운명을 스스로 선택할 권리가 있다는 민족자결주의도, 인도주의의 한 구성요소였다.

1919년 기미독립선언서는 사회진화론이 퇴조하고 인도주의가 부상하는 상황을 '인류적 양심의 발로에 기인한 세계 개조의 대기운'으로 규정하고 '위력의 시대가 가고 도의의 시대가 오도다'라고 선언했다. 부자와 빈자, 강자와 약자가 모두 '공존동생권(共存同生權)'을 갖는 것이 3.1 운동이 주창한 '인도'이며, 이 인도에 부합하는 것이 '정의'였다. 정의는 힘이 아니라 배려와 이해,

연대와 협력으로 구현되는 것이었다. 1948년 제헌헌법은 3.1 운동으로 대한민국이 건국했다고 선언했을 뿐 아니라, 3.1 운동 정신의 요체인 정의, 인도를 국가의 핵심 가치로 천명했다. 이 가치는 1987년 헌법에 그대로 승계됐음에도 불구하고, 국가와 사회는 사회진화론을 소생시키고 경쟁 만능의 세계를 재구축하는 데에만 몰두했다. 사회진화론이 무덤에서 나와 신자유주의 뉴라이트로 부활했다.

근래 뉴라이트 세력은 광화문광장을 이승만광장으로 바꿔 부르면서 그 한가운데에 이승만 동상을 세워야 한다고 주장한다. 하지만 '이승만'은 대한민국 헌법이 '불의' 자체로 규정한 인물이다. 대한민국 국민이 길이 본받아야 할 '이승만 정신'의 요체는 무엇인가? 한국판 파시즘인 일민주의? 세계사적으로 시효가 만료된 반공주의? 서울시민을 버려두고 한강을 건넌 뒤에 다리를 폭파한 극도의 이기주의? 제주 4.3 사건을 비롯해 수많은 양민을 학살한 반인도주의? 평생 집권을 위해 정적을 살해하고 헌법을 휴지 조각처럼 취급한 반민주주의? 그럴 바엔 그 자리에 3.1 운동 기념탑을 세웠으면 한다. 이승만이든 누구든 특정인을 기념하는 것보다 우리 공동체의 이상이자 헌법 정신이 정의, 인도, 동포애라는 사실을 우리 자신과 후손, 그리고 세계인들에게 알리는 일이 훨씬 더 중요하다.

#08
현모양처, 군국주의 시대의 여성상

한국인이 가장 좋아하는 역사 인물은 누구일까? 제아무리 세종대왕을 존경하는 사람이라도 5만 원권 지폐를 두고 1만 원짜리를 집지는 않는다. 정답은 신사임당이다.

지폐에 사람 얼굴을 그려 넣는 이유는 일차적으로 위조를 방지하기 위해서다. 인류는 오랜 세월 타인의 표정을 보고 그 마음을 읽는 훈련을 거듭해 왔기 때문에, 인물화에 특히 세밀한 식별력을 얻었다. 사람들은 지폐 속 인물의 얼굴이 익히 보던 것과 조금만 달라도 금세 알아챈다. 둘째 이유는 '국민 교육'을 위해서다. 화폐의 도상(圖像)이 되는 사람은 국민 대다수가 존경하는 역사 인물 중에서 선정되며, 각각의 인물은 국민이 공유해 마땅한 가치들을 표상한다. 세종대왕의 애민의식, 율곡과 퇴계의 선비정신, 충무공의 위국충정 등. 신사임당은 어떤 가치를 표상하는 인물인가?

20년 전, 정부가 5만 원권 지폐를 발행하기로 한 후, 어떤 인물의 초상을 넣을 것인가를 두고 논란이 일었다. 한국의 화폐 속 인물이 전부 남성이니 반드시 여성을 넣어야 한다는 데에는 별 이견이 없었다. 그러나 누가 적임자인가에 대해서는 당연히 여러 의견이 나왔다. 최종 후보로 이름을 올린 인물은 신사임당, 김만덕, 유관순이었다.

제주도의 기생 출신 거상(巨商)으로서 기근 때에 사재를 털어 수많은 생명을 구했던 김만덕은 지명도가 낮다는 이유로 탈락했다. 유관순은 10만 원권 화폐에 김구가 들어갈 예정이니 표상하는 가치가 중복되며, 여성적 가치를 드러내는 데에도 한계가 있는 데다가 화폐에 요절(夭折)한 사람의 초상을 넣는 것은 부적절하다는 등의 이유로 탈락했다. 신사임당에 대해서는 율곡이 이미 있는데 그 어머니까지 화폐 인물로 선정하는 것은 지나치다는 반대가 있었으나, 한국 여성 또는 여성적 가치를 대표하는 데에는 그만한 사람이 없다는 주장을 누르지 못했다.

5만 원 권에 신사임당 초상을 넣기로 한 후, 한국은행은 그 이유를 '신사임당은 조선 중기의 대표적인 여류 예술가로서, 어진 아내의 소임을 다하고 영재 교육에 남다른 성과를 보여준 인물'이기 때문이라고 밝혔다. 어진 아내이자 현명한 어머니, 현모양처(賢母良妻). 이에 대해 어떤 여성단체는 '신사임당은 유교 가부장제가 만들어 낸 이상적 여성의 전형으로 자기 자신이기보다는 이율곡의 어머니요, 이원수의 아내로서 인정받고 있다. 어머니, 아내만이 보편적 여성상으로 자리 잡는 것에 반대한다'는 성명을 냈으나, 대다수 사람은 현모양처를 모범으로 삼는 것이 왜 문제인지 이해하지 못했다.

그런데 신사임당은 '유교 가부장제가 만들어 낸 이상적 여성의 전형'조차 아니다. 신사임당은 결혼 후 20년 동안 주로 친정에서 살며 시집 일은 거의 돌보지 않았다. 4남 3녀를 낳았지만 율곡 말고 특별히 잘된 자식도 없었고 남편을 크게 출세시키지도 못했다. 그는 오히려 그림 그리는 일에 열중했다. 신사임당이 현대에 환생해서 당시 살았던 방식대로 산다면, 결코 현모양처라는 말은 들을 수 없을 것이다.

유교 가부장제가 여성에게 요구한 기본 덕목은 '삼종지도(三從之道)'였다. 어려서는 아버지에게, 시집가서는 남편에게, 늙어서는 자식에게 순종하는 것이 여성이 평생 지켜야 할 도리라는 뜻이다. 순종은 자아(自我)를 용납하지 않으며 독립적 사유(思惟)를 배격한다. 시키는 대로 순종하는 사람에게 필요한 자질은 '말 잘듣는 것' 뿐이다.

현모양처론은 유교 가부장제의 덕목이 아니라 메이지 시대 일본에서 창안되어 20세기 초 한국에 유입된 천황제 국민국가의 여성관이다. 일본 천황제 국민국가가 여성에게 부여한 역할은 남성이 천황에게만 충성할 수 있도록 가정을 맡아 꾸리며 자식을 충성스러운 신민(臣民)으로 기르는 일이었다. 현모양처라는 용어는 성인 남성을 가정에서 완전히 이탈시켜 천황에 직속된 신민의 일원(一員) 자격만을 부여하고, 그에 따라 가정에 생긴 '권위(權威)의 공백'을 제국 신민의 아내이자 어머니로서 책임을 자각한 여성의 자발적 헌신으로 메꾸려는 의도에서 만들어진 것이다.

우리나라에서는 을사늑약 직후인 1906년에 여자 교육기관인 양규의숙(養閨義塾)이 '현모양처 양성'을 설립 취지로 내세우면서부터 이 단어 사용이 일반화했다. 이후 오랫동안 여성의 자아실현은 현모양처가 되는 것이라는 담론이 대다수 한국인의 의식을 지배했다. 동전에는 양면이 있는 법이어서, 현모양처 이데올로기는 밖에서 일하면서 가정사에는 전혀 개입하지 않는 남편이자 아버지, 가정 안에 자기 자리를 만들지 않는 남편이자 아버지가 좋은 남편이자 아버지라는 생각을 낳았다. 집 밖에서 일자리를 잃고 집 안에도 발붙일 곳 없어 하루 종일 공원을 배회하는 한국의 노년 남성들 역시 현모양처 이데올로기의 피해자인 셈이다.

일본 군국주의가 심어 놓은 현모양처 이데올로기를 '민족 고유의 전통'인 양 착각하며 산 지도 한 세기가 넘었다. 의식이 세상의 변화 속도를 따라잡지 못하는 것은 늘 있는 일이다. 여성과 남성의 공간을 집 안과 집 밖으로 나눌 수 없게 된 지 오래임에도, 집 밖에서 활동하는 여성을 '제 자리를 잃은 여성'이나 '남성의 영역을 침범한 여성'으로 취급하는 문화는 크게 달라지지 않았다. 이제는 성인군자, 영웅호걸, 요조숙녀, 현모양처 등 성차별적 가치관이 담긴 말들을 박물관 수장고로 보낼 때다. 남성과 여성이 각각 '애국자'와 '현모양처'로 나뉘는 세상보다는 남녀 구별 없이 착한 사람, 성실한 사람, 정직한 사람, 배려하는 사람, 존중하는 사람으로 통합되는 세상이 더 좋고 아름다운 세상일 것이다.

#09
빨갱이 사냥 시대

    우리말 '밝다'와 '붉다'는 모두 '불'에서 파생한 말이다. 불은 자체로 빛이자 인간을 다른 동물과 구분 짓는 핵심 물질이었다. 붉은색은 태양의 색이자 피의 색이기도 했다. 그래서 옛사람들은 붉은색에 광명, 희망, 생명, 권위 등의 의미를 부여했다. 아시아에서든 유럽에서든 붉은색 옷은 왕과 귀족들만 입을 수 있었다. 우리나라 조선 시대에도 붉은색 관복은 정3품 당상관 이상에게만 허용되었다. 이에 따라 붉은색에는 고귀함이라는 의미도 따라붙었다.

    1789년 프랑스 혁명 당시 파리의 군중은 청, 백, 적 등 삼색의 표지를 모자에 붙이고 자유, 평등, 박애를 외쳤다. 이 혁명의 이상을 표현하기 위해 만든 것이 현재 프랑스의 국기로서, 청색은 자유, 백색은 평등, 적색은 박애를 의미한다. 이후 민주공화정으로 체제를 바꾸는 데 성공한 많은 나라가 삼색을 국기에 채용했다. 나라마다 조금씩 다르기는 하나 삼색기의 붉은색은 대체로 박애, 정열, 애국 등을 표상한다. 1919년 대한민국 임시 정부 수립 직후, 김두봉은 상해 청년들에게 태극기의 색깔에 대해 "청색은 자유와 힘을 상징하며, 적색은 평등과 사랑을 상징한다"고 설명했다. 적색에 평등의 의미가 있다고 본 이유는, 1917년 혁명으로 수립된 러시아 소비에트의 국기에서 영향받았기 때문일 터이다.

프랑스 혁명 당시 붉은색의 또 다른 의미는 계엄이었다. 정부는 시민들에게 '유혈사태'를 경고하는 의미에서 붉은 기를 썼다. 그러나 시민들은 정부의 논리를 전복하여 붉은 기를 혁명의 깃발로 바꿨다. 그들은 반역자는 부르봉 왕조이며, 계엄의 주체는 시민이라고 주장했다. 프랑스 국기가 삼색기로 바뀐 뒤인 1848년 2월, 다시 혁명이 일어났다. 혁명파는 삼색기에 대항하여 '붉은 기[=적기(赤旗)]'를 자기들의 상징으로 사용했다. 이후 1871년 파리 코뮌, 1917년 러시아 혁명을 거치면서 적기는 혁명파의 보편적 상징이 됐다.

동아시아에서 혁명이란 본래 '천명(天命)이 바뀌는 것', 즉 왕조 교체를 의미했다. 민중 스스로 국가의 주인이 될 수 있다는 생각은 19세기 최말기에야 싹텄다. 프랑스 혁명이 일어난 1789년에 민주제 국가로 독립한 미국은 그런 생각을 구체화할 수 있게 해주었다. 우리나라에서는 을사늑약 이후 민국(民國)에 대한 지향이 지식인들의 의식 안에 뿌리내렸다. 왕조 권력이나 제국주의 권력을 타도하고 민의 나라를 세우는 것이 혁명이라는 생각도 이 무렵부터 확산했다. 1917년 러시아 혁명 당시 혁명파의 상징은 적색, 왕당파의 상징은 백색이었다. 러시아인뿐 아니라 연해주에 거주하던 한인들도 백계와 적계로 나뉘었다. 한국인들도 이때부터 적색에 혁명이라는 의미를 담기 시작했다. 그러나 변화에는 언제나 시간이 걸리기 마련이다. 1921년, 혁명을 지향하는 도쿄의 한국인 유학생들이 흑풍회라는 단체를 만들었다. 단체의 상징색은 흑색이었다. 2년 뒤 이 단체는 공산주의자들의 북성회와 무정부주의자들의 흑풍회로 분열했다. 북성회는 적색을, 흑풍회는 흑색을 각각 상징색으로 삼았다.

1926년, 일제는 『치안유지법』을 제정했다. '죄는 미워하되 사람은 미워하지 않는다'는 근대법의 대원칙을 전면 묵살한 악법이었다. 이로써 행위 없이 생각만으로, 물증 없이 심증만으로 처벌받는 '사상범'이라는 범죄(자)가 생겼다. 조선총독부 관계자는 이 법령에 관해 설명하면서 "사회주의는 해당하지 않는다"고 했다. 폭력혁명론과 의회주의를 구분하겠다는 취지였으나 탄압은 무차별이었다. 1929년 세계 대공황을 겪으면서 한반도에서도 사회주의운동과 노동운동, 농민운동이 결합하는 양상이 나타났다. 1931년 만주사변 이후에는 만주 일대에서 사회주의자들이 주도하는 반만항일운동(反滿抗日運動)이 고조됐다.

1934년께부터는 '빨갱이'라는 단어가 생겨 사상범과 동의어로 쓰이기 시작했다. 인색한 사람을 뜻하는 '노랭이'에 이어 사람의 성향을 색깔로 표현한 두 번째 단어였다. 둘의 공통점은 당사자의 의사와 무관하게 불리는 이름이라는 점뿐이었다. 노랭이는 처벌 대상이 아니었으나, 빨갱이는 중세의 '대역죄인'과 똑같은 취급을 받았다. 중세의 대역죄가 의심받는 것만으로 죄였듯이, 근대의 빨갱이도 의심받는 것만으로 죄였다. 일제는 1936년 『조선사상범보호관찰령』을 제정하고 1938년 '시국대응전선사상보국연맹'을 조직하여 '빨갱이'들을 늘 감시하고 강제 전향시키는 체제를 갖췄다. 해방 후 극심한 이념 대립과 전쟁, 분단을 거치면서 이 체제는 법과 제도의 차원을 넘어 관행과 문화의 차원으로까지 확장됐다. 공산주의자, 그들의 가족, 친척, 친구는 물론 공산주의자일지도 모른다는 혐의에서 벗어날 명백한 증거를 제시하지 못한 수많은 사람이 '빨갱이'로 지목되어 목숨을 잃었다. 이 과정에서 '빨갱이는 죽여도 돼'는 시대 정신이 됐고, 빨갱이로 지목된다는 것은 곧 '생의 종말'을 의미했다.

6.25 전쟁 후 발급된 도민증 중에는 사상 기재란을 둔 것도 있었다. 여기에 '좌(左)'라는 글자가 새겨진 사람은 사실상 산 사람이 아니었다. 빨갱이에 대한 강렬한 적개심을 일상적으로, 공공연히 표출하는 것은 빨갱이로 지목되지 않기 위해 유효한 수단이었다. 이런 상황에서 타인을 희생양 삼아 사익을 챙기려는 사

악한 욕망이 분출했다. 남을 빨갱이로 지목하는 데에는 작은 트집거리 하나만 있으면 됐으나, 지목된 사람은 '빨갱이 아님'을 입증하기 위해 모든 것을 걸어야 했다. 이 불공평한 관계가 계속될 수 있었던 것은 빨갱이를 식별하는 방법이 단순했기 때문이다. 불의에 대한 항의를 잠재우는 마법의 언어가 '말 많으면 빨갱이'였다.

세계사적 차원에서 '혁명의 시대'는 반세기 전에 끝났다. 하지만 한국에는 분단 상황이 지속되는 탓에 '빨갱이는 죽여도 돼'라는 신념을 고수하는 사람이 많다. 문제는 불의한 권력이 빨갱이의 범주를 필요에 따라 확장해 온 역사 때문에, 그들 스스로 '빨갱이'가 어떤 사람인지 정의하지 못한다는 점이다. '묻지 마 살인'의 충동은, 아무에게나 빨갱이 낙인을 찍는 사람들의 마음 안에도 도사리고 있다.

#10
전제군주와 독재자의 시대

1897년 10월 12일, 국호를 대한제국(大韓帝國)으로, 연호를 광무(光武)로 하는 새 제국(帝國)을 선포한 고종은 2년 뒤인 1899년 8월 17일, 제국의 헌법에 해당하는 『대한국국제(大韓國國制)』를 공포했다. 명칭을 국제(國制)라고 한 것은, 입법기관이 따로 없는 상태에서 황제 '마음대로' 제정한 것이기 때문이다.

총 9개 조항으로 이루어진 국제의 제1조는 '대한국은 세계 만국의 공인되온 바 자주 독립하온 제국(帝國)이니라'였고, 제2조는 '대한제국의 정치는 이전으로 보면 500년 전래하시고 이후로 보면 항만년(恒萬年) 불변하오실 전제정치이니라'였다. 나머지 7개 조항은 모두 황제의 권리만 제시했다. 황제의 의무나 다른 사람의 권리를 규정한 조항은 없었다.

황제는 법률을 제정 또는 개정할 권리, 즉 입법권을 가지니 이를 자정율례(自定律例)라 했고, 행정 전권을 장악하니 이를 자치

행권(自治行權)이라 했으며, 아무런 제약 없이 인사권을 행사하니 이를 자선신공(自選臣工)이라 했고, 조약의 체결 비준 등 외교 문제를 전결(專決)하니 이를 자견사신(自遣使臣)이라 했다. 여기에 육해군을 통솔하고 계엄과 해엄을 명할 권리까지 가졌으니, 국가 운영과 관련한 모든 권리가 고종 단 한 사람에게 집중되는 체제를 정한 것이다.

주변의 모든 나무가 잎을 떨군 상태에서 홀로 푸른 잎을 뽐내는 것이 독야청청(獨也靑靑)이고, 어떤 개인이나 집단, 기관과도 권력을 나누지 않고 혼자 다 갖는 것이 독재(獨裁)다.『대한국국제』는 황제 1인 독재체제의 본질을 명료히 드러낸 '모범적'인 문서였다. 조선 시대 내내 불문율로 유지되던 '무한한 군권'을 이때 굳이 명문화한 것은, 한편으로는 독립협회가 시도했던 '군주권의 침손(侵損)'을 더는 용납하지 않겠다는 의지를 표현하기 위해서였으며, 다른 한편으로는 갓 형성된 세계체제에서 문명국의 일원(一員)이라는 자격을 얻기 위해서였다. 그러나 20세기를 목전에 둔 당시 시점에서 '명문화한 독재권'이 국제적 자랑거리가 될 수는 없었다.

1905년, 을사늑약을 강요하는 이토 히로부미에게 고종은 "이토록 중차대한 문제는 널리 조야의 의견을 들어본 뒤에야 결정할 수 있소"라며 즉답을 피했다. 이토 히로부미는 비웃음을 머금고 "귀국은 전제군주국이오. 폐하가 결정하면 그뿐, 조야의 의견이 무슨 소용이란 말이오?"라고 재차 윽박질렀다. 고종은 반박하지 못했다. 이 이야기는 조야에 널리 퍼져 나갔다. 제왕 독재체제 때문에 나라가 망하는 걸 막지 못했다는 생각, 국권을 되찾으려면 왕조체제를 근본적으로 개혁해야 한다는 생각을 품는 지식인이 늘어갔다.

1910년 10월 1일, 일본 칙령 제354호로 『조선총독부관제』가 공포됐다. 제1조는 '조선총독부에 조선총독을 둔다. 총독은 조선을 관할한다'였다. 조선총독의 관할권에는 어떤 제약도, 단서조항도 없었다. 조선 내 행정, 입법, 사법의 전권과 군 통수권까지 장악한 조선총독은 '조선에 관한' 모든 일을 마음대로 처리할 수 있는 '독재자'였다. 그는 오직 임명권자인 일본 천황에게만 책임을 졌다. 일본 내각도 조선총독의 처사에 간섭할 수 없었다. 일본인이든 조선인이든, 조선 땅에 거주하는 자는 누구도 총독의 권한을 침손(侵損)하거나 침손할 의도를 가져서는 안 됐다. 조선인들의 의사를 통치에 반영한다는 명목으로 설치된 '조선총독부 중추원'은, 그 의원들을 총독이 임명했을 뿐 아니라 하는 일도 총독의 질문에 답하는 것으로 국한됐다.

국가라는 단위 공동체를 이루고 살아온 이래 천명(天命)을 받은 자가 지상의 인간을 다스리는 것이 정치라는 생각에서 벗어나지 못했던 사람들에게 독재는 너무나 당연한 정치 행태였다. 그들은 독재가 아니라 독재권이 침해되는 것을 문제로 여겼다. 조선 시대와 대한제국 시대는 물론 일제강점기에도, 공적(公的) 교육기관에서 민주주의가 좋은 제도라고 가르친 적은 없었다. 일본 제국주의자들은 '만세일계(萬世一系)의 천황'이 절대 권력을 행사하는 일본의 제도가 세계에서 가장 좋은 정치제도라고 주장했고, 조선인 학생들에게도 그렇게 가르쳤다.

국권을 회복하면 민주제 국가를 새로 세워야 한다는 생각은 을사늑약 이후에야 한국 지식인 일부의 의식 안에 자리 잡았다. 이로부터 불과 10여 년 뒤, 한국인들은 3.1 운동으로 독립을 선언하고 '대한민국'을 수립했다. 세계사적으로도 경이로운 정치의식의 발전이었다. 그러나 대중의 정치의식 일반이 비약하지는 못했다. 1948년 제헌국회는 삼권분립의 원칙에 충실한 민주주의 정치제도를 설계했으나, 이승만은 이 설계도를 곧 찢어버렸다. '마름의 권리'를 얻으려 한 자들과 왕이나 총독을 섬기는 데 익숙했던 자들이 이승만의 독재를 뒷받침했다. 이승만은 정치 깡패를 동원하는 등의 우격다짐으로 헌법을 개정해 영구집권을 정당화하려 했으니, 이는 『대한국국제』가 정한 '자정율례(自定律例)'와 다를 바 없었다.

군사 쿠데타로 정권을 장악한 박정희도 이승만의 전례를 따랐다. 애초에 자기 뜻대로 만든 헌법이었지만, 그는 종신집권을 위해 그 헌법조차 내팽개쳤다. 1969년 여당 국회의원들은 박정희의 지시에 따라 삼선 개헌안을 통과시켰다. 야당 국회의원 회유 또는 매수, 관제 데모대 동원 등 '고전적'인 방법들이 동원됐다. 1972년에는 국회를 해산하고 민국(民國)을 독재국가로 만드는 헌법 쿠데타를 자행했다. 국회의원의 3분의 1을 대통령이 임명하는 제도를 만들어 입법권을 장악했고, 압력과 회유 등의 방법으로 사법부까지 장악해 사법 살인에 협조하도록 했다. 그것으로도 모자라 '긴급조치권'을 헌법에 명문화해 왕조 시대의 절대 군주를 능가하는 권력을 행사했다. 박정희 개인이나 그의 통치 행위를 비판하는 것은 사형까지 당할 수 있는 죄로 규정됐다. 박정희 사후 광주 시민을 학살하고 집권한 전두환도 살인, 고문, 폭력을 통치수단으로 삼았다.

한국인들은 민주주의를 이해한 뒤에도 아주 오랫동안 독재 치하에서 살아왔다. 그러니 '독재 정치' 비판을 군주권의 침손을 넘어 '국체의 부정'으로 여기는 사람이 많은 것도 이해 못할 바는 아니다. 그러나 스스로 '익숙한 관행'에서 벗어나지 못하면, 독재의 망령은 계속 이승을 떠돌 것이다.

#11
전문가의 시대

　　묵은 양반이라 함은 낭비하여 선조의 재산을 탕패(蕩敗)하고 게을러서 가업을 경영하지 못하여 나라에 대하여 유익한 국민 되지 못하고 가정에 대하여 직책을 다하는 가족 되지 못하고 아무 사업하는 것 없이 공연히 내가 양반이다 하는 묵은 생각만 품고 앉아서 예전에 문벌이 낮은 사람이 잘되어 가는 것을 보면 '상놈이 되지 못하게 제아무리 하면 상놈이 아닌가' 하는 완고하고 어두운 옛 생각만 하고 새로이 사회의 상당한 지위에 서는 사람을 쓸데없이 업신여기며 서로 친하고자 하지도 않으며 진정한 사회의 융화를 방해하는 위인이라.*

　　바뀐 세상에서 '잘 되어 가는' 문벌 낮은 사람들을 천시(賤視), 질시(嫉視)하는 '묵은 양반'들을 나무라는 조선총독부 기관지의

---

* 〈매일신보〉(1917년 1월 25일).

글이다. '새로이 사회의 상당한 지위에 선' 문벌 낮은 사람들이란 과연 어떤 부류였을까? 1894년 갑오개혁으로 신분제도가 철폐되자, 신분 대신 직업이 당사자의 사회적 지위를 정하는 일차적 요인이 됐다. '신분에서 계약으로'라는 근대화에 대한 정의는 '가문에서 직업으로'로 바꿔도 무방하다. 직업의 다양화, 전문화와 함께 진행된 이 과정은 세계를 이해하는 방식과 세상을 조직하는 틀이 바뀌는 과정이기도 했다.

아시아와 유럽을 막론하고 전근대의 지식체계는 분석적이기보다는 통합적이어서 선험적으로 전제된 우주론, 세계론에 기반해 세상 만물을 이해하려 했다. 중세 유럽 기독교 세계에서는 만물의 이치 이전에 신의 섭리가 있었다. 그 지역 사람들에게는 신의 뜻을 이해하는 것이 곧 세상을 이해하는 일이었다.

중세 동아시아의 지식 세계를 지배했던 유교 역시 같은 맥락에서 "한 가지 사물이라도 알지 못하는 것은 유자(儒者)의 수치"라는 태도를 견지했다. 하나의 원리로 모든 것을 이해할 수 있다고 보는 태도는 16세기 과학혁명 이후 급속히 바뀌었다. 17세기 이후 유럽에서는 수집과 배열, 분류와 종합의 과정을 거치는 분석적 접근법이 일반화했고, 이는 곧 아시아로 전파됐다.

우리나라에서도 18세기 이후 '실사구시(實事求是)'를 중시하는 학문 태도가 확산했고, 유자들도 언어, 역사, 지리, 생물, 의약 등 특정 분야에 집중하는 경향을 보이기 시작했다. 이는 통합적 지식의 시대와 문벌의 시대가 함께 끝나 가는 조짐이었다.

조선 시대 '통합적' 지식인이던 유자(儒者)와 달리 '전문적' 지식 분야에 종사하는 사람들은 중인(中人)으로 통칭됐다. 역사학계에서는 양반 바로 아래 신분이라서 상중하의 중(中)이라고 보는 견해가 지배적이지만, 동인, 서인, 남인, 북인과 마찬가지로 서울 청계천 양안 일대인 중촌(中村)에 모여 살아서 중인(中人)이라 했다고 보는 견해도 있다.

서울 중인은 의관(醫官), 역관(譯官), 산사(算士), 율사(律士) 등으로 구성됐는데, 현대의 직업 분류에 따르면 각각 의사, 동시 통역사, 회계사, 변호사로서 가장 인기 있는 전문 직종에 해당한다. 하지만 당대에는 이들 직종을 높이 평가하지 않았고, 관직도 많이 배정하지 않았다. 이들 직종에서 관직을 얻더라도 승진에는 한도가 있었다. 또한, 중인 관직을 가진 사람의 자손은 문과와 무과에 응시할 수 없었다. 그들은 잡과(雜科)나 취재(取材)라는 시험을 통해 사실상 관직을 세습하거나 비슷한 처지에 있는 다른 직종 관원의 자제들에게 나눠줬다. 분야가 전문적이고 학습자가 적어서 출제자와 응시자가 서로 모르는 사이일 가능성은 거의 없었다. 의관의 자제가 역관이 되고, 역관의 자제가 의관이 되는 경우는 무척 흔했다. 이렇게 이들의 전문성은 혈연과도 결합했다. 문벌 낮은 '중인'들을 '잘 되어 가는' 사람으로 바꿔 준 것이 근대화였다.

중세 유럽 도시들에서도 비슷한 현상이 있었다. 장인(匠人)이나 의사 등의 전문 직업인들은 자기들끼리 길드를 만들어 동업자의 재생산 과정을 통제했다. '장인의 자격은 같은 업종의 장인들만이 인증할 수 있다'는 길드의 원칙은 동업자의 수를 제한해 구성원들의 이익을 극대화하는 데에 유효했다. 이 원칙은 근대 사회로 재편되는 과정에서도 높은 수준의 지식과 기술이 필요한 전문 직종들에 계승됐다. 특히 법률, 의료 등 인간의 생명과 안전에 직접 관련되는 직업 종사자들은 국가의 도움을 얻어 신규 진입의 장벽을 높게 쌓음으로써 자기 직업의 권위와 안정성을 유지하는 데에 성공했다. 이들은 전문 직업인인 동시에 국가의 법률, 의료, 위생정책 전반에 강력한 영향력을 행사하는 정치인이기도 했다.

우리나라에서는 법관양성소(1895)와 의학교(1899)가 각각 당대 최고 학부로 개교함으로써 전문가 시대의 서막이 열렸다. 그런데 일제강점기에 각 분야 전문 지식을 통합하고 분배하는 정치의 영역은 일본인들이 독점했기 때문에, 한국인 전문가들은 스스로 탈(脫)정치화해 자기들의 사적 이익을 극대화하는 데에만 몰두할 수밖에 없었다. 해방 이후 국가가 재구성되고 여러 차례 개혁되는 과정에서도 이들의 관행과 문화는 크게 달라지지 않았다. 전문직 종사자들이 자기 직업적 이익을 공동체 전체의 이익보다 앞세우는 것을 식민지 경험 탓으로만 돌려서는 안 되겠지만, 그 영향을 굳이 부정할 필요도 없을 터이다.

　지식이 세분되고 사회가 복잡해질수록, 전문가들의 영향력도 계속 커졌다. 문제는 이들이 대체로 자기 전문성의 눈으로만, 자기 직업의 이익을 중심으로만 세상을 본다는 데에 있다. 원자력 전문가들은 탈원전에 반대하고 의사들은 의사 증원에 반대하며 검찰은 사법제도 공정화에 반대한다. 이들은 공동체 전체의 이익이 아니라 자기들의 직업적 이익만 추구한다. 전문가 시대의 핵심 과제는, 이들의 사익 추구 욕망을 민주적 통제하에 두는 것이다. 그러지 못하면, 이들의 욕망이 민주주의를 집어삼킬 것이다.

#12
필지와 권력

일제는 한국을 강점한 직후부터 한반도 전체 토지를 대상으로
지형과 면적, 소유자를 조사하는 작업에 착수했다. 이때 인간이
선을 그어 나눠 가진 땅의 단위에 '필지(筆地)'라는 이름을 붙였
다. 글자 그대로 풀면 '붓으로 그린 땅'이라는 뜻이니, 본질을 이
보다 잘 드러내는 표현도 찾기 어려울 것이다. 한 사회의 계층관
계와 권력관계를 여실히 드러내는 그림으로는 필지(筆地)가 표
시된 지도(地圖)만 한 것이 없다. 사람의 외모나 입성만으로는 누
가 권력자이고 누가 별 볼 일 없는 사람인지 가려낼 수 없다. 하
지만 큰 도로에 면한 거대 필지의 소유자와 작은 골목 사이사이
에 숨은 작은 필지의 소유자 사이에는 명백한 권력적 위계가 있
다. 도시 안에 땅 한 평이라도 가졌다면 그래도 힘이 있는 축에
속한다. 도시 주민의 태반은, 도시 공간에 자신의 자취를 남길 권
리조차 없는 사람들이다.

권력은 '공간을 지배하는 힘'으로 정의해도 무방하다. '권(權)' 이라는 한자 자체가 '토목공사'를 의미한다. 물론 시대에 따라 권력의 속성도 달라진다. 자본주의 시대의 도시는 본질상 주식회사와 비슷하다. 소수의 대주주가 주식회사의 운명을 결정짓는 것처럼, 자본주의 도시는 거대 필지를 소유한 대지주들이 도시의 변화 과정을 좌우한다. 대지주들은 거대 필지에 초고층 건물을 지어 자기의 권위를 한껏 드러낼 수 있으나, 같은 도시 주민이라도 땅 한 평 갖지 못한 사람들은 도시 공간에 아무런 표시도할 수 없다. 보통사람들은 자기 집 내부만 바꿀 수 있을 뿐이며, 자기 집도 없는 사람은 자기가 사는 공간조차 마음대로 할 수 없다. 각자가 지배하는 공간의 넓이가 곧 권력의 크기다. 자본주의 도시는 도시민 전체가 아니라 국가기관, 재벌 대기업, 학교 등의거대 토지 소유자들이 지배하는 공간이다.

자본주의 이전부터 수백 년간 도시로 존속해 온 서울과 같은 역사 도시들에서 역사란, 각 필지의 크기와 위치로 표현되는 계층관계와 권력관계의 변화 과정을 의미하기도 한다. 역사 도시에서 개발이란, 빈 땅에 건물을 짓는 일이 아니라 이미 다른 건물이 있던 땅에 새 건물을 짓는 행위이다. 어찌 보면 도시 재개발은 역사 도시의 숙명이라고도 할 수 있다.

지난 반세기 넘게 우리가 겪어 온 바와 같이, 서울의 도시 재개발 과정은 정확히 사회의 양극화 과정과 궤를 같이했다. 지도에서 작은 필지들을 지우고 그들을 묶어 하나의 큰 필지로 만든 다음, 큰 빌딩을 지어 올리는 것이 도시 재개발의 일반적 방식이었다. 현대 서울 도심부 대로변은 모두 대기업과 은행이 소유한 거대 필지들로 가득 차 있다. 누구 땅인지도 알 수 없는 소형 필지들은 거의 사라졌거나 곧 사라질 운명에 처한 채 잔명(殘命)만 유지하는 정도다. 변두리 주택가라고 해서 예외는 아니다. 수백 개의 작은 필지들을 하나로 통합한 뒤, 이를 그 필지들과는 본래 아무런 연고도 없던 수백, 수천 세대의 사람들이 공유하는 대규모 아파트 단지로 바꾸는 것이 재개발이고 뉴타운 사업이었다. 작은 필지들과 함께 그 땅 위에서 살았던 사람들의 삶에 관한 기억도 속절없이 사라졌다.

물론 이런 필지 통합, 대자본의 공간 지배가 평화롭고 순조롭게 진행되지는 않았다. 6.25 전쟁 이후 한국 사회에서 가장 치열한 전투가 벌어졌던 장소들은 바로 도시 재개발 현장들이었다. 1960~1970년대 판자촌 철거 현장에서, 1970년대 초 광주대단지 사건 현장에서, 1980년대 사당동 등지의 합동 재개발 현장에서, 2009년의 용산 참사 현장에서, 경찰과 철거 용역업체 직원들이 한편이 되고 철거 예정 주민들이 다른 한편이 된 전투가 숱하게 벌어졌다.

이런 전투에서 정부와 지방자치단체는 늘 지주 편을 들었다. 1970년에는 철거반원에게 '김일성보다 더한 놈'이라고 욕한 사람이 국가보안법 위반 혐의로 체포되기까지 했다. 당시 검찰은 "다중이 보는 앞에서 정부 행정을 집행하는 철거반원에게 김일 성보다 더한 놈이라고 한 것은 북괴의 행정이 대한민국보다 나 을 수 있음을 암시한 행위"라고 주장했다. 이 지경이었으니, 철거 민들이 전투에서 승리할 수는 없었다. 많은 사람이 피눈물을 흘 리며 몸과 마음에 큰 상처를 입은 채 자기 삶의 터전을 떠나 다 른 곳으로 퇴각하곤 했다.

2014년, 재벌가의 일원으로 서울시장 선거에 출마한 정몽준은 '공간복지'를 공약으로 내세웠다. 그가 말하는 공간복지란 '주택 문제와 교통문제를 함께 고려해 사회간접자본 투자 방향을 결정 하는 것'이었다. 2021년, 한 신문사는 '대한민국 공간복지대상' 을 제정, '지역에 필요한 공간을 마련해 주민 삶의 질을 높인' 지 자체에 시상하기 시작했다. 역대 수상자들은 대개 지역 내에 '문 화 시설'을 건설한 지자체들이었다.

하지만 '공간복지'라는 말을 쓰려면 먼저 문화생활을 향유할 여력조차 없는 사람들의 삶터에 관심을 기울여야 하지 않을까? 공동체 구성원 누구에게나 인간으로서 누려야 할 최소한의 기본 적 권리를 보장해 주는 것이 '복지'라고 한다면, '공간복지'란 이 도시에 사는 시민들 누구에게나, 땅을 가진 사람이건 그렇지 않 은 사람이건, 자기 삶의 터전에 대한 최소한의 권리를 인정해주 는 것이어야 하지 않겠는가? 땅을 갖지 못한 사람들의 '공간 이용권'에 대해서도 배려하는 것, 그들을 '강제 철거'의 공포에서 벗어나게 해주는 것, 이것이 진정한 '공간복지'여야 하지 않을까?

3장

사람은 저절로 나아지지 않는다

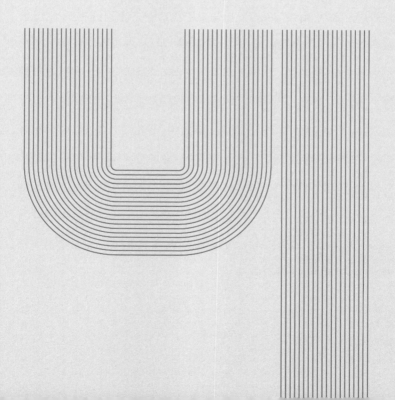

#01
'악마성'의 해방

    카메라 기능을 탑재한 휴대전화기는, 모든 국민을 사건·사고의 상시 관찰자이자 기록자로 만들었다. 스마트폰과 결합한 SNS는 개인들이 관찰하고 기록한 결과물들을 순식간에 전 세계로 퍼뜨림으로써 일반 대중과 전문 기자들 사이의 경계마저도 허물어버렸다. 이 '일시적 대중 기자'들은 기사 가치가 있는 사건을 선별하고 사실 여부를 추적하며 사건의 내용을 명료하게 전달하는 능력 면에서는 '상시적 직업 기자'들보다 뒤떨어지지만, 현장성과 속보성 면에서는 단연 앞선다. 이들이 사건 발생 현장에서 바로 사진을 찍고 짧은 글을 덧붙여 불특정 다수에게 송고하는 기사들은 대부분이 대중의 눈으로 대중 자신을 고발하고 교정하려는 '폭로 기사'들이다. 이후부터 '막말녀'니 '폭행남'이니 '담배녀'니 '임산부남'이니 하는 말들이 인터넷 포털 인기 검색어 1위로 오르는 일이 잦아졌다.

대중은 스마트폰을 이용하는 '대중 기자'들의 전방위적 활동에 큰 관심을 보인다. 그 관심은 종종 '낙인찍기'와 '마녀사냥'으로 이어지기 때문에 대중은 어디에서건 긴장을 풀 수 없다. 이제 사람들은 으슥한 곳에서는 CCTV를, 공개된 장소에서는 타인 전체의 시선을 온몸으로 의식하며 살아야 한다. 물론 이런 일들은 심각한 인권 침해의 가능성을 내포한다. 현대의 대중은 특정한 권력자나 대중 자신의 합의된 의지에 의해서가 아니라, 개인용 첨단기기들에 의해 매 순간 감시당하고 기록되는 존재다. 하지만 모든 일에는 양면이 있는 법이다. 대중은 자신을 스스로 감시하면서 자기 내부에 잠재해 있는 반사회적이고 비인격적인 면들을 새삼스럽게 발견하고 그를 치유할 방법을 찾기도 한다. 그래서 자기 검열이 나쁘기만 한 것은 아니다.

몇 년 전, 인터넷에서는 한 장의 사진 때문에 또 한 사람이 '무개념'의 전형으로 낙인찍혔다. 공개된 사진은 달리는 승용차에 목이 매달려 죽은 채 끌려가는 개를 찍은 것이었다. 사진을 보고 한동안 가슴이 먹먹했다. 눈으로 보고서도 사람이 이토록 잔인한 짓을 일부러 저질렀으리라고는 도저히 믿을 수 없었다. 분명 무슨 사정이 있을 듯싶어 인터넷으로 관련 기사를 검색해 봤다. 관련 내용은 어느새 인기 검색어 1위에 올라 있었고, 그 차의 운전자에게는 '○○○ 악마'라는 무서운 별명이 붙어 있었다. 당사자의 해명에 따르면, 차량 내부가 더러워질까 봐 개를 트렁크에

신고 산소 공급을 위해 문을 살짝 열어뒀는데 주행 중 개가 뛰어
내려 벌어진 일이었다. 내용을 확인한 순간, 24명의 목숨을 앗아
간 쌍용자동차 정리해고가 뇌리를 스쳤다. 그 상념을 SNS에 올
렸다.

> 승용차 트렁크에서 떨어진 뒤 매달려 가다 죽은 개의 모습에 쌍용차
> 에서 밀려 떨어진 뒤 다시 타려고 애를 쓰다 한 명씩 죽어가는 해고자들
> 의 모습이 겹쳤습니다. 앞만 보고 달리다간 누가 떨어졌는지 모릅니다.
> 빨리 가려고만 하다간 알아도 다시 태울 수 없습니다. 빨리 가기보단 함
> 께 가는 사회, 앞만 보기보단 뒤도 살피는 사회, 개의 죽음에 마음 아파
> 하는 만큼 사람의 죽음에도 마음 아파하는 사회였으면.

잠시 뒤, 멘션(Mention)이 하나 날아왔다. 100여 자밖에 안 되
는 짧은 멘션을 보는 사이에, 온몸에 소름이 돋았다.

> 뭐 이딴 시체 팔이가 다 있나 ㅋㅋㅋㅋㅋㅋㅋㅋ 개는 불쌍하지만, 쌍용
> 차에서 난동 부린 작자들의 죽음은 정의의 실현이기에 축하할 일일 뿐
> 이다. 하늘이시여, 쌍용차에서 난동 부려 쌍용차 임직원 수천 명의 목숨
> 을 날리려 한 작자들에게 천벌을 내리소서.

한 글자도 안 바꾸고 그대로 인용했다. 인용 원칙에는 어긋나

나 글쓴이의 아이디는 밝히지 않겠다.

돌이켜 보면, 내 세대만큼 전면적이고 체계적인 '반공교육'을 받고 자란 세대도 없다. 어려서는 입이 찢어지는 고통 속에서도 "나는 공산당이 싫어요"를 외치다 목숨을 잃은 '이승복 형'을 본받자는 '웅변'을 매주 들어야 했고, 내게도 그런 경우가 생기면 '이승복 형'과 똑같이 행동하겠다는 다짐을 담아 글을 지어야 했다. 중학교 때는 교사나 상급생에게 거수경례하면서 매번 '멸공'을 큰소리로 외쳐야 했고, 고등학교 때는 교련시간에 목총을 들고 뛰면서 "때려잡자 김일성, 쳐부수자 공산당, 무찌르자 북괴군, 이룩하자 유신과업"을 수백 번씩 복창해야 했다.

그렇게 공산주의자들에 대한 적개심과 증오심을 체질화하며 자랐지만, 이 정도로까지 타인의 죽음을 조롱하는 '악마'를 본 적은 없었다. 더구나 스스로 목숨을 끊은 쌍용차 노동자들은 공산주의자도 폭도도 아니었다. 그들은 직장에서 쫓겨나지 않으려 몸부림치던 사람들이었고, 직장에 다시 돌아갈 날만 애타게 기다리다 힘이 다한 사람들이었다. 그들과 그들 가족의 삶에서 죽음의 그림자를 거둬내기 위해 헌신하는 사람들도 있는데 그들의 죽음을 두고 '정의의 실현'이며 '축하할 일'이라고 하다니….

멘션을 보낸 사람의 프로필을 살펴봤다. 20대 초중반의 '평범한' 젊은이였다. 제2차 세계대전 당시 유대인 대학살의 실무 책임자였던 아돌프 아이히만에게서 '악의 평범성'을 발견한 한나 아렌트도 이 젊은이의 마음을 이해할 수는 없을 것 같았다. 아돌프 아이히만은 시스템 안에서 명령에 따랐을 뿐이지만 이 젊은이는 시스템 밖에서 자발적으로 악마성을 신봉하고 실천하고 있었다.

2014년, 세월호 참사 희생자 유가족들이 '특별법' 제정을 요구하며 광화문광장에서 단식 농성을 벌였다. 이들의 요구 사항은 '자식 죽은 이유나 제대로 알려달라'는 것뿐이었다. 세월호 참사 직후에도 유가족들의 절규를 두고 부정적인 반응을 보이는 사람들은 있었다. MBC는 참사가 나자마자 유가족들이 받을 보상금 액수에 대해 보도했고, KBS 보도본부장은 '단순한 교통사고일 뿐'이라며 사태의 심각성을 의도적으로 축소했다. 그런 보도에 영향받아서인지 "가난한 집 애들이 죽어서 효도한 거야"라며 식당 등 반공개장소에서 '인간성의 최저선'을 거리낌 없이 드러내는 사람도 있었다. 하지만 유가족 면전에서 그러는 '인간'은 없었다.

그런데 일군의 젊은이가 일부러 단식하는 유가족들 앞에서 피자, 치킨 등 냄새 나는 음식을 먹는 퍼포먼스를 벌였다. 독재정권 시절 정보기관 요원들이 시국사건을 조작하기 위해 밀실에서 이런 고문 방법을 쓴 적은 있었다. 그러나 그들도 이런 사실이 알려지는 것은 꺼렸다. 백주에 공공장소에서 아무 죄 없는 유가족들을 고문하기 위해 '폭식 만행'을 저지른 자들은 '인간성의 최저선'을 몇 단계 더 끌어내렸다. 그들은 인간보다는 상상 속의 악마에 훨씬 더 가까웠다. 누가, 도대체 무엇이, 이 평범한 젊은이들의 마음에 이토록 잔인한 '악마성'을 심어놓았을까?

'나만 아니면 돼!'라며 파편이 된 자기를 합리화하는 개개인의 극단적인 이기심, 개인적 욕망의 실현은 선(善)이며 경쟁은 역사 발전의 유일한 동력이라고 강변하는 신자유주의의 전도사들, 신자유주의 비판을 모두 좌파 이념으로 단정하고 종북좌파라는 가상의 거대 집단을 만들어 인권과 민주주의와 분배 확대를 요구하는 수많은 사람을 그 안에 억지로 욱여넣는 보수 언론, 대북관계의 긴장도를 조절해 국내 정치에 이용하려 드는 정부, 이런 현상 속에서 만들어진 불안감, 적대감, 증오감, 공포감 등으로 권력 기반을 강화하려 하는 정치 권력과 자본 권력, 이 모든 것이 얽히고설켜 어설프고 비정형적인 '이념의 덫'을 만들었다.

이런 '이념의 덫'에 사로잡힌 사람들이 저도 모르는 사이에 '악마'가 된 건 아닐까? 인간에 대한 예의를 물질에 대한 숭배로 대체하고 자기와 생각이나 처지가 다른 사람들은 전부 절멸시켜야 할 '적'으로 간주하게 되면 저런 행동을 할 수도 있을 것 같다. 게다가 익명성의 공간인 사이버 세계의 확장은 악마성의 발산과 확산을 더 쉽게 만들었다. 인터넷을 이용한 성 착취물이나 딥페이크 영상물 유포 등은 이미 '인간의 놀이'가 아니라 '악마들의 놀이'다.

내면의 악마성을 주저 없이 드러내는 사람이 다수가 된 시대의 민주주의를 생각하면 눈앞이 아득하다. 히틀러도 민주적 선거로 당선됐다. 악마들의 민주주의는 세상을 지옥으로 만들 뿐이다. 인간의 욕망을 부추겨 시장을 넓히려 드는 자본의 탐욕 앞에서, 탐욕을 '이념'으로 포장하고 그 이념을 경계로 사람들을 분열시켜 자기편을 늘리려 드는 정치 권력의 노회한 술수 앞에서, 인간성을 지킬 방법은 없을까?

지금은 민주주의 이전에 인간성에 대한 진지한 성찰이 필요한 때다. 이렇게 커나가는 '우리 안의 악마성'을 그대로 둔다면, 우리 자신의 인간성이 파괴되고 타인의 인간성을 파괴할 뿐 아니라 인류 역사에까지 죄를 짓게 된다. 이 경우에도 가장 단순한 방법이 가장 좋은 방법일 것이다. 내 안에 수치심, 타인에 대한 배려, 고통을 겪는 이들에 대한 공감이 살아 있는지 수시로 점검하는 수밖에 없다. 그걸 버리라고 요구하는 이념이 있다면 그것이 좌든 우든 '악마의 이념'일 뿐이다. '악마의 이념'에서 벗어나야 사람이 된다. 민주주의가 사람 사는 세상을 저절로 만들어 주지는 않는다.

#02
'먹고사니즘'의 함정

> 이웃집 아저씨가 수돗가에서 피 묻은 대나무를 씻고 있었다. 돼지 잡
> 았느냐고 물었더니 웃으면서 '조선인의 피'라고 대답해줬다. 평소 맘씨
> 좋고 친절하던 그 아저씨가 갑자기 무서워졌다.

어린 시절 간토대학살(1923)을 간접 체험한 일본인의 회고담
이다.

1914년 제1차 세계대전이 일어나자 일본 경제는 '미증유(未曾
有)의 호황'을 맞았다. 유럽 열강이 전쟁을 치르느라 여념이 없는
사이에 일본제 상품이 중국 시장을 석권했다. 일본 공장의 기계
들은 쉴 새 없이 돌아갔고 실업자는 줄었으며 노동자들의 실질
임금은 올랐다. 이 기간에 일본인들은 살림살이가 하루하루 나
아지는 것을 체감할 수 있었다. 그러나 호시절도 잠시, 전쟁이 끝
나자 반동공황(反動恐慌)이 찾아왔다. 일본 기업들은 설비 투자

과잉 상태에 빠졌고, 노동자들은 해고와 임금 삭감의 고통을 겪어야 했다. '고도성장'에 대한 기억은 오히려 그들의 고통을 증폭시켰다. 그들의 의식 깊은 곳에 불만과 불안감이 쌓여갔다.

1923년 도쿄 일대에 대지진이 일어났을 때, 그들의 눈에 이 불만과 불안감을 분출할 대상이 보였다. 바로 조선인들이었다. 그들에게 조선인은 자기들의 '우리' 안에 들지 못한 열등한 타자(他者)였고, 사상이 의심스러운 데다가 자기 일자리까지 위협하는 자였다. '맘씨 좋고 친절한' 이웃집 아저씨를 한순간에 미쳐 날뛰는 살인마로 만든 것은 "조선인이 우물에 독을 탔다" 따위의 헛소문만이 아니었다. 그들에게 필요했던 것은 경제 위기에 따른 불안감과 공포감을 표출할 수 있는 '화풀이 대상'이었다.

1929년 세계 대공황이 일어났다. 전 세계에서 기업들이 도산하고 노동자들이 실직했으며 농민들이 기아선상에 놓였다. 제국주의 국가들은 식민지 주민들에 대한 수탈을 확대, 강화함으로써 경제적 곤란을 완화하려 했고, 이 때문에 식민지 주민들은 제국주의 국가 국민보다 훨씬 심한 고통을 겪어야 했다.

1931년 7월 2일, 만주에서 조선인 한 명이 중국 관헌의 발포로 목숨을 잃었다는 오보(誤報)가 날아들었다. 당연한 말이지만, 나라를 잃고 만주로 이주한 조선인들은 그곳에서도 '나라 잃은 설움'을 겪어야 했다. 재만(在滿) 조선인들은 농사지을 땅을 구하기 위해서나 농지에 끌어댈 물을 구하기 위해서나 중국인들과 경쟁했지만, 언제나 불리한 위치에 설 수밖에 없었다. 이때에도 농수로(農水路) 문제로 조선인과 중국인 사이에 충돌이 생겼고 현지 관헌은 중국인들 편을 들었지만, 조선인이 총에 맞아 죽지는 않았다. 그러나 〈조선일보〉 장춘 특파원 김달삼은 조선인이 총에 맞아 죽었다는 거짓 기사를 본사에 송고(送稿)했고, 〈조선일보〉는 즉시 '호외'로 이 기사를 보도했다. 김달삼이 일본군의 밀정이었다는 사실은 나중에야 알려졌다.

마치 기다리기나 했던 듯, 〈조선일보〉 호외가 뿌려지자마자 한반도 도처에서 중국인을 상대로 한 폭동이 일어났다. '순박한' 조선인 상당수가 이 폭동에 가담했다. 그들은 친구들과 어울려 드나들었던 청요릿집 주인을, 자기 옷을 지어준 중국인 양복점 주인을, 자기 머리를 깎아준 중국인 이발소 주인을 때려죽이고 그들의 상점에 불을 질렀다.

박해받는 재만 동포를 위해 복수한다는 것은 그저 구실일 뿐이었다. 당시에는 재조(在朝) 중국인보다 재중(在中) 조선인이 훨씬 많았다. 조선 땅에서 조선인들이 중국인을 박해하면 중국 땅에서 독립운동가들을 비롯한 조선인들이 어떤 일을 당할지는 불문가지(不問可知)였다. 허위보도를 사주한 일본군이 노린 것도 바로 한·중 양 민족의 이간(離間)이었다. 이로부터 두 달 뒤, 일본군은 만주를 침공했다. 조선총독부가 조선인의 중국인 박해를 방조한다는 사실은 누구라도 쉽게 간파할 수 있었으나, 당시 조선인 다수는 '이성'을 잃고 '광기'에 휩쓸렸다.

1929년 겨울에 시작된 세계 대공황은 식민지 주민의 삶을 더 어렵게 만들었다. 일거리가 줄고 소득이 주는 데에서 고통과 분노, 불안을 느낀 사람들은 이런 감정을 분출할 대상을 찾았다. 재만 동포가 박해받는다는 사실을 익히 알면서도 중국인 이웃들과 그럭저럭 지내왔던 '순박한' 조선인들을 한순간에 흉포한 살인자로 만든 결정적 요인은, 외부 세계에서 갑자기 날아온 소식이 아니라 저도 모르는 사이에 '살기'로 가득 차버린 그들의 내면세계였다. 그들은 지배자인 일본인들 앞에서 꾹꾹 억눌렀던 그 '살기'를, 만만한 중국인들에게 쏟아부었다.

세계 경제가 침체에 빠졌던 코로나 팬데믹 기간 중 효율적인 방역 행정 덕에 한때 GDP에서 이탈리아를 앞서기까지 했던 한국 경제가 윤석열 정부 들어 불황에서 벗어나지 못하고 있다. 정부가 '가치외교'를 표방하면서 주요 무역 상대국들을 적대시한 점, 부동산 가격을 떠받치기 위해 가계부채의 증가를 조장하고 방치한 점, 부자 감세로 정부 세수가 줄어든 점 등이 복합적으로 작용한 결과지만, 정부는 불황의 원인을 솔직히 설명하고 국민의 협조를 구하기는커녕 '전 정부 탓'만 해왔다.

심지어 정부의 실정을 비판하는 사람들을 '공산 전체주의 세력', '반국가 세력', '반대한민국 세력' 등으로 부르면서 공공연히 혐오와 적대의 대상으로 지목하고 있다. 그 대상이 내국인이든 국내에 거주하는 외국인이든, 국가 권력이 혐오의 대상으로 낙인찍으면 국민 다수의 누적된 불만은 그 대상을 향해 분출, 폭발하기 마련이다.

인류는 아직 경제 위기를 예방하거나 극복할 방안을 찾지 못했다. 하지만 경제 위기가 확산, 심화시키는 '먹고사니즘'이 어떤 결과를 낳는지는 익히 안다. 피부색이 다른 사람, 종교가 다른 사람, 생각이 다른 사람 등 '다른' 존재들에 대한 잔혹한 집단적 폭력의 배후에는 언제나 평범한 사람들의 평범한 '먹고사니즘'이 있었다. 나치 지배하의 독일인이 그랬고, 천황제 군국주의 시대의 일본인이 그랬으며, 총독 통치하의 조선인이 그랬다. '먹고사니즘'은 '우리'의 경계를 축소하고 불만과 불안감을 분출할 수 있는 만만한 '타자'를 만들어 내며, 끝내는 그들을 반인간적 범죄의 희생자로 만든다. 경제 위기와 '인간성 파괴의 위기'가 동전의 양면인 이유이다. 그러니 경제가 어려울수록, 먹고사는 일이 힘들다고 느껴질수록, '인간다움'을 지키기 위해 더 노력해야 한다.

생존에 위협을 느끼는 상황에서 자기들끼리 물어뜯고 잡아먹는 짓은 쥐 같은 하등 동물에게나 어울린다. 먹고살기 어렵다고 같은 인간을 혐오하고 공격하는 것은 스스로 인간의 존엄성을 훼손하는 것이다. 위기상황이라는 이유로 타자에 대한 동정과 배려, 연대의 정신을 내팽개친다면 인간이 쥐와 다를 바가 무엇인가?

단원고 아이들의 교실과 이태원 골목

"저기 있는 낡아빠진 문갑은 뭐야?"

"응, 저거 어머니 유품이야. 내가 사드렸던 건데, 생전에 무척 아끼시던 물건이라 어머니 생각날 때마다 만져 보려고."

"집구석도 좁은데 구질구질하게 저런 걸 왜 여태 끌어안고 있어? 당장 내다 버려."

"무슨 말을 그리 심하게 해? 당신 어머니 유품이라면 그럴 수 있어?"

이 심상한 대화가 결국 한 쌍의 젊은 부부를 파경으로 몰아갔다. 듣기로는, 이와 비슷한 문제로 다투는 부부가 적지 않다고 한다.

함께 사는 부부라 해도 특정 사물에서 얻는 감성의 깊이가 같을 수는 없다. 한쪽에게는 자기 삶의 중요한 순간과 중요한 사람에 관한 애틋한 기억이 담긴 소중한 물건이지만, 다른 쪽에게는 그저 구질구질할 뿐인 물건은 곳곳에 널려 있다.

제삼자가 이런 상황에 개입할 수 있다면, '올바르고 균형 잡힌' 판단은 무엇일까? 경제적 합리성만 따지는 사람이라면 버리라고 할 테지만, "인정상 그래서는 안 된다"고 할 사람도 많을 것이다.

세월호 참사 이후 같은 일이 단원고에서 벌어졌다. 자식을 잃은 250여 명의 학부모는 자기 아이들의 수다와 웃음과 말썽과 한숨이 깃든 교실을 그대로 보존하고 싶어 했다. 그 아이들이 살아서 졸업했다면, 부모들도 단원고 학부모라는 이름에서 벗어나 대학생 부모가 되었다가 직장인 부모가 되었을 것이다. 하지만 그들의 시계는 2014년 4월 16일에서 멈췄고, 그들의 남은 평생도 '단원고 학부모'라는 이름에 속박되어 버렸다.

침몰하는 배 안에서 '가만히 있으라'는 어른들의 말을 착하게 잘 들었던 아이들은, 더는 자라지 못하고 부모들의 마음속에, 그들이 쓰던 물건들 속에 아련한 이미지로만 남았다. 그 아이들이 매일 앉아 있던 교실은, 그 부모들에게는 남은 평생 아이들의 영혼과 소통할 수 있게 해주는 영매(靈媒)였다. 죽은 아이가 못 견디게 보고 싶을 때, 아이가 쓰던 교실로 달려가, 아이가 쓰던 책상을 부둥켜안고 한바탕 눈물이라도 쏟을 수 있었으면 하는 게 그 부모들의 바람이었다.

그런데 1, 2학년 학부모들 일부와 학교 운영위원회의 생각은 달랐다. 그들은 희생자 학부모들을 이미 학교와 인연이 끊어진 사람들로 봤다. 그들은 또 학교는 살아있는 아이들의 오롯한 공간이어야지 죽은 아이들을 기리는 장소가 되어서는 안 된다고 주장했다. 단원고에 다니는 아이들, 그리고 앞으로 다닐 아이들을 위한 교실도 넉넉지 않은데, 희생자들이 쓰던 교실을 그대로 보존할 수는 없다는 것이었다. 그들은 교실이 보존되면 아이들 공부에 방해될 것이라고도 했다. 그들은 할 수만 있다면 단원고라는 학교 이름 자체를 바꾸고 싶었을 것이다.

죽은 아이들의 흔적이 고스란히 배어 있는 빈 교실들을 옆에 두고 공부할 자식들을 세심하게 염려하는 부모들의 마음을 탓할 수는 없다. 하지만 희생자 부모들의 아픈 마음을 헤아리지 않는 박정함이 느껴져 마음이 아팠다. 게다가 세월호 참사의 당사자는, 죽은 단원고 아이들과 그 부모들만이 아니었다. 사람을 이윤 창출의 도구로만 보는 냉혹하고 천박한 자본, 우왕좌왕하다가 300여 명이 산 채로 수장되는 꼴을 온 국민이 지켜보게 하고서도 책임은 개별 기업에 몽땅 떠넘긴 무능하고 비겁한 정부, 권위에 대한 순종과 학생들끼리의 경쟁만을 가르쳐 온 전근대적 교육 등 세월호 참사는 한국 사회에 내재한 모든 문제를 적나라하게 드러낸 사건이었다. 그렇기에 참사 직후에는 수많은 사람이 '잊지 않겠다', '희생을 헛되게 하지 않겠다'는 결의를 표했다.

희생된 단원고 아이들의 교실 안에 그들의 체취를 보존하는 것은, 그 결의의 기억을 사람들의 뇌리에 새겨두는 일이기도 했다. 이는 한국 사회 전체의 미래와 연관된 것이다. 하지만 결국 참사로 희생된 단원고 아이들은 학교를 떠나야 했다. 그들의 교실은 통째로 경기도교육청 산하 4.16민주시민교육원(현 4.16생명안전교육원)으로 옮겨졌다.

이태원 참사 이후에도 비슷한 일이 벌어졌다. 희생자 유가족과 친지들뿐 아니라, 그들을 애도하는 시민들은 참사 현장이 보존되기를 바랐다. 하지만 지역 상인들은 '참사의 기억' 자체를 지우고 싶어 했다. 그들은 국제적 명소이자 상업 중심지인 이태원이 '참사 현장'으로 기억되어서는 안 된다고 주장했다. 참사 현장 인근의 호텔은 건물 개조를 통해 현장을 변경하겠다는 의사를 밝혔다. 역시 합의점을 찾기 어렵지만, 어느 쪽도 배척할 수 없는 주장들이었다.

2023년 9월 25일, 유족과 시민사회단체들, 이태원 상인들은 오랜 논의 끝에 참사 현장을 '기억과 애도의 공간'으로 정비하는 데에 합의했다. 현장에 '10.29 기억과 안전의 길'이라는 이름을 붙이고 미완성 형태의 게시판 3개를 설치한다는 내용이었다. 미완성 게시판은 '모두 안전해질 때에야 완성'된다는 의미라고 했다. 자기 생활 공간 주변에서 아픔과 슬픔, 괴로움 등 모든 부정적인 기억 요소들을 지워버리고 싶은 것은 평범한 사람들의 평범한 욕망이다. 하지만 분명히 기억해야 한다, 왜 아팠는지를 잊으면 또 아프게 된다는 것을.

신(新)과 New의 시대

순우리말 '해'는 한자로 일(日)인데, 한자어 '일일(一日)'은 하루고 우리말 '한 해'는 1년이다. 우리 선조들은 해의 수명이 1년이라고 생각했고, 옛 중국 사람들은 하루라고 생각했던 모양이다. 옛사람들은 세상 모든 것이 나고 죽는다고 믿었다. 그래서 해, 산, 물, 돌, 달, 구름 등의 무생물까지 십장생(十長生)에 포함시켰다. 우리는 새해가 태어나는 날을 '설'이라고 한다. 설설 기다, 설익다, 낯설다 등의 '설'로서 덜 익었다, 위태롭다, 위험하다, 조심하다 등의 뜻을 품은 말이다. 이 말에는 새로 태어나는 해는 신생아를 다루듯 신중하게 대해야 한다는 생각이 담겨 있다.

옛사람들은 해뿐 아니라 세상의 만물과 만사에 대해 새것은 약하고 위태로우며 불안하다고 여겼다. 그들에게 새것과 헌것은 각각 장단점이 있었을 뿐 절대적 우열로 나뉘지 않았다. 새것은 잘만 다루면 오래 함께할 것이기는 하나 눈에 설고 손에 설어 사람을 해칠 수도 있었다. 장롱이나 문갑 하나를 새로 들일 때도 고사를 지냈던 건, 모든 새것은 '액(厄)'이라고들 생각했기 때문이다. 지금도 새 자동차나 건물에 대해서는 이런 풍습을 지키는 사람이 적지 않다.

반면에 헌것은 이미 익숙해져 제 몸과 마음의 일부가 됐으나 아쉽게도 오래 가지 못할 것이었다. 타고난 수명이 다해 가는 것, 더 오래 함께 있을 수 없는 것이었을 뿐 결코 나쁜 것이 아니었다. 새것을 취하는 일도 헌것을 버리는 일도, 모두 부득이 하는 일이었다. 그래서 물건이든 제도든 새로 만들어 쓸 때는 각별히 조심했고, 시험해 볼 수 있는 것이라면 충분히 시험해 본 뒤에야 전면적으로 바꿨다. 일례로 조선 시대 공물제도를 근본적으로 개혁한 법령인 『대동법』의 경우 처음 제정되어 전국적으로 시행되기까지 100년이 걸렸다.

새것이 헌것에 대해 절대적 우위를 점하게 된 것은 산업혁명으로 매일같이 새것이 쏟아져 나와 기존의 물질 세계를 완전히 뒤바꾸고, 시민혁명으로 수천 년간 당연한 사회관계처럼 여겨졌던 신분제가 철폐된 뒤의 일이다. 이후 구질서, 구체제, 구습, 구태 등 모든 헌것은 하루속히 버려야 할 것이 됐고, 신사상, 신문물, 신기술 등 모든 새것은 그 자체로 '선(善)'이 됐다.

새것을 받아들이는 데 뒤처진 탓에 민족 간 생존 경쟁에서 패배했다는 의식 때문인지, 이런 경향은 우리나라에서 특히 심한 듯하다. 우리 스스로는 반만년 역사를 자랑하지만, 막상 이 땅에 그 역사의 자취는 많지 않다. 이른바 대중 소비 시대가 열린 뒤로는 아직 충분히 쓸 수 있는 것들에도 '헌것'이란 낙인을 찍어 내다 버리는 게 문화가 됐다.

이런 문화 풍토에서 '새'나 '신(新)' 또는 'New'의 힘에 기대려는 술책이 횡행하는 것도 이상한 일은 아니다. 당장 신한국당, 새누리당, 신민당, 새정치민주연합, 새미래민주당 등 과거에 있었거나 현존하는 정당 이름들만 보더라도 우리나라처럼 이런 글자를 애용하는 나라는 달리 찾아보기 어려울 것이다. '뉴라이트'라는 사회 세력 역시 '올드라이트'와 어떻게 다른지 스스로 입증하려는 노력도 없이 '뉴'를 앞에 붙여 '참신함'을 내세운다.

심지어 '보수는 혁신합니다'라는 구호를 만든 사람도 그것을 보는 사람도, 이 짧은 문장에 내포된 자기 파괴적 의미를 인지하지 못한다. 보수와 혁신은 정반대 개념이다. 1980년대까지도 사회민주주의를 추구하는 정당과 정치인들은 '혁신계'로 불렸다. 그런데 그렇게 새 정치를 통해 새 나라를 만들어 새 시대를 열겠다고 장담한 정당들이 명멸하는 과정에서 정말 사람들의 삶이 나아졌는가?

지금 '끊임없는 혁신'은 이 사회의 보편적 대의(大義)가 되어 있다. 혁신하지 않으면 죽는다는 생각, 혁신이 곧 생명이라는 태도가 이 사회에 만연해 있다. 하지만 매사에 혁신이 꼭 필요한가? 가능하기는 한가?

　아직 채 헐지 않은 것을 버리고 새것으로 바꾸는 문화는 지구에 심각한 부담을 준다. 아직 새 정체성에 익숙해지지도 않았는데 다시 혁신하라고 강요하는 문화는 사람들에게서 성찰할 시간을 빼앗아 버린다. 끊임없는 혁신이란 끊임없는 정체성 이동이기도 하다. 강박적으로 혁신에 매달리는 문화는 늘 부유(浮游)하는 경박한 인간을 양산한다. 무엇보다 새로운 기회만을 찾는 사람들의 혁신은 방향을 잃기 십상이다. 지난 수십 년간 그토록 혁신을 외쳐왔건만, 지금 우리는 어느 시대에 살고 있는가?

　헌 해가 지고 새 해가 뜨는 것이야 자연법칙이지만, 법이든 제도든 문화든 버릴 때와 지킬 때를 선택하는 것은 사람의 몫이다. 무엇을 혁신할 것인가만 생각하지 말고, 무엇을 지킬 것인가도 함께 고민해야 한다. 그러지 않으면 가족, 국가 등의 공동체적 가치는 물론 '인간성'마저 '인간다움'에서 벗어날 수 있다.

#05
몸 중심의 시대

    어류를 제외한 거의 모든 척추동물이 목과 입으로 소리를 내지만, 입술 닿는 소리, 즉 순음(脣音)을 낼 수 있는 동물은 인간뿐이다. 한글로 ㅁ,ㅂ,ㅍ 계열에 해당한다. 우리는 아기가 이 발음을 한 뒤에야 비로소 말을 한다고 하며, 그 전까지 내는 소리는 따로 옹알이라고 한다. 언어는 달라도 아기가 처음으로 내뱉는 말은 세계 어느 나라에서나 '맘마'다. 엄마이기도 하고 젖이기도 하다. 특히 우리말에서는 원초적 중요성을 담은 단어들 다수가 순음으로 시작한다. 엄마 다음이 아빠인데, 이는 맘마 다음이 밥인 것과 공교로울 정도로 유사하다. 말, 물, 불, 빛, 바람, 밭, 먹다, 보다, 만지다, 묻다, 배우다, 만들다 등은 인간으로 생존하며 성장하는 데에 꼭 필요한 요소와 행위들이다. 인간을 이루는 양대 구성 요소도 '몸과 마음'이다.

    우리 옛 선조들이 몸과 마음이라는 단어를 처음 만들 때 어떤 것을 먼저 만들었는지, 본래 하나였다가 나중에 둘로 나뉜 것인지는 알 수 없다. 하지만 우리뿐 아니라 인류 전체가 문명사 대부분의 기간 동안 몸보다 마음을 중시했다는 점만은 단언할 수 있다. 영어에서도 마인드(Mind) 다음에 바디(Body)다. 몸이 머리, 팔, 다리, 손, 발, 내장 등으로 이뤄진 총체이듯, 마음은 신념, 의지, 소망, 이상, 판단, 감정, 취향, 기호 등으로 구성된 총체다. "네 마음대로 해"라는 말에서 마음은 앞의 어느 단어로 바꿔도 된다. 종교의 언어에서는 마음이 곧 정신이자 영혼이다.

옛사람들에게 몸은 아무리 정성 들여 꾸며도 결국 늙고 병들어 추해졌다가 소멸하는 유한한 것이었으나, 마음은 가꿀수록 성숙하고 아름다워져 몸이 죽은 뒤에도 후세에 전해지거나 영생할 수 있는 무한한 것이었다. 마음이 몸을 지배하는 것이지 그 역은 아니었다. 눈으로 보고 손으로 만질 수 있는 것은 몸뿐이었지만, 옛사람들은 이를 오히려 허물(虛物)이라 부르면서 죄악이 깃드는 곳으로 인식했다. 마음을 가꾸기 위해 제 몸에 고통을 가하는 수행법은 어느 종교에나 있었다. 인간의 본질과 개성은 그의 마음에 있는 것이었지 몸에 있는 것이 아니었다.

중세 사회가 붕괴하는 과정에서 몸과 마음의 관계에 대한 오래된 믿음도 무너져갔다. 제 몸 밖의 신과 연결되어 있던 마음이 자립했으며, 더불어 몸도 마음의 지배에서 해방됐다. 1543년 천문학자인 니콜라우스 코페르니쿠스가《천체의 회전에 관하여》

를 출간함으로써 '하늘은 없다'고 선포했을 때부터, 같은 해 해부학의 창시자이자 의사인 안드레아스 베살리우스가 《인체 구조에 관하여》를 발표해 '인간과 다른 동물 사이에 큰 차이는 없다'는 사실을 밝혔을 때부터, 마음이 의지하던 곳과 깃들던 곳에 대한 일반적 신념도 흔들리기 시작했다.

세계적인 작가 괴테에 따르면, 니콜라우스 코페르니쿠스의 발견은 인간의 영혼이 복귀할 천상의 낙원을 없애버린 일이었다. 더불어 거룩함이나 죄 없는 세상에 대한 희망도 사라졌다. 같은 방식으로 말하자면, 안드레아스 베살리우스의 발견은 신을 인간의 몸 안에 가둔 일이었다. Nerve를 '신이 다니는 길'이라는 뜻의 신경(神經)으로 번역한 것만 봐도, 한자 문화권 사람들이 이 인체 기관에서 느꼈던 당혹감을 이해할 수 있다.

산업혁명은 물질 생산의 속도뿐 아니라 몸의 해방 속도도 비약적으로 높였다. 값싼 유리 거울이 보급됨으로써 사람들은 비로소 제 몸과 얼굴을 자세히 살펴볼 수 있게 됐다. 섬유 생산이 급증하고 인간 사이의 교류가 범지구적으로 확산한 덕에, 민족과 신분 등 집체성을 표현하던 의복이 개성을 드러내는 물건으로 위치를 옮겼다. 청결과 위생, 운동이 개개인의 건강과 수명 연장에 도움이 된다는 담론이 확산하고 사실로 입증됨으로써, 제 몸을 다듬고 가꾸고 꾸미는 모든 일이 미덕의 지위를 얻었다. 게다가 개개인의 건강한 몸을 국력의 원천으로 보는 국민국가 이데올로기는 '몸 가꾸기'를 국민적 의무로까지 승화시켰다.

압축 성장을 경험한 우리의 경우, 몸과 마음의 관계 변화 속도도 그만큼 빨랐다. 우리나라에서 몸을 독립된 육성 단위로 인정한 최초의 공식적 선언은 1894년의 『교육입국조서』였다. 지육(智育), 덕육(德育)과 더불어 체육(體育)을 교육의 3대 목표로 정한 것인데, 그 전까지 '몸을 다듬는다'는 뜻의 수신(修身)은 마음을 바로잡는 정심(正心)에 의해 저절로 이뤄지는 것이었다. 물론 중세의 힘 또는 전통의 힘은 일순간에 사라지지 않았다. 우리 사회에서 몸을 절대화하려는 욕망이 봇물 터지듯 분출하기 시작한 것은 대다수 사람이 절대적 결핍에서 해방됐다고 느끼던 때부터였다. 인문학의 위기가 본격 거론된 것도 그때부터였다.

그로부터 반세기, 오늘날의 한국인들은 자기 본질과 개성이 마음이 아니라 몸에 있다고 믿는다. 그래서 그들은 책보다 거울을 훨씬 더 자주 보며, 여가시간 거의 전부를 제 몸을 가꾸고 다듬는 데 쏟아붓는다. 심지어는 의술을 이용해 타고난 용모까지 바꾼다. 몸을 중시하는 것이야 현대 세계의 일반적 현상이지만, 인구 비례로 본 이발소, 미용실, 목욕탕, 찜질방, 헬스장, 의류와 화장품 판매점, 성형외과의원 등 몸을 씻고 가꾸고 다듬고 바꾸는 시설과 업체의 숫자는 우리나라가 전 세계 최고 수준이다. 반면 1인당 독서량은 OECD 최저 수준이다.

마음을 신에게 속박시키고 몸을 마음에 종속시켰던 옛날로 돌아갈 수는 없다. 하지만 마음도 가꾸지 않으면 병들고 더러워진다. 제 몸에 쏟아붓는 열정의 10분의 1만이라도 제 마음을 살피는 데 써야 하지 않을까? 거울 보는 횟수만큼만 책장을 넘기는 건 어떨까? 아무리 몸이 우위인 시대라도 선(善)은 마음에 깃드는 법이다. 선한 마음을 가진 사람이 많은 세상이 좋은 세상이다. 더 좋은 세상에서 살려면, 각자가 제 마음을 더 선하게 가꾸는 일로부터 시작해야 하지 않을까?

#06

힘 숭배의 시대

자불어괴력난신(子不語怪力亂神).

《논어》의 한 구절이다. 권위를 인정받은 '정통' 해석은 '공자께서는 괴상한 것, 힘, 어지러움, 귀신에 관해서는 말씀하지 않으셨다'이다. 공자 시대 이후 아주 오랫동안 유교 문화권에서 이 네 가지는 귀신이나 도깨비 같은 것으로서 사람을 미혹시키고 세상을 어지럽히는 주범으로 인식됐다.

우리 문화에서도 유교와 상관없이 '힘'은 본래 좋은 게 아니었다. 몸에 힘이 들어오는 것을 '힘 든다'고 하고, 몸 밖으로 힘이 나가는 것을 '힘 난다'고 한다. 힘이 들면 괴롭고 힘이 나면 즐겁다. '힘'은 사람이 일하는 사이에 슬그머니 몸 안에 들어와 고통을 주다가 쉬는 사이에 몸에서 나가는 귀신과 비슷한 존재였다. 힘은 사람에게 평생 붙어 있는 신체 또는 정신의 일부가 아니었고, 좋은 것도 아니었다. 몸에 힘들이며 사는 삶이 고생이고, 힘

안 들이고 사는 삶이 호강이다.

공자, 맹자의 가르침을 개인과 공동체의 도(道)로 삼았던 조선 시대 지식인들은 힘을 숭상하기보다는 멸시했다. 그들에게 힘은 천한 것이었기에, 힘쓰는 일도 천한 일이었다. 정조 때 어의(御醫) 강명길은 직접 쓴 의서(醫書) 《제중신편(濟衆新編)》에 '부귀자는 마음을 많이 쓰니 병이 대개 속[本]에서 오고, 빈천자는 수족을 많이 쓰니 병이 대개 겉[標]에서 온다'고 했다. 힘은 수족을 많이 쓰는 빈천자에게나 필요한 것이었다. 마음을 많이 쓰는 부귀자에게 필요한 것은 인의예지신(仁義禮智信)과 덕(德), 지조(志操), 기개(氣槪) 등 '운동 에너지'를 갖지 못하는 가치들이었다. 문제를 힘으로 해결하려는 것은 도(道)를 모르는 자들에게나 어울리는 어리석은 짓이었다. 정도의 차는 있으나, 지구 전역에서 힘은 대체로 반(反)문명과 야만의 상징이었다.

힘에 관한 사람들의 생각은 거의 고정되어 있던 물질 세계가 급격히 팽창하면서부터 바뀌기 시작했다. 증기기관 발명은 마력(馬力)을 숭상하는 시대를 열었다. 뒤이어 찰스 다윈은 신(神)과 혈연관계에 있던 인간을 동물의 일원으로 재배치했다. 이에 따라 '인간다움'을 구성했던 정신적 가치들은 뒤로 물러서고, 주로 힘으로 표현되는 동물의 속성들이 전면으로 나섰다. 이후 적자생존, 우승열패, 약육강식이라는 동물적 경쟁의 논리와 경쟁에서 이길 수 있는 힘, 즉 '경쟁력'이 최상의 가치라는 생각이 인류의 의식을 지배하기 시작했다.

19세기 말부터는 우리나라에서도 "왕께서는 하필 이익을 말씀하십니까? 오직 인의(仁義)가 있을 뿐입니다"라는 맹자의 말은 허튼소리가 됐고, 물질을 만들거나 변화시키지 못하는 관념의 가치는 폭락했다. 1880년대 개화사상가들은 국가 공동체가 추구해야 할 핵심 가치로 '부국강병'을 공공연히 주장했고, 1900년대 안창호는 '무실역행(務實力行)'을 개개인의 생활규범으로 제시했다.

1910년, 한국을 강점한 일본이 처음 한국인들에게 요구한 정신적 가치는 충량(忠良), 온순, 착실 등이었다. 그들에게 지조와 기개를 갖춘 사람은 성가신 '불령선인(不逞鮮人)'이었다. 그들에게는 한국인의 '실력 양성'도 못마땅한 일이었다. 일본인들은 각종 출판물과 인쇄물에서 기생이나 노인을 한국인의 대표 이미지로 삼았다. '이민족의 보호를 받아야 하는 연약하고 노쇠한 민족'이 일제강점기 한국인들에게 강요된 자의식이었다. 그럴수록 '힘'에 대한 한국인의 열망도 높아졌다.

일본 제국주의 통치자들이 한국인들에게 '힘'을 권장하기 시작한 것은 침략 전쟁에 한국인의 '힘'을 동원할 필요를 느낀 뒤부터였다. 그런데 그 힘은 그야말로 동물적이었다. 1930년대 초, 박력(迫力)이라는 단어가 처음 등장했다. 같은 무렵, 추진력이라는 말도 사람에게 쓰이기 시작했다. 밀어붙이는 힘이라는 뜻의 두 단어는 본래 소나 말 같은 가축에게나 어울렸다. 그러나 '명령에 따라 물불을 가리지 않고 진격하는 보병형 인간'을 원했던 일본 군국주의는 이 말에 '남성성을 대표하는 우월한 가치'를 부여했다.

해방 이후 6.25 전쟁을 거치면서, 군인의 덕목인 '힘'의 가치는 한층 더 높아졌다. 뒤이어 1960년대에 군사작전과 같은 방식으로 개발하고 건설하는 '돌격 건설의 시대'가 열렸고, 그 과정에서 '힘'은 인간의 가치를 결정하는 단일 요소로 자리 잡았다. 경쟁력, 지도력, 매력, 친화력, 지력, 경제력, 창의력, 사고력, 이해력, 논리력, 판단력 등 온갖 것들, 심지어 힘과는 전혀 관계없는 것들에까지 '힘'이라는 글자가 들러붙었다. 생각을 힘으로 하는 것도 아니고, 한글이 힘으로 만들어진 것도 아니다. 반면 사랑, 배려, 연민, 도덕, 염치, 기개, 지조, 양심, 정의 같은 단어들에는 '력(力)'자가 붙지 않았다. 힘 숭배의 시대에 이런 것들은 있어도 그만, 없어도 그만이다.

정의의 보루여야 할 검찰과 사법부가 '유권무죄 무권유죄'의 원칙에 따라 기소하고 판결한다는 비판이 나온 지 이미 오래다. 힘 있는 자에게 비굴하고 힘없는 자에게 오만한 것은 현대 한국인의 '생활철학'처럼 됐다. 아파트 경비원을 폭행하거나 편의점 아르바이트생을 성희롱하는 사람들의 눈에 보이는 것은 대상의 '인격'이 아니라 그가 가진 '힘'이다.

몸에 힘을 비축하려면 계속 힘을 들이는 수밖에 없다. 힘을 숭배하는 사람들이 평생 힘들게 사는 건 어쩔 수 없는 일이다. '힘듦', 즉 '힘들임'은 현대인이 스스로 선택한 삶의 방식이다. 그러나 이 방식은 필연적으로 힘 가진 자들의 횡포와 힘없는 자들의 절규를 일상 풍경으로 만든다. 우리가 힘을 숭배하는 종교적 열정을 줄이고 힘으로 표현되지 않는 것들의 가치를 소생시키기 위해 노력하지 않는다면, 문명의 전환은 일어나지 않을 것이고 힘 드는 삶도 끝나지 않을 것이다.

#07
초고속 시대

　20대의 시간은 시속 20킬로미터로 가고 60대의 시간은 시속 60킬로미터로 간다는 말이 있다. 시간, 즉 지구의 자전과 공전 속도는 일정하지만 그 속도를 느끼는 감각은 세대에 따라 다르다. 시대에 따라서도 다르다. 속도감은 생리적 감각이라기보다는 문화적 감각이다.

　1908년 기차를 처음 타본 최남선은 「경부철도가」를 지어 그 감동을 표현했다.

　　우렁차게 토하는 기적 소리에 남대문을 등지고 떠나 나가서 빨리 부는 바람의 형세 같으니 날개 가진 새라도 못 따르겠네.

　당시 기차의 최고 속도는 시속 30킬로미터 정도였다. 이 정도 속도면 '빨리 부는 바람의 형세'와 비슷하기는 하다. 빠른 것을

'바람 같다'고 표현하던 때였으니, 인간이 그보다 빠르게 이동하는 시대가 오리라고 상상하기는 어려웠을 터이다.

서울에서 운행하는 자동차가 10대도 안 되던 1915년 7월 22일, 조선총독부 경무총감부는 『자동차취체규칙』을 제정, 공포했다. 제한 최고 속도는 시내에서 15마일(약 24킬로미터), 기타 지역에서 20마일(약 32킬로미터)이었다. 과속 감지기도 없던 때였으나 제한 속도를 위반할 수 있는 차량은 없었다. 인도와 차도가 구분되지 않아 우마차와 사람과 차량이 뒤엉켜 다녔기 때문이다. 그래도 사람들은 레일도 없는 길에서 굴러가는 자동차의 속도에 놀랐다.

탈것의 속도만 문제가 아니었다. 이른바 '신문물의 시대'가 도래한 이후 수십 년간, 사람들은 세상이 너무 빨리 변하는 데에 불편함을 호소했다. 특히 도시 사람들은 거리에 나설 때마다 보이는 '새로운 것'들을 이해하는 데에 애를 먹었다. 하지만 새로운 것들의 이름과 용도를 모르고서는 시대에 뒤떨어지지 않고 살 수 없었다. 새로운 것들을 알고 이해하기 위해 노력하는 것이 도시민의 책무가 됐다. 구두끈 매는 법, 넥타이 매는 법, 전차표나 극장표 끊는 법, 전화 거는 법, 신호등 보는 법 등 새로 얻어야 하는 '앎'이 있었을 뿐 아니라 도로 위를 걷거나 횡단하는 법, 관청에 민원 넣는 법, 모르는 사람에게 말 거는 법 등 과거의 것을 바꿔야 하는 '앎'도 있었다.

그런데 이런 '앎'들은 대체로 책을 보며 사색해서 얻을 수 있는 것이 아니었다. 많은 것이 조건반사적 반응을 요구했다. 한 가지 정보를 채 소화하기도 전에 또 다른 정보를 입수해야 했기에, 사람들의 감각 기관은 늘 피로했다. 1920년대까지 신경쇠약은 당대의 '현대병'이었다.

사람은 적응하는 동물이다. 처음에는 빠른 속도를 견디지 못했으나, 이윽고 그 속도감이 일상적 감각으로 바뀌었다. 1930년대 중반부터, 빠른 속도는 불편함이 아니라 찬미의 대상이 됐다. 비행기, 고속정, 자동차 등 공기나 물의 저항을 줄여 빠른 속도를 얻기 위해 만들어진 탈것의 형태, 즉 유선형(流線型)이 가장 아름답고 현대적인 도형으로 각광받았다. 사람의 몸도 유선형으로 가꿔야 한다는 담론이 널리 유포됐다.

빠른 속도에 당황하던 사람들은, 점차 느린 속도에 짜증을 내기 시작했다. 사람들은 문명화를 고속화와 같은 뜻으로 이해했다. 새로운 물건들이 나오는 주기가 더 짧아지는 것, 기존 탈것들의 속도가 더 빨라지는 것, 육상·수영 등 스포츠 경기 기록을 단축하는 것이 모두 인간과 세계의 발전으로 취급됐다. 그 시대의 신문물은 더 이상 특별하지 않았다. 물질 세계의 태반은 이미 신문물이 차지하고 있었으니, 그런 상황에서 중요한 것은 신기록이었다.

1941년 태평양전쟁 발발 이후 20여 년간, 사람들은 부득이 신기록에 대한 욕망을 접어야 했다. 특히 6.25 전쟁으로 전국이 폐허가 된 뒤에는 하루빨리 과거로 복귀하는 것, 즉 '재건'이 시대의 과제였다. 무너진 건물과 시설만 재건의 대상이 아니었다. 속도감도 재건해야 했다. 1970년 경부고속도로 개통은 속도의 시대가 재건되었음을 알리는 신호탄이었다. 그 이후 사람들은 다시 계속 빨라지는 속도, 계속 단축되는 기록에 익숙해졌다.

이제 빠름만 미덕이고 늦음은 악덕이다. 30분 이내 배달을 약속하지 않는 음식점, 1일 배송을 약속하지 않는 홈쇼핑 업체는 문 닫을 각오를 해야 한다. 빠른 속도감에 익숙한 사람들은 '기다림'을 견디지 못한다. 약속 시각보다 조금만 늦어도 배달원을 타박하고, 주문한 지 몇 시간 되지 않아 배송 상태를 조회한다. 약속 시각이 되기도 전에 휴대전화기를 꺼내 드는 것이 현대인의 습성이다.

세상 모든 것의 운동 속도가 느리던 시절에는 판단도 기다렸다가 했다. 멀리 보이는 사람이 피해야 할 상대인지, 반갑게 맞아야 할 상대인지는 그가 가까이 다가오길 기다려야 알 수 있었다. 하지만 초고속 시대인 현대에는 기다림이 곧 망설임이요, 망설임은 위험이다. 100미터 떨어진 곳에서 달려오는 자동차를 발견하고 망설이는 것은 자살 행위다. 현대인은 보자마자 판단하고, 판단과 동시에 움직이는 습성을 기른 사람이다.

조급증과 속단은 현대의 시대병이요 현대인의 고질병이다. 자동차 운전석에서 차가 막힌다고 짜증 내는 것이나 상황이 생각만큼 빨리 바뀌지 않는다고 불평하는 것이나, 모두 마음속의 '기준 속도감'이 초고속에 맞춰져 있기 때문이다. 가짜 뉴스가 판을 치는 이유도 사람들이 생각 없이 판단하는 데에 익숙하기 때문이다.

요즘 사람들은 개혁의 설계도에 대해서는 별로 궁금해하지 않으면서, 달라지는 속도가 느린 것에만 불평한다. 새로 들은 뉴스가 사실인지 곰곰이 따지지는 않고, 덜컥 믿거나 무턱대고 배척한다. 고속 성장의 시대는 지났다. 불평한다고 지구의 자전 속도가 빨라지지는 않는다. 사람의 속도감에 세상의 변화를 맞출 수는 없는 법이다. 이제 우리의 속도감을 바꿔야 할 때다. '늦음'에도 나름의 아름다움과 미덕이 있다. 천천히 움직이고 찬찬히 생각하는 게, 심신의 건강에 더 도움이 될 수도 있다.

#08
직업이 정체인 시대

"피는 못 속인다"는 말이 있다. 생김새나 기질, 습관 등 사람의 정체성을 구성하는 요소들이 '핏줄'에 좌우된다는 뜻이다. 인류가 신분제를 만들어 유지한 수천 년간, 혈통이 개인의 정체성을 구성하는 핵심 요소라는 관념은 요지부동이었다. 우리 문화에서는 이런 관념이 특히 강해서, 개인의 정체성을 표현하는 원초적 기표(記標)인 이름도 혈연 집단 내 위치를 드러내는 방식으로 지었다. 이름 석 자 중 성(姓)은 가문의 기표이며, 항렬자는 가문 내에서 같은 위계에 있는 사람들이 공유하는 위치 기표였다. 개인에게 온전히 귀속하는 글자는 하나뿐이었다.

1980년대까지 중세 유풍이 짙게 남은 지역에서는 간혹 버스에 탄 노인이 자리를 양보하지 않는 학생에게 다짜고짜 "네 아비 이름이 뭐냐?"고 호통치는 모습을 볼 수 있었다. 지역 공동체가 협소하고 폐쇄적이었던 중세 사회에서는 본인과 그 아버지의 이름만 알면 그의 정체를 특정할 수 있었다. 두 사람의 이름을 알고서도 정체를 특정할 수 없는 경우에는 당사자를 '근본 없는 가문' 출신으로 규정하는 게 보통이었다.

개인의 정체를 파악하는 데에서 직업은 주요 고려 사항이 아니었다. 일단 직업의 수가 아주 적었고, 사람의 행색만 보고도 그가 어떤 일을 해서 먹고사는지 바로 알 수 있었다. 조선 시대에는 천민을 제외한 사람 일반을 흔히 '사민(四民)'이라고 했다. 사농공상(士農工商)의 네 업종에 종사하는 사람들이라는 뜻이다. 이 밖의 직업은 천역(賤役)이었고, 천역에 종사하는 이는 사람대접을 받지 못했다.

본래 직(職)이란 직위, 직분, 직권 등에서 보듯, 하늘이나 왕으로부터 부여받은 일을 뜻했다. 그래서 관직이나 공직은 있어도 사직(私職)이나 민직(民職)은 없다. 업(業)은 고대 중국에서 악기나 제기(祭器) 등을 걸던 틀로써, 그 의미가 '만들다', '짓다'로 확장됐다. 세상에 물질을 추가하는 일, 그를 위해 하늘이 만든 자연을 개조하는 일이 곧 업이었다.

사(士)는 하늘의 뜻을 읽어 왕을 보필하는 일, 농(農)은 땅을 일궈 곡식을 생산하는 일, 공(工)은 사람의 손으로 천물을 가공하는 일로서 각각 천지인(天地人)에 해당한다. 상(商)은 세상에 보태는 것은 없으나 천지인(天地人) 각각을 연결하니 이 또한 빼놓을 수 없는 일이다. 사농공상(士農工商)을 차별하는 직업관념은 이런 우주관에서 생겨났다.

임진왜란과 병자호란 이후 중세 사회가 변동하는 과정에서, 직업을 세분해 인식하는 태도도 조금씩 확산했다. 17세기 중엽 한성부 북부 호적에는 종실(宗室), 부마(駙馬), 사대부, 의역(醫譯), 서도(胥徒), 시민(市民)의 6종이 기재됐으며, 19세기 초반 서울시민의 직업은 직임자(職任者=관료), 서리(胥吏), 공인(貢人), 시전상인(市廛商人), 군병, 행상좌고(行商坐賈), 수공업자, 한잡지류(閑雜之類)의 8종으로 나뉘었다. 1898년부터 1903년 사이에 작성된 광무호적*에는 체전부(遞傳夫), 인력거, 총순(總巡), 순검(巡檢), 신문사 사원, 은행 부총무, 우두(牛痘) 등 수십 종의 직업이 추가됐다. 1910년 한국을 강점한 일본은 매년 직업별 노임 통계를 작성했는데, 1910년판 《조선총독부 통계연보》에는 총 42종이 노임 조사 대상 직업이었다. 여기에는 총독부 및 소속 관서 관리와 자영업자들은 포함되지 않았다.

일제의 식민 통치하에서 한국인의 직업은 한층 다양해졌다. 서울의 경우 도시민의 중핵을 이뤘던 관료와 군인이 거의 전부 실직했고, 왕실과 관청에 납품하던 시전상인과 공인들도 거래처를 잃었다. 대신 서당 훈도, 매약상(賣藥商), 대서소(代書所), 복덕방, 은행과 회사 사무원, 신문 기자, 인력거꾼, 전차 차장, 공장 직공

---

* 광무호적: 광무년간(1897~1907)에 작성된 호적.

등의 새 직업들이 생겼다. 새로 생긴 직업은 세습할 수 없는 것들이었다. 공장 직공이나 전차 차장이 되는 데에 가문은 별 의미가 없었다. 당연히 개인의 삶에 대한 가문의 구속력은 시간이 갈수록 약해졌다.

신문이 사람의 정체성을 표현하는 방식도 사회 변화를 뒤따랐다. 대한제국기부터 일제강점 초기까지는 '사동 사는 42살 김 아무개'라는 식으로 거주지 정보와 나이, 이름만을 기재하는 것이 보통이었으나, 1920년대부터는 여기에 직업 정보가 추가됐다. 현대의 신문들은 거주지 정보나 나이는 빼고 이름과 직업 또는 소속만을 기재하는 것이 일반적이다.

오늘날에는 '피는 못 속인다'보다 '직업은 못 속인다'는 말이 더 자주 사용된다. 현대의 직업은 사람의 정체성을 이루는 근본 요소다. 사람들은 시간 대부분을 직장에서 보내며, 직업 활동을 통해 세계를 구체적으로 경험한다. 사람들의 세계관은 그의 직업적 이해관계와 밀접히 결합해 있다. 알고자 하는 의지도 기본적으로 직업적 관심에 제약된다. 사람들은 자기 직업 활동에 필요한 지식만을 긁어모아 '가치관'을 형성한다. 직업은 또 사람의 지위, 품성, 교양을 평가하는 척도이기도 하다. 현대인의 명함에서는 이름 다음으로 중요한 것이 '직함'이다.

직업이 곧 정체성인 시대에 직업의 안정성이 무너진 것은, 사람들의 정체성이 무너졌다는 것과 같은 의미다. 정체를 특정하

기 어려운 사람이 많은 사회가 혼란한 사회다. 이 혼란을 수습할
수 있을까?

　일과 사생활의 균형을 뜻하는 '워라벨(Work and Life Balance)'
이라는 말이 유행하고 있지만, 젊은 층에서는 '워라셉(Work and
Life Separated)'이라는 말을 쓴다고 한다. 일과 생활을 분리하겠
다는 발상이다. 이른바 제4차 산업혁명으로 인해 수많은 직업이
사라지면, 삶의 다른 영역에서 '정체성'을 만들려는 집단 의지도
더 강해질 터이다. 직업이 사람의 가치관을 지배하지 않게 될 그
때, 역사도 새로운 단계로 이행할 것이다.

#09
착하게 살아야 할 이유

'착하다'는 무슨 뜻일까? 국어사전은 '언행이나 마음씨가 곱고 바르며 상냥하다'라고 정의하지만, 이것만으로 완벽한가? 고운 말 쓰고 법과 규범을 잘 지키며 살면 착하게 사는 것일까? 아니, 그 전에 왜 착하게 살아야 하는가?

범과 곰이 한 동굴에서 살았는데, 늘 환웅에게 사람 되기를 빌었다. 환웅이 쑥 한 줌과 마늘 스무 개를 주면서 "너희들이 이것을 먹고 백 일 동안 햇빛을 보지 않으면 곧 사람이 될 것이다"라고 말했다. 곰은 이 말을 잘 지켜 사람의 몸을 얻었으나 범은 그러지 못했다. 웅녀(熊女)는 날마다 단수(壇樹) 아래에서 아기 배기를 축원했다. 환웅이 잠시 변하여 그와 혼인했더니 이내 잉태하여 아들을 낳았다. 그 아기의 이름을 단군왕

검(檀君王儉)이라 했다.*

　근대의 민족 기원 담론에 따르면, 한민족의 공동 시조는 단군
이다. 개천절 노래도 '이 나라 한아바님은 단군'이라고 거듭 강조
한다. 부계 '혈통'만 따져 왔음에도, 단군의 아버지 환웅과 할아
버지 환인을 조상에서 배제한 까닭은 무엇일까? 그들은 사람이
아니라 신(神)이기 때문이다. 신과 동물이 결합해서 낳은 아기가
바로 '사람의 조상'이었다.

　사람을 신과 동물의 중간에 위치한 존재로 보는 것은 고대인들
에게 보편적이었다. 인류는 신을 믿음으로써, 자기가 신과 닮은
모습으로 창조됐거나 신성(神性)을 지닌 특별한 존재라는 확신
을 갖고 자연을 대할 수 있었다. 인류에게 신은 자신과 다른 동
물들 사이의 거리를 측정할 수 있게 해주는 자[척(尺)]였다. 인류
를 자연의 일부이면서 자연에 대립하고 나아가 자연을 지배하려
드는 특별한 존재로 만들어 준 것은 자기 머리 위에는 신이 있고
발 아래에는 다른 동물들이 있다는 생각이었다. 그들은 자기 몸
이 다른 동물들의 몸과 마찬가지로 늙고 병들고 죽고 썩는다는
사실을 알았다. 그러나 자기 마음은 가꾸는 만큼 고양되어 신과
합일될 수 있을 것으로 믿었다. 인간의 마음이 신과 합일되는 것

---

*《삼국유사》 기이(紀異)편.

이 구원이었고, 동물 수준으로 떨어지는 것이 타락이었다.

자기 배를 채우기 위해 남의 생명을 해치려는 욕망은 동물과 공유하는 것이었고, 자기를 희생해서라도 남을 살리려는 의지는 동물에게서는 볼 수 없는 것이었다. 고대인들이 보기에, 동물성의 반대편에 있는 것이 신성이었다. 신에게서 기원한 것이 선(善)이요, 동물과 공유하는 것이 악(惡)이었다. 착한 사람더러 '천사 같다'고 하고 나쁜 사람더러 '짐승 같다'고 하는 것도 그런 태도가 이어졌기 때문이다. 인간은 늘 선악의 갈림길에서 방황하고 고민하면서도 대체로는 신의 뜻대로 살아야 한다고들 생각했다. 그래야 죽은 뒤에 신의 곁에서 영생할 수 있다고 믿었으니까.

흔히 선량(善良)을 묶어 쓰지만, 선심은 베푼다고 하고 양심은 지킨다고 한다. 양심은 선과 악이 공존하는 인간의 마음이지만, 선심은 적극적으로 지고지선(至高至善)한 신의 의지를 구현하려는 마음이다. 악을 미워하고 불의를 용납하지 않으며 남의 불행을 보고만 있지 않아야 '선'이다. 사람의 기원을 듣기만 하고 은총을 내리지 않는 신이라면 목석(木石)과 무엇이 다른가?

16세기 과학혁명은 신의 존재에 대한 일반적 믿음에 만회하기 어려운 타격을 줬다. 인간은 신의 섭리라고 믿었던 수많은 현상이 권선징악(勸善懲惡)이라는 신의 고귀한 의지와 관계없는 자연법칙에 지배된다는 사실을 알았다. 당장 신의 거소(居所)였던 '하늘'이 사라졌다. 자기들만이 신성과 영혼(靈魂)을 가진 특별한 존재라고 믿었던 자부심은 무너지기 시작했고, '인간도 동물의 일종일 뿐'이라는 생각이 급속히 확산했다. 19세기 진화론은 그런 생각을 과학의 명제로 만들었다.

과학은 수천 년, 혹은 수만 년간 요지부동이었던 신의 자리를 흔들었고, 결국 그 자리를 빼앗았다. 인간은 자기 생각과 행동에서 신의 의지를 찾는 대신에 '과학적 합리성'을 찾았다. "반찬 투정하면 복 달아나"라던 밥상머리 경구는 "편식하면 키 안 자라"로 바뀌었고, 밤은 귀신이 아니라 사람이 무서운 시간대가 됐다.

국가도 신의 의지가 아니라 사람들의 의지가 모여 만들어진 기구가 됐다. 굶주림과 질병으로 절망에 빠진 사람들에게 은총을 베푸는 임무도 종교 시설에서 국가로 넘어갔다. 현대인들은 불행을 당하면 신이 아니라 국가를 원망하며, 신의 은총을 갈구하는 대신 국가의 지원을 요구한다. 순교성인(殉敎聖人)들이 사라진 자리를 순국선열(殉國先烈)들이 메꿨다. "신은 죽었다"는 철학자 니체에게 저작권을 줄 수 있는 말이 아니다.

20세기에 들어 신의 선한 의지를 믿지 않거나 가볍게 여긴 인간은 자기들이 어떤 존재인지를 굳이 증명하려 들었다. 세계 도처에서 벌어진 대량 학살과 인종 청소는, 악(惡)이 평범한 인간들의 본성에 깊게 자리 잡고 있음을 보여줬다. 과거 인류가 상상했던 그 어떤 악마도, 인간 자신보다 악랄하고 잔인하지는 않았다. 이제 개체 단위로든, 전체 집단으로든 인간을 끔찍한 파멸로 이끌 존재는 인간밖에 없다는 주장을 의심할 이유는 거의 없다.

'착함'이란 인간 내면의 신성이자 신에게 의지하는 마음이었다. 그러나 지금, 특히 한국에서, 많은 종교 지도자가 사랑 대신에 증오와 혐오를 설파하고, 신의 은총을 돈으로 환산한다. 신에 대한 믿음이 남아 있다손 치더라도, 저런 사람들이 신의 의지를 대리하는 시대에, '착함'은 무엇에 의지해야 하는가?

"착하게 살아야 복 받는다."

어릴 때부터 수없이 들어온 말이다. 삶은 내 몫이지만, 복을 내리고 말고는 신의 권한이었다. 하지만 신을 믿지 않는 사람들, 신도 돈으로 은총을 내린다고 믿는 사람들이 착하게 살아야 할 이유는 무엇인가?

그래서인지 어느 사이에 "착하게 살아 봤자 너만 손해다"라는 말이 더 자주 들리게 되었다. 인류는 아주 옛날부터 '악이 지배하는 세상'을 상상하고 그에 '지옥'이라는 이름을 붙였다. '착하게 살아 봤자 손해만 보는 세상'이 곧 지옥이다. 우리가 모두 지옥에 떨어져 신음하는 참상을 겪지 않으려면, '착하게 살아야 할 이유'를 인류 안에서, 내 안에서 찾아야 할 터이다, 필사적으로.

#10
기계와 인간이 호환되는 시대

머나먼 미래, 고도로 발달한 과학기술과 부의 불평등한 분배로 인해 인류는 크게 두 종류로 나뉜다. 하나는 몸 전체를 기계로 교체하여 영생할 권능을 확보한 인간이고, 다른 하나는 생체조직을 바꿀 돈이 없어 늙고 병들었다가 죽음을 향해 나아가야 하는 삶에서 벗어나지 못하는 인간이다. 신체적으로나 경제적으로나 압도적 우위에 있는 기계 인간의 취미생활은 별 쓸모없게 된 생체 인간을 사냥하는 것이다. 어느 날, 한 여성 생체 인간이 기계 인간의 사냥감이 되어 목숨을 잃는다. 그는 죽기 직전 아들에게 "반드시 기계 몸을 얻어 영생하라"는 유언을 남긴다. 1978년 일본에서 처음 방영됐고 우리나라에서도 선풍적인 인기를 끌었던 장편 애니메이션 「은하철도 999」의 도입부 줄거리다.

19세기 초 영국에서 일어난 기계 파괴 운동 이래, 기계에 대한 공포는 줄곧 인류의 의식 깊은 곳 한편에 자리 잡아 왔다. 인간과 대등하거나 인간보다 우월한 능력을 확보한 기계가 인간의 일자리를 빼앗고, 인간을 지배하며, 종국에는 인간을 멸종시킬지도 모른다는 두려움은 「터미네이터」, 「매트릭스」 등의 영화에서도 표현됐다. 애초에 기계로 만들어진 물건이 인간성을 획득해 나가는 과정에 대한 서사는 영화 「바이센테니얼맨」 등의 예외는 있지만 대체로 디스토피아적이다.

그런데 애초에 인간으로 태어난 존재가 기계의 성질을 획득해 나가는 과정에 대한 서사는 대체로 그 반대다. 이 점에서 「은하철도 999」는 독특하다. 고대인들은 신과 인간의 결합에 의해 태어난 헤테로들, 즉 헤라클레스나 페르세우스 등이 고통받는 인간을 구원해주는 히어로[헤테로(Hetero)와 히어로(Hero)는 본래 같은 뜻이었다]라 믿고 그들을 '구원자'로 섬겼지만, 현대의 영화 속에 등장하는 영웅들은 「6백만 달러의 사나이」, 「로보캅」, 「아이언맨」 등 인간과 기계가 결합한 헤테로들이다. 고대에 신(神)이 차지했던 자리를, 현대에는 기계가 차지하고 있는 셈이다.

17세기 철학자 데카르트는 '모든 유기체는 기계'라고 설파했다. 그의 시대에 기계를 대표한 물건은 시계였다. 그 시대의 기계로서 제작 원리와 동력원과 구조가 현재까지 그대로 유지되는 것도 시계뿐이다. 주기적으로 태엽만 감아주면 쉬지 않고 움직이며, 고장이 나도 부품만 갈아주면 다시 원상태로 회복되는 기계. 게다가 이 기계는 신의 뜻에 따라 운행하는 천체의 리듬, 즉

시간을 표시했다. 시계는 인간이 만들고 작동시키는 기계지만, 인간의 모범이 되기에 충분했다. 우리나라 사람들도 태엽 시계가 처음 들어왔을 때부터, 태엽 감는 걸 '밥 준다'고 했다. 이 기계의 '인간성'에 대한 통찰은 보편적이었다.

산업혁명은 기계 생산과 기계에 의한 생산을 일반화했다. 더불어 시계보다 더 정밀하고 더 인간적이거나 심지어 인간보다 우월한 기계들이 속출했다. 산업혁명 이래 이 지구상에서 가장 빠른 속도로 증가한 물체는 기계와 기계 부품이다. 불과 한 세기 전만 해도, 자동 기계를 갖춘 가정은 거의 없었다. 그러나 오늘날에는 공장을 제외하더라도 집마다 식구 수보다 훨씬 많은 기계를 보유하고 있다. 지난 100년간 생산된 나사못의 양은 아마도 지구 전체의 개미 개체 수보다 많을 것이다. 생활 공간 주변에 기계가 늘어나면서 기계와 인간을 유사한 존재로 인식하는 태도도 확산했다. 특히 최근 바이오테크놀로지(Biotechnology)의 눈부신 발전은, 실제로 인체의 장기(臟器)들을 생산, 복제가 가능한 기계 부품과 같은 물체로 인식하게 만들었다.

인간을 기계로 인식하는 태도가 폭넓게 형성되자, 인간들의 공동체인 국가도 단일 유기체로 취급하는 관념이 출현했다. 이런 국가를 상상한 이는 철학자 헤겔이었고, 실현한 자는 히틀러였다. 그런데 이 유기체는 그때까지 인간이 상상했던 그 어떤 악마보다도 잔인하고 악랄했다. 유대인 학살의 주요 책임자였던 아돌프 아이히만의 재판을 지켜본 한나 아렌트는 '악마의 현신'인 줄 알았던 그에게서 의외로 자상한 아버지이자 성실한 직장인의 모습만 발견했다. 희대의 악마가 저토록 평범한 인간이었다니! 하지만 악이 언제나 '평범성' 안에 깃드는 것은 아니다. 국가가 하나의 유기체이자 기계로 작동하고, 국민은 그 유기체의 수족이거나 기계의 부품처럼 움직이는 상황에서만 악은 평범성 속에 깃든다.

정부에서나 기업에서나 최고 책임자가 부도덕하거나 부당한 지시를 해도 충실히 이행하는 것을 '생활인의 미덕'으로 여기는 사람이 많다. 항의하거나 거부하는 사람들은 오히려 '불량 부품'이나 '병든 세포' 취급을 받는다. 이 시대에 누가 '평범한' 사람인가? 오늘날 이 나라에서 평범한 직장인들이 상사나 부모, 친지에게 가장 자주 듣는 충고 중 하나는 "딴 생각하지 말고 시키는 일이나 열심히 해"이다. 하지만 시키는 대로 충실히 수행하는 능력은 기계가 인간보다 훨씬 뛰어나다. 악성코드에 감염된 중앙처리장치가 아무리 부당한 명령을 내려도 저항하거나 반발하지 않고 작동하는 기계 부품 같은 인간이 이 시대의 평범한 인간이다.

최근 기계가 인간의 영역을 침범하는 현상에 대한 두려움이 커지고 있지만, 인간 닮은 기계나 기계 닮은 인간이나 그게 그거다. 만약 머리에 알파고를 장착하고, 바이오테크놀로지로 생산된 인공 장기들로 몸 안을 채우며, 노화하지 않는 피부조직을 이식해

젊게 오래 사는 인간이 출현한다면, 그게 바로 「은하철도 999」의 기계 인간이다. 어떻게 해야 할까? 명령의 정당성 여부를 스스로 판단하고, 부당한 지시에 불복하며, 그 불복을 칭찬하고 보호하는 태도에 '평범성'의 지위를 부여하는 것 말고 다른 길이 또 있을까? 발버둥 치지 않으면, 인간이 기계로 '진화'하는 길을 피하기 어려울 것이다.

머슴 고르는 법

간혹 뒷벽에 그리 잘 썼다고 보기 어려운 글씨체로 '손님은 왕이다'라고 쓴 큰 액자를 걸어놓은 음식점에 들어갈 때가 있다. 손님 보라는 것인지, 종업원 보라는 것인지, 아니면 주인 스스로 마음을 다지기 위해 걸어놓은 것인지 알쏭달쏭하거니와 사적인 경험의 범위 안에서는 그런 액자를 걸어놓은 집이라 해서 주인이나 종업원들이 특별히 친절하게 대해 주지는 않았다. '손님은 왕'이라고 내세우는 집이나 '마돈나(마시고 돈 내고 나가라)'처럼 다 먹었으면 빨리 돈이나 내고 나가라고 노골적 축객령(逐客令)을 써 붙이는 집이나 거기서 거기였다. 고객들도 속으론 '손님은 왕? 돈이 왕이겠지'라고 코웃음 치며 넘긴다.

구호로야 무슨 말을 못 하겠나? '손님은 왕'이 아니라 '손님은 신'이라 써 붙인들 뭐라 할 사람 없다. 혹시 농담 반 진담 반 시비조로 "신 대접이 겨우 이거요?"라고 묻는다면 돌아올 대답은 뻔하다.

"우리 집에서는 신을 이렇게 대접해요."

생각이나 취향이 독특하지 않은 평범한 사람들에게는 '친절 봉사'보다는 '맛'이 훨씬 중요하다. 아예 '욕' 먹을 줄 알면서, 심지어는 '욕' 얻어먹으려고 일부러 찾아가는 집도 있다. '욕쟁이 할머니 집'이라는 별명이 붙은 식당은 대개 '유명한 맛집'이기도 하다. '왕 대접'이든 '비렁뱅이 대접'이든, 맛이 고만고만할 때 따지는 것이지 그게 음식점의 본령은 아니다. 음식 맛이 없으면 아무리 친절해도 손님이 발길을 끊게 마련이고, 그런 음식점은 망한다. 어느 업종이든, 기본이 먼저고 태도는 그다음이다.

선거철마다 국회의원 후보들이 내세우는 '국민의 머슴'이니 '충직한 지역 일꾼'이니 하는 구호들을 볼라치면, 불친절한 식당 뒷벽에 뻔뻔스러운 모습으로 걸려 있는 '손님은 왕'이라는 문구를 보는 느낌이 들곤 한다. 역시 사적인 경험의 범위 안에서는, 그들에게는 선거철 한 달만 국민이 왕이거나 주인이다. 아니, '표'가 왕이거나 주인이다. 일단 당선되면, 표를 던진 임자는 비렁뱅이 신세로 전락하고 만다. 그러니 기꺼이 표를 주고 싶은 마음이 들 리가 없다. 그런 사람들에게 표를 주느니 버리고 만다는 사람이, 많을 땐 전체 유권자의 반을 넘는다.

그러나 그들이 당선된 뒤에 아무리 주인 행세를 한다 해도, 민주주의 국가의 진정한 주인은 국민이다. 주인이 머슴을 부리지 않고 모든 일을 직접 할 수 있다면 모르거니와, 그럴 수는 없으니 결국은 덜 나쁘고 덜 의심스러운 머슴을 고르는 수밖엔 없다. 이 경우에도 기준은 역시 기본이다. 겉보기에 싹싹하고 친절한지는 그저 참고사항으로만 삼는 게 좋다.

1894년 갑오개혁으로 노비제가 공식 폐지된 뒤에도 그 유제(遺制)는 머슴이나 일본식 하인(下人)제도로 꽤 오랫동안 남았다. 1918년 3월, 조선총독부 기관지 〈매일신보〉는 조선인의 사치성 폐풍(弊風)의 하나로 '하인 두기'를 들고 몇 차례에 걸쳐 그 폐단을 지적했다. 그 내용을 요약하면 다음과 같다.

첫째, 하인은 군식구다. 주인이 몸소 일하면 될 걸 굳이 군식구를 둬 식비와 주거비를 낭비하는 건 어리석은 짓이다.

둘째, 하인은 주인의 물건을 아끼지 않는 습성이 있어 음식도 많이 먹고 무엇이든 헤프게 쓴다.

셋째, 쌀이나 숯을 훔치거나 물건 사는 심부름을 하면서 주인 몰래 돈을 빼돌리는 게 다반사다.

넷째, 주인집 내정을 염탐해 뒀다가 밖에 나가서 나쁜 소문을 퍼뜨려 체면을 손상시키거나 심하면 큰 손해를 입히기도 한다.

물론 〈매일신보〉의 이 지적은 '하인' 일반이 아니라 '나쁜 하인'에 대한 것이었다. 드물긴 했으나 주인과 한 가족처럼 사는 하인도 없지는 않았다. 주인이 운이 좋거나 안목이 있으면, 그런 하인을 고를 수 있었다.

선거 때마다 국회의원 후보들이 너나없이 '머슴'을 자청하는데, 저 시절의 '하인 고르는 법'을 적용하는 게 그리 비례(非禮)는 아닐 듯하다. 대의제 민주주의이니 일단 '군식구' 줄이라는 권고는 무시하자. 나쁜 머슴은 주인집 음식과 물건을 아끼지 않고 심부름하면서 주인 돈을 빼돌리며, 주인집 내정을 염탐하면서도 주인에게 숨기는 건 많다는 사실만 기억하자. 실제로 1년에 주유비 명목으로만 수천만 원을 쓴 국회의원, 천문학적 액수의 업무추진비나 특수활동비를 쓰고서도 내역은 알려줄 수 없다는 고위 공직자가 수두룩하다. 그런 사람인 줄 알면서 '머슴'으로 쓰는 주인은 머슴 부릴 자격이 없다. 머슴 되겠다는 사람이 신출내기라 이력을 알기 어려울 수도 있다. 그럴 땐 흔한 경구를 상기하면 된다.

'친구를 보면 그를 알 수 있다.'

#12
평화를 지키는 훈련도 필요하다

2014년 7월 14일, 서울시 청사 로비에서 '서울과 오랜 시간을 함께한 도시 서민의 마을 이야기전'이라는 작은 전시회의 개막식이 열렸다. 이른바 '서울 성장사'의 이면에서 진행된 철거와 재개발, 강제 이주의 역사와 주거 약자의 생활상을 다룬 이 전시회의 개막식사에서 당시 박원순 시장은 "용산 참사와 같은 일이 다시는 되풀이되지 않도록 시민과 함께 노력하겠다"라는 의지를 피력했다. 무슨 전시회니 전람회니 하는 행사는 서울에서만 한 달에도 수십, 수백 건씩 열리고, 시장이 축사나 개회사를 하는 것도 거의 매일 있는 일이지만, 그럼에도 나는 이 조촐한 행사에서 특별한 느낌을 받았다. 내게 그 말은 우리 사회의 문제 해결 방식을 근본적으로 바꾸자는 권유로 들렸다.

1960년대 중반, 불량 주택 지구 정비니 도심부 재개발이니 하는 사업들이 시작된 이래, 재개발의 현장은 어디나 전쟁터였다.

공권력과 자본 권력은 재개발 지구를 '군사작전 지구'처럼 취급했고, 그 땅에 정착한 사람들을 작전 지구 내 적성(敵性) 민간인, 또는 적군으로 취급했다. 당대 권력도 개발과 재개발의 군사적 성격을 군이 은폐하려 하지 않았다. 1966년 서울시장이 된 김현옥이 내세운 시정 구호는 '돌격 건설'이었다. 건설에 방해되는 것은 모두 쓸어버리라는 강력한 메시지였다.

군사적 행정은 군사적 대응을 유도했다. 원주민들도 공권력에 대항해 목숨을 걸고 싸웠다. 종로 3가, 청계천 변, 경기도 광주, 사당동 등지가 차례로 격렬한 전쟁터가 됐다. 물론 전투는 언제나 공권력과 자본 권력의 일방적 승리로 끝났고, 패배자들은 다른 곳으로 퇴각했다. 그렇게 새로 '개발된' 땅에 지어진 대형 고층 건물들은 일종의 '전승(戰勝) 기념비'라 해도 좋다. 오늘날의 서울은 수많은 전승 기념비의 전시장인 셈이다.

물론 문제를 군사적으로 해결하려는 시도가 도시 재개발에만 한정되지는 않았다. 우리 사회의 거의 모든 문제가 진압, 소개, 제거, 박멸이라는 군사적 방식에 따라 해결됐다. 한국의 군사 문화를 5.16 이후 군사 독재의 잔재로만 이해하는 사람이 많지만, 기실 한국인들은 20세기 거의 전 기간을 군사 통치하에서 보냈다. 일제강점기 조선총독 전원이 군인들이었고, 해방 후에도 3년간 미군이 통치했다. 6.25 전쟁은 군사 문화를 극단화했으니, 이후의 군사 독재를 떠받친 것은 이런 문화에 익숙해진 '국민의식'

이었다. 미국식 민주주의를 향한 열망과는 별도로, 한국인들의 몸과 의식에는 한 세기 내내 군사 문화가 각인돼 있었다.

20세기 최 말기에 이르러서야 한동안 문민화니 민주화니 하는 바람이 일기는 했으나, 아직도 우리 사회의 심층에는 군사 문화가 자리 잡고 있다. 대다수 사람들이 일상을 전쟁처럼 여기며, 전투적 태도와 전사형 인간들을 모범으로 삼는다. 거리에 나붙은 수많은 현수막에는 '박멸하자', '척결하자' 같은 전투적 구호들이 넘쳐 난다. 이런 상황에서 사람들의 '자기 계발'은 전투에서 이기기 위한 군사 훈련과 다를 바 없다. 평화는 압도적 힘의 우위로만 지킬 수 있다는 주장도 불변의 진리처럼 통용된다. 이는 윤석열 대통령이 수시로 입에 올리는 말이지만, 기실 군국주의 시대 일본의 평화론이었다. 안중근 의사가 얼마 남지 않은 감옥 안의 여생을 《동양평화론》 집필에 매달린 것은 이 '군국주의적 평화론'을 논파(論破)하기 위해서였다. 그는 '무력으로 유지되는 질서'는 상대의 마음에 원한을 쌓아 미래의 전쟁을 예비하는 것으로 결코 평화일 수 없다고 천명했다.

전쟁 같은 도시 재개발의 시대를 끝내고 평화적인 도시 재개발의 시대를 열겠다는 구상이 실현되기 위해서는, 먼저 우리 사회가 모든 문제를 군사적으로 해결하려는 관성에서 벗어나야 한다. 훈련은 전투에서 이기기 위해서만 필요한 게 아니다. 평화로운 삶도 훈련의 일상화를 통해서만 이룰 수 있다. 양보할 여력이 있는 자가 양보하는 훈련, 불행한 사람들을 돕는 훈련, 타인의 억울함에 공감하는 훈련. 진정한 평화는 이런 훈련을 거듭하고 일상화할 때에만 얻고 지킬 수 있다. 프란치스코 교황이 인류를 향해 "평화를 위해 행동하자"라고 호소한 것도 같은 취지다. 이 호소를 묵살하고 군사적인 문제 해결 방식만을 고집한다면, 러시아와 우크라이나, 이스라엘과 팔레스타인은 계속 우리 사회 안에 있을 것이다.

4장

우리는 어디쯤에 있는가?

#01
4대의 한 세기

　세대 차이니 세대 갈등이니 하는 말은 아주 옛날부터 일상 용어였다. 고대 이집트의 파피루스 문서에도 '요즘 젊은이들은 이해할 수 없다'라는 글이 적혀 있었다니, 늙은 사람들이 젊은 사람들을 못마땅하게 보아 온 역사는 아주 길다. 그러나 '산업 사회의 1년은 그 이전 시대의 100년에 맞먹는다'라는 말을 떠올려 보면, 사회 변화 속도가 무척 더뎠던 '옛날'의 세대 갈등은 요즘 기준에서는 문젯거리조차 되지 않을 정도였을 것이다. 한국에서도 세대 간 의식 차이가 두드러지기 시작한 것은 '자본주의 산업화' 이후부터였다.

　사전적 정의에 따르면, 세대(Generation)란 '공통의 체험을 기반으로 하여 공통의 의식이나 풍속을 전개하는 일정 폭의 연령층'을 뜻한다. '일정 폭'을 둘러싸고는 여러 이론(異論)이 있지만, 생물학적으로는 대략 30년 단위로 세대가 바뀐다고 보는 것이 일반적이다. 이 일반론에 기초해서 지난 한 세기 이 땅에서 살아온 4세대의 삶을 개연성의 틀 안에서 살펴보자. 다만 '세대차'는 '계층 차'나 '성(性) 차'보다 부차적으로 취급되니만큼 대상은 '고등 교육을 받은 서울 태생 남자'로 한정한다.

먼저 1910년에 태어난 1대 김 씨.

3.1 운동 이후 불같이 번진 '실력양성운동'에 감화를 받은 그의 부모는 어려운 형편에도 그를 가르치는 데에 온 정성을 기울였다. 그는 뒤늦게 보통학교에 입학해 열여덟 살에 고등보통학교를 졸업했으나 몇 년 전부터 계속된 불황 탓에 취직자리를 구할 수 없었다. 설상가상으로 1929년에는 세계 대공황이 조선에까지 밀어닥쳤다. 하릴없이 '고등실업자'가 되어 빈둥거리던 그를 구해준 것은 1931년의 만주사변이었다. 일본인 청년들이 군대로 끌려간 덕에 조선인 '고등실업자'들에게도 일자리가 생겼다. 또래 청년 중에는 일확천금의 기회를 잡겠다며 만주로 건너간 사람도 적지 않았다. 이후 그는 7~8년간 '인생의 황금기'를 보냈다. 그러나 태평양전쟁이 발발하면서 그의 전성시대도 끝났다. 공출이다 배급제다 하면서 모든 것을 군수물자로 빼앗아 가니 하루하루 생활을 유지하기도 벅찼다.

서른다섯 나이에 해방을 맞았으나 세상은 너무 혼란스러웠다. 마흔 되던 해에는 급기야 6.25 전쟁이 터졌다. 5남매를 거느리고 부산으로 피란 가서 모진 고생을 겪었다. 휴전 이후 서울로 돌아왔지만 다시 일거리를 찾기는 쉽지 않았다. 어떻게 흘러나왔는지 모르는 미군 물건을 떼어다 팔면서 겨우겨우 생계를 꾸려 나갔다. 여기저기에서 '잘살아 보세'라는 노래가 울려 퍼지던 무렵, 그는 이미 환갑을 바라보는 나이였다. 자식들 앞에서 가끔 "왜정 때가 차라리 나았다"고 혼잣말을 하던 그는 예순을 조금 넘기고 죽었지만, 고등보통학교 동창 중에서는 오래 산 축에 속했다.

1940년 5남매 중 막내로 태어난 2대 김 씨.

말을 알아들을 무렵 그의 이름은 다카기 히데오였다. 젖을 뗀 직후에 태평양전쟁이 일어난 탓에 배불리 먹어본 적이 없다. 다섯 살에 해방을 맞아 한국 이름을 되찾았지만, 굶주림은 여전했다. 6.25 전쟁 중에는 열 살밖에 안 된 어린 나이로 피란지에서 구두닦이, 아이스케키 장수 등 닥치는 대로 일하면서 천막학교에 다녔다. 형제 중에서는 가장 공부를 잘한 덕에 형과 누나들의 양보로 대학에 진학한 그는 4.19 혁명 때 시위에 참가하기도 했으나, 군 복무를 마치고 복학한 뒤에는 한동안 대학생활의 낭만을 즐겼다. 그가 대학을 졸업한 1966년부터 한일협정과 베트남 파병의 경제적 효과가 나타나기 시작했다. 그는 별로 알려지지 않은 신생 기업에 취직했지만, 회사는 나날이 커졌고 그의 지위도 덩달아 높아졌다. 혹심한 굶주림의 기억 탓에 자식들만은 결코 배곯게 하지 않겠다는 것이 그의 인생 목표가 됐고 그는 성공했다.

1997년 외환위기가 닥쳤을 때 그는 이미 정년을 앞둔 나이였다. 명예로운 퇴직을 선택한 그는, 국민연금과 의료보험의 덕을 보며 큰 불편 없이 살 수 있었다. 그는 개인적으로 '세계 최빈국 어린이'에서 'OECD 국가의 노인'으로 성장했고, 기대 수명도 부모 세대보다 두 배 가까이 늘었다. 평생을 '팽창하는 세계'에서 살아온 그는, '세계는 넓고 할 일은 많다'던 모 재벌 총수의 말에 전적으로 공감한다. 걱정이 있다면 40줄에 접어든 자식이 '고생을 겪지 않은 탓에 아직도 철이 없는 것' 정도다.

2대 김 씨의 맏아들 3대 김 씨.

1970년생인 그는 좋은 직장에 다니면서 월급 꼬박꼬박 받아 오던 아버지 덕에 물질적으로는 부족한 것 없는 어린 시절을 보냈다. 그러나 베이비붐의 끝자락에서 태어난 그는 어려서부터 이미 '꽉 차 있는 세상'을 경험했다. 또래 친구 모두가 경쟁 상대였다. 1987년의 민주화운동도 대학 입시를 코앞에 둔 그에게는 먼 나라 얘기였다. 열심히 공부해서 대학에 합격했건만, 고등학교 졸업자의 반 이상이 대학생이 되는 시대였으니 다시 취업 준비에 매진해야 했다. 졸업 후 군 복무를 마친 그는 어렵사리 대기업에 취직했으나 이듬해 겨울 외환위기가 닥쳤다. 재수가 없는 편에 속했던 그는 정리해고를 당했다. 한동안 비정규직을 전전하다가 아버지 퇴직금을 빌려 이것저것 자영업에 손을 댔지만, 하나 같이 조금 장사가 된다 싶으면 경쟁업체가 무수히 생겨 났다. 그는 '세계는 넓지만, 내가 할 수 있는 일은 이미 누군가 선점했다'라고 느낀다.

3대 김 씨의 맏아들 4대 김 군.

2000년생인 그에게는 1987년 민주화운동의 기억도, 1997년 외환위기의 기억도, 2002년 한일월드컵의 기억도 없다. 그의 가장 오래된 기억은 부모가 자기 장래를 두고 말다툼하던 것이다. 자식 장래를 위해서는 일찌감치 유학을 보내는 게 나으니 먼저 영어 유치원에 보내자고 거듭 말하던 어머니, 그럴 돈도 없고 기러기 아빠가 되기도 싫다고 소리 지르던 아버지. "여러분, 부자 되세요"와 "내 아인 다르다"라는 광고 문구가 TV 화면과 신문지면에 매일같이 실리던 때였다.

부모의 소신이 아니라 집안 형편 때문에 유학은커녕 영어 유치원에도 못 간 그는 중학교 졸업 때 벌써 좌절감을 느꼈고, 부모를 실망시켰다. 특목고와 자사고 진학에 실패한 그는 일반고에 다니면서 스스로 '루저'라고 느꼈다. 그럭저럭 수도권 대학 비인기학과에 진학한 그는, 중도에 입대했다가 복학해 평범한 성적으로 졸업했다.

취업은 해야 하는데 월급 적은 중소기업에 가서 평생 불안에 떨며 살 생각은 없다. 요즘 정규직과 비정규직, 대기업과 중소기업 직원 사이의 격차는 옛날의 양반과 상놈 사이의 격차만큼이나 심하다. 게다가 날로 발전하는 AI는 언제 어떤 직업을 없애버릴지 모른다. 수십 군데 기업에 지원서를 넣었지만 번번이 실패한 그는, 오늘도 스터디 카페 외진 자리에 앉아 엄습하는 불안감을 애써 떨치며 토익 공부를 한다.

*

　어느 세대의 삶이 더 행복했는지를 따지려는 게 아니라, 사람의 인생관이나 세계관은 '삶의 궤적'이 만들어 내는 관념일 뿐임을 말하려는 것이다. 세대 갈등은 한 세대가 자기 삶에서 얻은 '고정관념'을 다른 세대에게 강요하는 데에서 비롯한다. 그러나 세상은 변하게 마련이니 모든 세대가 한 가지 세계관으로 '통합'되는 것이 오히려 문제다. 자기 세대보다 훨씬 많은 '노인 세대'를 부양해야 할 2000년생 4대 김 군이 겪을 세상은 또 다른 세계관을 만들어 낼 것이다. 2대 김 씨에게 진짜 고생은 '과거의 일'이었지만, 4대 김 군에게 끔찍한 고생은 '미래의 일'일 수 있다.

#02
말 안 듣는 학생, 신문 안 믿는 독자

한중 수교 직전에 중국을 방문할 기회가 있었다. 그때 천안문 광장에서 본 중국 아이들의 모습은 사회주의 집체교육에 대한 선입견을 깨고도 남았다. 카메라 앞에서 포즈를 취하는 모습들이 너무 자연스럽고 거침없어 보였다. 곁에 있던 안내원에게 혼잣말하듯 말을 건넸다.

"애들이 참 밝네요."

안내원은 눈살을 찌푸리며 말을 받았다.

"요즘 애들, 참 문제예요. 애를 하나만 낳게 하니까 애 하나에 부모, 조부모, 외조부모까지 어른 여섯이 달라붙어요. 애들이 다 황제예요."

나는 그 말을 들으며, 중국 사회주의를 변화시킬 진정한 힘은 개혁개방정책이 아니라 이 아이들에게서 나오리라고 생각했다. 이런 아이들이 성인이 된 나라에서는 결코 문화대혁명이 다시 일어날 수 없을 테니까.

그로부터 10년쯤 뒤, 전교조에 가입했다는 이유로 해직됐다가 복직한 친구를 축하하기 위한 모임에서 뜻밖의 말을 들었다. 이른바 '복직 투쟁'을 10년이나 했던 그 친구는 복직한 지 반년도 안 되어 다시 그만두기로 마음먹었다고 말했다. "10년을 학교 밖에 있다 보면 생각이 달라질 수도 있겠지"라고 했더니, 그런 건 아니란다.

"내가 달라진 게 아니라 애들이 너무 달라졌어. 도무지 말을 안 들어. 달라진 애들에게 적응할 자신이 없으면 교사가 떠나야지."

그 친구가 맡았던 아이들은 가족계획 캠페인이 슬그머니 사라진 뒤 여성 1인당 합계 출산율이 2명 이하로 떨어졌을 때 태어난 아이들이었다. 형제가 1명뿐이거나 없는 아이들, 온 집안 식구의 사랑을 독차지하고 자란 아이들, 칭찬받는 데는 익숙하나 야단맞는 데는 서툰 아이들이었다.

그 아이들의 부모들은 또 어떤가? 자기 아이가 공공장소에서 떠들고 뛰어다녀도 말리지 않을뿐더러, 누가 야단이라도 칠라치면 자기 아이 기죽인다고 되레 큰소리치는 사람들, 아이들 듣는 자리에서 교사에게 "애 공부가 시원찮으면 나중에 선생질이라도 시켜야죠"라고 태연히 말하는 사람들, 아이를 안은 젊은 엄마가 당당하게 "내 아인 다르다"라고 선언하는 광고 문구에 전혀 불쾌감을 느끼지 않는 사람들. 말 안 듣는 아이들을 만들어 낸 건 이런 부모들과 사회였지 학교가 아니었다.

그 뒤로 또 20년 넘는 세월이 흘렀다. 합계 출산율은 1% 밑으로 내려갔고, 한국의 아이들은 부부당 1자녀만 허용하던 시대의 중국 아이들과 비슷해졌다. 요즘 아이들에게 '야단맞는 것'은 희귀한 경험이다. '사랑의 매'라는 말은 사라진 지 오래고 '꽃으로도 때리지 말라'가 새 격언이 됐다. 지금의 아이들은 '맞고 자란' 기성세대가 겪은 어린 시절과는 전혀 다른 시대에 살고 있다.

이렇게 달라진 아이들을 예전과 같은 학교에 억지로 적응시킬 수는 없는 일이다. 『학생인권조례』가 교육을 망친다고? 때려서, 기합 줘서 자기 아이들 말 잘 듣고 공부 잘하게 만든 부모들이 나서서 집단 간증이라도 한다면, 혹시 수긍할 수 있을지 모르겠다. 학교가, 교사가, 교육정책이, 이런 아이들을 가르칠 다른 방법을 찾아내는 게 옳다.

*

최근에는 언론과 관련해서도 비슷한 현상이 보인다. 한 세대 전만 해도 "신문(방송)에서 봤어" 한 마디로 끝나는 논쟁이 많았다. 우리 근대 언론의 역사는 한 세기가 훨씬 넘지만, 그 긴 세월 동안 언론인들이 하고 싶은 말을 할 수 있었던 기간은 얼마 되지 않는다. 일제강점기에도, 독재정권 시절에도 언론은 권력의 일상적인 검열 대상이었다. 심지어 전두환 정권 때의 언론사들은 기사 제목과 내용, 분량, 기사를 배치할 지면, 사진의 크기까지 정부가 만들어 보낸 '보도지침'에 따라야 했다. 그런데도 사람들은 언론 보도를 대체로 믿었다. 할 말을 못 하는 예는 있을지언정 없는 말을 꾸며내지는 않을 거라고들 생각했다.

1987년 민주화 이후 정치 권력이 언론 기사를 세부에 이르기까지 직접 통제하는 일은 거의 사라졌지만, 대신 언론사 기자들이 자기 사주(社主)나 광고주들의 이해관계를 반영해 기사를 쓰는 현상이 일반화했다. 독자·시청자들은 달라진 상황을 인지하면서도 한동안 대응할 방도를 찾지 못했다. 그랬던 독자·시청자들에게 '대응 방도'를 제공한 것이 인터넷이었다. 현대인들은 인터넷으로 공급되는 언론사 기사들의 댓글 창에 자기 의견을 개진하고 서로 토론한다. 이제 언론사 데스크가 기사를 평가하는 기준과 인터넷 포털을 통해 기사를 보는 독자들의 눈이 일치하는 경우는 별로 없다. 독자·시청자들의 개별 언론사에 대한 충성도는 약해졌고, 언론사의 '보도'보다 그 뒤의 '의도'를 보는 눈이 밝아졌다.

요즘 언론 종사자들은 SNS와 유튜브가 독자·시청자들의 버릇을 나쁘게 만들었다고 탓한다. SNS는 독자들을 기사에 대한 비평가인 동시에 능동적, 적극적 전달자로 바꿔 놓았다. SNS는 수많은 언론사가 쏟아 내는 숱한 기사 중에서 믿을 만한 것과 가치 있는 것을 골라내는 필터 구실을 한다. 기성 언론사들이 아무리 SNS를 '괴담의 온상'이라고 비난해도, 이미 달라진 정보 유통 방식을 바꿀 수는 없다. 유튜브는 또 어떤가? 보고 싶은 것만 보고 믿고 싶은 것만 믿는 사람을 양산하는 심각한 부작용이 있기는 하지만, 다른 한편에서는 공동선(共同善)은 추구하지 않고 자기 회사나 광고주의 이익에만 충실한 '편향된 언론'의 대안 구실도 톡톡히 하고 있다.

되돌릴 수 없는 걸 되돌리려고 하거나 계속 늘어나는 상대와 싸우려 드는 건 바보짓이다. 언론사가 독자·시청자를 개혁할 수는 없다. 스스로 성찰하고 혁신해야 하는 건 기성 언론이다.

차라리 공명첩을 부활시켜라

　중세 유럽의 동직자(同職者) 조합인 길드는 상품뿐 아니라 사람도 생산했다. 길드의 정식 조합원인 장인들은 각자 견습공 겸 학생이라 할 수 있는 도제(徒弟)들을 거느렸는데, 도제들은 십수 년간의 엄격한 수련을 쌓은 뒤에야 장인이 될 수 있었다. 도제가 장인의 일원이 되기 위해서는 다른 장인들에게 그 기능을 인정받아야 했다. 이런 동직자 조직은 바쿠후 시대 일본에도 있었다. 일본의 도제들은 수련이 끝날 때까지 결혼하지 못했기 때문에 평균 초혼 연령이 30세를 넘었다고 한다.

　길드는 조합원 자격을 엄격하게 규제함으로써 내부의 경쟁 압력을 줄였고 조합원과 돌팔이들 사이에 확실한 수준차를 드러낼 수 있었다. 공동체 생활에 익숙한 중세인들은 구성원 개개인의 수준이 집단 자체의 수준이라는 사실을 잘 알았다. 산업혁명을 거치면서 자본주의적 계층 분해와 산업의 기계화가 진행됨에 따라 길드는 해체됐으나, 그 전통은 현대의 전문가주의로 이어졌다. 전문가주의는 여러 측면에서 정의할 수 있으나, 그 핵심은 '특정 분야 전문가의 자격은 해당 분야 전문가만이 인증할 수 있다'는 데에 있다. 법률가의 자격 여부는 법률가만 판단할 수 있고, 의사의 자격 여부는 의사만 판단할 수 있다는 식이다.

근래 전문가주의에 대해서는 전문성의 권력화, 자기 전문성의 틀 안에서만 사고하는 데 따른 통합적 전망의 결여, 대중의 참여를 허용하지 않는 비민주성 등 여러 폐단이 지적되고 있지만, 이를 당장 전면 해체할 수 있는 묘안은 아직 없다. 의사가 아닌 사람에게 의사 자격 심사를 맡겨놓고 어떻게 안심하고 병원에 갈 수 있겠는가? 물론 여기에는 기본이 되는 전제가 있다. 각 분야의 전문가들은 옛 길드의 장인들처럼 '자기 구성원'들과 돌팔이들을 확실히 구분하기 위해 그 자격을 엄격하게 심사할 것이라는 일반적 믿음. 전문가들 스스로 그 믿음을 배신하는 순간 전문가와 돌팔이 사이에는 아무런 차이도 없게 된다.

조선 시대 우리나라에도 도중(都中)이라는 동직자 조직이 있기는 했으나, 주로 상업 분야에서 만들어졌고 더구나 가입 자격도 대개 '입참비'에 따라 결정됐다. 어쩌면 폐쇄적 장인단체들에서 엄격한 기능 심사를 하는 문화가 없었던 것이, 조선 산업의 근대화를 저해한 주요인이었을지도 모른다는 생각이다. 대신 문치(文治) 국가였기에, 사대부에 대한 자격 심사는 엄격했다. 일단 각

지방에서 치르는 초시(初試)에 합격해야 지식인 대접을 받았고, 관리가 되기 위해서는 다시 복시(覆試), 전시(殿試)를 통과해야 했다. 조상 잘 둔 덕에 음서(蔭敍)로 관리가 되는 길이 없지는 않았으나, 그런 사람들의 출셋길에는 한계가 있었다. 그래서 관리가 된 뒤에도 다시 정식으로 과거를 치르는 게 보통이었다.

그런데 임진왜란과 병자호란을 거치면서 재정이 곤궁해진 왕조 정부는, 사대부 자격증을 '판매'하기 시작했다. 이른바 '공명첩(空名帖)'이었는데, 문자 그대로 벼슬 받는 사람 성명란을 비워 둔 첩지(帖紙)였다. 스스로 원해서든, 강요에 의해서든 공명첩을 산 사람은 빈칸에 자기 이름을 직접 써넣어야 했다. 가격은 물론 벼슬 품계에 비례했지만, 그 벼슬은 실생활에서는 별 쓸모가 없었다. 죽은 뒤 위패에 써넣는 글자만 바꿀 수 있었을 뿐이다. 엄밀히 말하자면, 공명첩은 '돈 좀 있는 무식쟁이 인증서'에 불과했다.

고위 관료, 국회의원 당선자, 유명 강사, 심지어 대통령 부인에 이르기까지 표절 의혹이 끊이지 않는다. 핑곗거리야 다양하겠지만, 표절은 지적 능력이 부족한 사람이 타인의 지적 성취를 도둑질하여 자기 것처럼 포장하는 범죄다. 그런데 그들의 도덕성보다 더 근본적인 문제는 표절을 적발하지 못했거나 알면서도 걸러내지 않은 학계에 있다. 전문가들끼리 공모해 자기 집단의 평균 수준을 떨어뜨리는 것은 스스로 자기 무덤을 파는 일이다.

조선 시대에 공명첩을 산 자들은 토호 행세는 했을지언정 지식인 행세는 할 수 없었다. 그러나 지금의 표절 박사들은 그 학위를 가지고 교수도 하고 국회의원도 한다. 학부생 리포트를 그대로 베낀 논문까지 박사학위 논문으로 인준할 양이면, 차라리 '공명박사'제도를 만들었으면 한다. 그게 전문가 집단 자신을 위해서나 나라를 위해서나 훨씬 나은 선택일 것이다.

개같이 벌어 정승같이 쓴다고?

서울 변두리에 살던 어린 시절의 어느 복날, 어쩌다 동네 우물가에서 어른들이 개 잡는 장면을 봤다. 높은 곳에 목줄이 걸린채 공중에 매달려 버둥거리는 개를 몽둥이로 마구 내려치는 광경은 어린 눈에도 너무 참혹했다. 잠깐 보고 울음이 터졌는데, 다행히 목줄이 풀려 개는 도망쳤다. 그날 밤 악몽을 꿨다. 나중에안 일인데, 그 멍청한 개는 다시 주인을 찾아 돌아왔고, 그 멍청한 개의 모진 주인은 다시 그 개를 때려죽인 뒤 이웃과 함께 나눠 먹었다. 그 뒤로 나는 개고기를 먹지 않았다. 그전에도 먹어본적이 없었으니, 평생 개고기를 입에 대지 않고 산 것이다.

복날 개고기를 먹는 풍습이 어디에서 유래했는지는 분명치 않다. '복(伏)'은 사람[人] 옆에 개[犬]가 있는 모습을 형상화해 '굴복한다, 복종한다'는 뜻을 표현한 글자다. 무더위를 복(伏)이라한 것은 '음기가 양기에 굴복한다'라는 뜻이라고 하나 몹시 추운

날을 '한(寒)'이라고 하는 것에 비춰보면, 꼭 맞는 말 같지는 않다. 그보다는 '더위에 굴복하여 쉬는 날'이라는 뜻에 더 가깝지 않을까 싶다.

24절기에 해당하지 않는 삼복(三伏)을 '특별한 날'로 취급하기 시작한 것은 중국 진나라 때부터라고 한다. 《동국세시기(東國歲時記)》에 따르면, 진나라 덕공(德公) 2년(BC 679)에 개를 잡아 성의 사대문에 달아매어 충재(蟲災)를 예방했다고 하는데, 물론 이것과 개고기를 먹는 풍습과는 직접 관계가 없다. 복(伏) 자에서 개를 연상했을 가능성도 아주 배제할 수는 없지만, 그보다는 농경 사회에서 개가 별 쓸모는 없으나 쉽게 기를 수 있는 동물이었기 때문일 가능성이 크다.

수렵(狩獵)과 유목을 주로 하던 사람들에게 개는 사람보다 더 소중한 '친구'이자 '조수'였다. 그런 문화권에서 개는 사람보다 유능한 양치기이자 사냥꾼이었으며, 주인이 자는 동안에도 위험을 감지해 알려주는 '보호자'였다. 그러나 농경 사회에서 개는 외지인의 접근을 알려주는 것 외에는 별 쓸모가 없었다. 게다가 그런 일에는 집안의 개보다 동구 밖 나무 위의 까치가 더 유능했다. 시어머니에게 야단맞은 며느리의 화풀이 대상이 되는 '심리적' 용도 외에 개의 실용적 용도는 거의 없었다. 다만 도시에서는 '똥'을 처리하는 데에 추가적인 '쓸모'가 있었다. 그래서 '똥개'라는 말이 생겼다. 우리말 이름 앞에 '똥'자가 들어가 어울리는 동물은 개, 돼지, 파리밖에 없다. 이들은 모두 똥을 먹는다는 '동일성'을 지닌다.

옛날 우리나라에서 개의 주된 용도는 '식용(食用)'이었다. 그런데 개고기는 천한 음식으로 취급됐다. 생전에 아무리 개고기를 좋아했던 사람의 제사라도, 또 제삿날이 하필 복날이라도, 제사상에 개고기를 올리는 법은 없다. 연산군 때에는 진상하는 육포(肉脯)에 천한 개고기를 섞어 보낸 지방관을 엄벌하기도 했다. 개를 천하게 여긴 것은 돼지와 마찬가지로 '똥 먹는 짐승'이었기 때문으로 생각된다.

19세기 말~20세기 초에 서울을 방문한 외국인들의 견문기에 따르면, 서울에서는 집마다 한두 마리씩의 개를 길렀다고 한다. 당시 서울 장안에 5만 호 정도의 집이 있었으니, 5만~10만 마리의 개가 있었던 셈이다. 이 개들이 서울 주민의 복날 단백질 보충식으로 사용됐다. 개고기를 넣어 끓인 탕을 '개장'이라고 했는데, 개를 천하게 여긴 서울 양반들은 개고기 대신 쇠고기를 넣어 '개장'처럼 끓여 먹었다. 이를 '육개장'이라고 했다. 물론 양반 중에도 개고기를 즐긴 사람은 많았지만, '특권 신분의 표지'를 달고 싶은 욕망은 식성도 바꾸기 마련이다.

'보신탕'이라는 이름은 6.25 전쟁 전후에 생겼다. 피란민들이 가끔이나마 먹을 수 있는 고기는 개고기뿐이었는데, 미군은 개고기 먹는 한국인들을 혐오했다. 이 혐오에 대한 변명거리로 '보신(補身)', 즉 영양 보충을 내세웠을 가능성이 크다.

'똥 먹는 개'와 비슷한 존재가 '뇌물 먹는 더러운 관리'라는 뜻의 '오리(汚吏)'였다. 조선 시대에는 탐관오리를 현재의 서울 광화문우체국 부근에 있던 혜정교(惠政橋) 옆에서 팽형(烹刑)에 처했다. 팽형이란 '삶아 죽이는 형벌'이라는 뜻이지만, 실제로는 불 위에 올려놓은 큰솥에 들어갔다 나오게 하는 '명예형'이었다. 그래도 팽형을 당한 사람은 '산 사람' 행세를 할 수 없었다. 가족과 친지들은 그를 '죽은 사람'으로 취급해야 했다. 영조는 탐관오리를 팽형에 처하는 이유에 대해 "백성들이 그의 삶은 고기와 뼈를 보고 싶어 하는 자"이기 때문이라고 단언했다.

'개같이 벌어 정승같이 쓴다'는 말에서 '개같이 번다'는 '똥도 먹는다'는 뜻이다. 개가 무슨 일을 해서 돈을 벌겠는가? 돈에도 귀천이 있다. 더러운 '뇌물'이나 '불법 자금'을 챙겨 돈을 모은 사람은 아무리 부자라도 '천한 것'일 뿐이다. '한국인들은 부자를 존경하지 않아서 문제'라고 주장하는 사람들이 있다. 하지만 '더럽게 벌어서' 부자 된 사람들이 '존경받는 시대'가 온다면, 온 세상이 천해질 뿐이다.

#05

헬조선과 국뽕

"내 일생에 잊지 못할 고통이 되던 것은 만세운동 당시지요. 하루에 많은 날은 백여 명씩 쑥쑥 들어 밀리는데 그들은 감옥 안에서도 자꾸 만세를 불러서 온 옥(獄) 안이 만세 소리로 떠나갈 듯했습니다. 상관들은 감시가 불충분하다고 자꾸 책망하고 우리는 그들을 선생님으로 깍듯이 모시던 터라 함부로 제재도 할 수 없고 참말 죽을 지경이었습니다. 70~80명 되는 조선인 간수들끼리 의논이 돌아 당장 그만두자는 말까지 났습니다마는 목구멍이 포도청이라 그러지 못했습니다."

1926년, 현직 간수 박성완이 검열에 걸릴 줄 알면서도 실명을 공개하고 기자에게 털어놓은 말이다. 일제 당국의 반복적이고 체계적인 교육도 그의 마음에서 '동포애'를 지우지는 못했다. 물론 동포애 따위는 거들떠보지 않은 이완용 같은 자도 적지 않았으나 절대다수는 동포애를 저버릴 때 양심의 가책을 느꼈다. 그런데 지금, 후쿠시마 방사능 오염수가 안전하다고 홍보한 정부 관리나 이태원 참사 희생자들의 안타까운 죽음을 조롱한 자들의 마음속에는 무엇이 들어있을까?

'애국'이라는 단어는 19세기 말부터 '충군(忠君)' 뒤에 붙는 형태로 사용됐다. 그 전의 국가 권력은 신민에게 충(忠)과 의(義)를 요구했을 뿐 애(愛)를 요구하지는 않았다. '충군애국'이라는 말 자체가 군주와 국가의 분리를 전제로 한 것이기 때문에, 이 말의 탄생은 그 자체로 '국민국가 시대'의 개막을 알리는 의미를 지닌다. 그런데 1905년 을사늑약 때나 1910년 강제병합 때 자결한 사람들과 의병을 일으킨 사람들 대다수는 오히려 '애국'이라는 새 개념을 배운 적이 없었다.

일제강점기 한국인들에게 '애국'은 두 개의 상반된 의미로 분열됐다. 하나는 군주와 분리된 동포애, 민족애였다. 나라를 잃은 상태였기 때문에 이 마음을 '애국심'이라고 부르기는 어려웠으나, 그래도 나라를 되찾으려는 의지를 애국심이란 말로 표현하곤 했다. 물론 이런 마음을 배양하기 위한 체계적인 교육과 훈련은 불가능했다.

또 하나는 일본 군주와 결합한 애국심이다. 조선총독부는 조선인을 이 종류의 '애국자'로 만들기 위해 훈련과 교육을 체계화하고 숱한 상징들을 동원했다. 수많은 한국인이 황국신민의 서사 낭송, 신사참배(神社參拜), 동방요배(東方遙拜) 등 애국심 함양을 위한 의례와 행사들에 '자발적'으로 동참했고, 일부는 자기 제자들에게 '천황폐하를 위해 죽는 것이 영광'이라고 호소하기까지 했다. 그런데 '천황을 위해 목숨을 버리는 것이 애국자의 자세'라고 외쳤던 이 수많은 '애국자' 중 일본이 패전했을 때 자결한 사람은 단 한 명도 없었다.

해방 이후 나라 잃은 설움에 대한 기억, 순국선열이 보인 모범, 분단과 동족상잔의 전쟁에 대한 회한과 분노, 여전히 국가 단위로 경쟁이 이뤄지는 세계에 대한 인식 등은 '국가를 위해 모든 것을 희생하는 것이 가장 고결한 삶'이라는 애국주의 담론을 뒷받침했다. 국가는 부모와 마찬가지로 개개인이 선택할 수 없는 운명이었으니, 더 나은 삶을 위해서는 자기 국가를 더 나은 국가로 만드는 수밖에 없다는 것이 보통사람들이 공유한 생각이었다. 체제를 유지하려는 사람들도 그를 바꾸려는 사람들도, 다 자기들이 진정한 애국자라고 믿었다. 민주화운동과 통일운동을 하며 정권에 항거했던 대학생들은 '애국청년학도'를 자칭했으며, 광복절에 성조기를 들고 광화문 네거리에서 시위하는 노인들도 자기들이 '애국보수 세력'이라고 주장했다.

나는 1990년대 말에 공개적으로 표출된 '영어 공용화' 주장이 이런 태도의 균열을 드러내는 상징적 사건이라고 생각한다. 마르크스는 "프롤레타리아에게는 국경이 없다"고 말했으나, 실제로 사람들의 의식 안에서 국경을 허물거나 모호하게 만든 것은 자본이었다. 1980년대 벽두부터 전 세계에 휘몰아친 신자유주의 세계화 광풍, 1980년대 말의 소련과 동유럽 사회주의체제 붕괴는 서로 힘을 합쳐 19세기식 자유무역주의에 기반한 WTO(세계무역기구)체제를 구축했다. 자본과 용역, 상품이 자유롭게 이동하는 세계에서 인간의 의식만 특정 공간에 묶어둘 수는 없다. '영어 공용화론'은 한국인의 정체성을 지키며 사는 것보다는 세계인의 정체성을 갖는 편이 낫다는 주장이었다.

이 땅의 젊은이들이 입시 지옥, 취업 지옥, 생계 지옥을 겪은 지 오래됐다. 지금 한국 젊은이들의 평균 첫 취업 연령은 30세를 넘어서서 세계에서 가장 늦다. 그나마 장기적인 장래를 설계할 수 있을 정도의 안정된 직장을 구하는 사람은 전체의 반도 안 된다. 그렇다 보니 결혼도 늦고 내 집 마련도 늦는다. 한국의 출생률이 압도적으로 세계 꼴찌인 것은 젊은이들의 삶이 얼마나 팍팍한지, 그들이 미래를 얼마나 비관적으로 생각하는지를 압축적으로 보여주는 지표다.

2010년대의 한국 젊은이들은 자기 나라를 '헬조선'이라고 불렀다. 많은 젊은이가 자기 나라를 바꾸려 하기보다는 떠나려 했다. 이는 방탕하고 포악한 남편이라도 자기 운명이라 여기고 일방적으로 헌신하던 사람이 사라진 것과 같은 현상이다. 그런데 그 10년 뒤에는 뜻밖에 한국 젊은이들 사이에 '국뽕'이라는 말이 유행했다. 제 나라의 GDP 순위가 올라가고 제 나라가 '선진국그

룸'에 진입한 데다가 음악, 영화, 문학, 스포츠 등의 분야에서 '세계 1위'를 하는 한국인이 속출하는 상황에서 나타난 현상이었다.

'헬조선'이나 '국뽕'이나 그 근저에는 국가에 대한 '같은 태도'가 자리 잡고 있다. 그들은 자기를 부끄럽게 만드는 국가는 천대하고, 자기를 자랑스럽게 만드는 국가만 사랑한다. 지금의 젊은 세대에게 국가란 부모나 가족 같은 운명 공동체가 아니라 이직 가능한 직장과 비슷하다. 전근대적 운명론보다 자본주의적 계약에 훨씬 익숙한 젊은 세대가 국가를 기업처럼 대하는 것은 어쩌면 당연한 일이다. 기성세대는 이런 젊은이들을 보고 '애국심'이 부족하다고 탓한다. 과거 박근혜 정부는 이 문제를 '애국심 교육'으로 해결하려고 들었다. 윤석열 정부는 스스로 '애국주의'에 반하는 노선을 택했기 때문인지 '애국심 교육'은 강조하지 않으나 대신 '이념 교육'을 강화해야 한다고 주장한다.

그러나 현실의 변화를 반영하지 못하는 교육으로 젊은이들의 마음에 애국심을 심어줄 수는 없다. 국경이 모호해진 세계에서 자아실현에 더 많은 기회를 제공해주는 국가를 '선택'할 준비가 된 사람들의 마음을 교육으로 붙잡는 건 불가능하다. 국가가 젊은 세대의 마음을 얻는 길은, 그들이 원하는 기회를 제공해 주거나 최소한 그러기 위해 최선을 다하는 모습을 보여주는 것뿐이다.

#06
시키는 대로만

1990년대 초의 어느 날, 고위 공무원들과 함께 도로 개통식 테이프 커팅을 위해 거리에 나온 서울시장의 눈에 자그마한 도로변 공지가 들어왔다. 그는 즉흥적으로 가볍게 한 마디 던졌다.

"저런 데에는 잔디나 뭐 이런 것 좀 심으면 보기 좋지 않나?"

상사의 말이라면 한 마디도 허투루 듣는 법이 없는 성실한 공무원들은 며칠 후 그곳을 잔디밭으로 만들었다. 시장의 말뜻을 사전적으로 해석하면 "경관 개선과 토사 유출 방지에 도움이 되는 여러 식물 중 하나를 선택해 심어라" 정도가 될 터이나, 관제(官製) 해석은 그런 최소한의 '창의'도 용납하지 않았다. '시장이 언급한 것은 잔디뿐이니, 임의로 다른 식물을 심었다가 만약 시장의 맘에 들지 않으면 뒷감당을 어떻게 할 것인가?'가 공무원다운 해석이었다.

컴퓨터 CPU가 386에서 486을 살짝 딛고 펜티엄급으로 치달던 때, 어느 공공기관에서 컴퓨터 100여 대를 한꺼번에 교체하기로 했다. 계약에서 납품까지 절차를 밟는 동안 486 시대가 지나가 버렸다. 업체 담당자는 같은 가격으로 펜티엄급 컴퓨터를 납품하겠다고 제안했지만, 공공기관 담당자는 일언지하에 거절했다. 486 컴퓨터는 곧 무용지물이 될 거라고 아무리 설명해도 소용이 없었다. 그 공무원이 명확히 인지한 자기 책임은, 계약서에 쓰인 대로 물품을 비치해 두는 것뿐이었다. 새로 장만한 컴퓨터들이 곧바로 무용지물이 되는 것은 그가 책임질 일이 아니었다. 위에서 시키는 대로 착오 없이 실행하는 미덕은 때로 이런 코미디를 연출한다. 그런데 그냥 웃어넘길 수 있는 일은 오히려 적다. '시키는 대로' 하는 미덕은 대개 희극보다는 비극을 낳는다.

2013년 태안의 사설 해병대 훈련 캠프에서 교관이 '시키는 대로' 구명조끼 없이 물에 들어갔던 고등학생 5명이 사망한 사고는, 2023년 경북 예천에서 상관이 '시키는 대로' 구명조끼 없이 물에 들어갔던 해병대원이 사망하는 사고로 재연됐다. 2014년 세월호 참사 때에도 승무원이 '시키는 대로' 가만히 있었던 고등학생과 시민 304명이 죽거나 실종됐다. 최근에는 대통령 부인의 뇌물 수수 사건을 담당했던 국민권익위원회 간부가 상부에서 '시키는 대로' 원칙에 어긋나는 결정을 하고서는 양심의 가책을 견디지 못해 스스로 목숨을 끊었다. 이런 일들은 군대나 군대와 유사한 집단, 또는 공직 사회에서만 일어나지 않는다.

오늘날 갑을관계에서 주로 '갑'의 위치에 서는 사람들은 종종 "나도 시키는 일만 하고 살았으면 좋겠다"라며 배부른 소리를 하지만, 그들이라고 늘 남을 부리기만 하는 것은 아니다. 그들도 종종 또는 일상적으로 남이 '시키는 대로' 해야 하는 사람들이다. 직장에서건 학교에서건 그 밖의 다른 조직에서건, 시키는 대로만 하는 것이 최선이라는 생각은 이미 한국인들의 보편적 도덕률이다. 가정에서나 학교에서나 아이들은 "선생님 말씀 잘 들어라"나 "부모님 말씀 잘 들어라"라는 말을 헤아릴 수 없을 정도로 많이 들으며 자란다. 어떤 집단에서나 가장 흔한 질책은 "시키는 일이나 똑바로 할 것이지 누가 시키지도 않은 일을 하라고 그랬냐?"이다. 그러나 '시키는 대로'만 하는 것이 보편적 도덕률인 사회에서는, 상식과 교양과 염치와 도덕이 몰상식과 무교양과 파렴치와 부도덕의 지시를 받는 일이 수시로 벌어질 수밖에 없다. 사실 시키는 대로 충실히 이행하는 능력은 사람보다 기계가 훨씬 뛰어나다.

시키는 대로만 하는 것이 최선이라는 믿음은, 사람을 성능이 떨어지는 기계처럼 취급하는 태도로 이어진다. 이런 믿음이 그리는 바람직한 사회는, 단 한 사람의 지휘자와 그 지시를 충실히 이행하기만 하는 나머지 전체로 구성되는 기계 사회다.

"나는 아무 잘못이 없습니다. 나는 시키는 대로 실행했을 뿐입니다."

나치 친위대 장교였던 아돌프 아이히만이 남긴 말이다. 한나 아렌트는 이 말에서 평범성에 깃든 악마성을 발견했다. 시키는 대로 하는 것만이 미덕인 사회가 대량 생산하는 인간은, 인간의 마음을 내버리고 그 자리에 기계의 마음을 채워 넣은 평범한 악마들이다.

세종대왕의 치세

1945년 8월 15일, 일본이 패망하고 한국이 해방됐으나 일본인들은 바로 한국 땅을 떠나지 않았고, 그들이 이 땅에 제 마음대로 붙여 놓은 이름들도 바로 바뀌지 않았다. 해방 후 1년 동안 한국인들은 일본인들이 만든 땅 이름을 그대로 부르며 살았다. 서울의 이름은 여전히 경성부였고, 가로명들은 여전히 본정(本町, 혼마치), 명치정(明治町, 메이지마치), 황금정(黃金町, 고카네쵸오), 죽첨정(竹添町, 다케조에마치) 등이었다. 서울의 간선도로 변에는 메이지상점, 고카네잡화점, 다케조에철물점이라 쓰인 간판들이 늘어서 있었다. 대형 건물 정문에 내걸렸던 일장기들이 사라지기는 했으나, 서울은 일본 식민지 도시의 면모를 버리지 못했다.

일본 식민 통치자들이 제멋대로 바꿔 놓은 지명(地名)만이라도 원래대로 되돌리자는 여론이 형성된 것은 해방 후 반년이 지난 뒤의 일이었다. 1946년 8월 15일에야 미 군정청은 수도의 명칭을 경성부에서 서울특별시로 바꿨다. 이 직후 서울시 산하에 가로명제정위원회가 결성됐다. 가로명제정위원회는 먼저 일본인들이 바꿔 놓은 이름을 가급적 옛 이름으로 되돌리되, 주요 간선도로에는 한국의 위인들 묘호(廟號)나 시호(諡號), 이름을 붙인다는 원칙을 세웠다.

새 동명과 가로명은 10월 1일에 고시됐다. 조선 시대 경복궁 전로(前路), 황토현길 등으로 불렸고 일제강점기에는 광화문통이라는 공식 명칭을 얻었던 군정청 중앙청사 앞길에는 세종로(世宗路)라는 이름이 붙었다. 조선 개국 이래 정치의 중심 무대였고 앞으로도 그럴 것이니, 우리 역사상 가장 훌륭한 정치를 펼쳤던 성군(聖君)의 묘호를 붙여야 한다는 주장에 반대한 사람은 없었다. 그때부터 지금껏 세종대로는 서울의 중심 가로이자 대한민국의 '국가 상징 가로'이다.

1960년 4.19 의거로 이승만이 하야하자, 곧바로 이승만 초상 일색인 지폐 도안을 바꿔야 한다는 여론이 들끓었다. 한국은행은 이례적으로 신속하게 이 여론에 대응했다. 제2공화국 출범 두 달 만인 그해 8월, 세종대왕 초상을 넣은 1천 환권 새 지폐가 발행됐다. 세종대왕의 어진(御眞)이 남아 있지 않았기 때문에 상상화를 그릴 수밖에 없었으나, 그런 건 문제가 되지 않았다. 한국 역사상 가장 위대한 인물을 참칭(僭稱)한 이승만을 빼버리면, 그 자리는 당연히 세종대왕의 것이 되어야 했다. 이후 2009년 5만 원권 지폐가 새로 발행될 때까지, 세종대왕은 한국 최고액권 화폐의 주인공 자리를 지켰다.

1967년, 서울 거리 곳곳에 애국선열들의 동상을 세워 국민 교육의 자료로 삼자는 취지로 당대의 실세 김종필이 주도해 애국선열조상건립위원회를 결성했다. 이 위원회가 처음 세우기로 결정한 동상은 세종대왕과 이순신이었다. 위원회의 애초 구상은 세종대왕 동상은 세종로에, 충무공 동상은 충무로에, 을지문덕 동상은 을지로에 세운다는 것이었으나 군사정권의 '정신사적 정통성'을 중요시한 박정희의 뜻에 따라 세종대왕의 자리는 충무공 차지가 됐다. 그로부터 40여 년이 지나 세종대로 한복판에는 다시 세종대왕 동상이 섰다.

해방 이후 현재까지 한국인들은 지폐 도안으로, 길 이름으로, 동상으로, 기념관으로, 위인전으로, 기념일로, 그 밖의 기념물들로 세종대왕을 기린다. 중국에서는 신화 시대의 요순우탕(堯舜禹湯)이 성군(聖君)이지만, 한국에서는 15세기 실존 인물 세종대왕이 유일한 성군이다. 세종대왕 전에 성군 없고 세종대왕 뒤에 성군 없다. 세종대왕을 기리고 추모하는 정도로 치자면, 세종대왕의 후손들이 다스렸던 조선 시대보다 현대가 더하다. 한국의 현대는 세종대왕의 시대다. 그런데 현대의 한국인들은 역사상 가장 위대한 인물로 세종대왕을 추모하고, 그의 치적(治積)을 기리며, 그와 같은 통치자가 다시 나오길 바라면서도 막상 그의 치세(治世)가 어떻게 이뤄졌는지에 대해서는 별 관심이 없다.

세종대왕 개인이 걸출한 인물임에는 틀림없지만 그의 치세를 만든 원동력은 민본주의 정치 철학과 '우문정치(右文政治=학문을 숭상하는 정치)' 시스템이었다. 세종대왕은 만 21세에 왕위에 오르자마자 집현전을 설치하고 세상의 모든 학문을 연구하게 했다. 국가적 지원에 힘입어, 그의 재위 기간에 조선 지식인들은 천문학, 지리학, 언어학, 의약학, 역사학, 농학, 공학, 예술에 이르기까지 각 분야에서 당대 세계 최고 수준의 학문적 성취를 이뤘다. '나랏말쌈이 중국에 달라'와 '어린 백성이 이르고자 할 바 있어도', 즉 지적으로 자립하려는 의지와 백성을 사랑하는 마음이 학문에 실천성을 부여했다. 세종대왕 재위 중에 국가가 발간한 책만 《칠정산》, 《팔도지리지》, 《동국정운》, 《고려사》, 《향약집성방》, 《의방유취》, 《농사직설》 등 온갖 분야 300여 종에 달한다. 이 연구 출판 사업들을 토대로 조선은 자립적 지식 세계를 구축할 수 있었으며, 세종대왕은 후세에 길이 기억될 빛나는 치세(治世)를 이룩할 수 있었다.

지금은 저마다 집현전의 후예를 표방하는 국책 연구기관이 헤아릴 수 없을 정도로 많지만, 이들이 이룬 업적으로 후세에 전해 줄 만한 것이 얼마나 되는가? 오히려 비리투성이 국책사업들을 뒷받침하는 연구 보고서나 만들어 학문적 수치를 자초하지 않았던가? 오늘날 한국 학문의 세계적 위상은 어떤가? 경제 규모에서나 군사력에서나 올림픽 순위에서나 문화 콘텐츠에서나 한국은 세계 10위권 안에 있다. 그런데 학문의 순위는 어느 정도인가? 오늘날의 지식인들은 '신예와 독창으로써 세계 문화의 대조류에 기여 보비(補備)'(기미독립선언서 중)하기보다는 지적 종속 상태를 즐기고 있는 것 아닌가?

　세종대왕을 기리는 것보다 세종대왕에게 제대로 배우는 것이 더 중요하다. 군주제 시대에는 군주의 현부(賢否)가 나라의 명운을 결정했지만, 민주주의 시대에는 민(民)의 현부(賢否)가 나라의 운명을 결정한다. 자기는 연산군처럼 살면서 세종대왕 같은 통치자가 나타나길 기대하는 것은 어리석기 짝이 없는 짓이다. '민주국가에서 모든 국민은 자기 수준에 맞는 지도자를 갖는다'는 말이 있다. 지적으로 뛰어난 국민이라야, 지적으로 뛰어난 지도자를 가질 수 있고, 역사에 길이 남을 시대를 만들 수 있다.

#08
저출생 시대

    인류 역사 전체로 보면, 개인 단위로든 가족 단위로든 국가 단위로든, 출산을 억제하려는 의지를 품었던 기간은 극히 짧으며, 그 의지를 실현할 수 있었던 기간은 그보다 더 짧았다. 근대 이전의 인구 구조는 다산다사(多産多死) 현상에 규정됐다. 기근, 전염병, 전쟁 등으로 인해 인구가 큰 폭으로 감소한 뒤 빠른 회복세를 보이는 특별한 시기가 있기는 했으나, 평시의 인구증가율도 연평균 2%를 넘지 못했던 것으로 추정된다. 인구 증가 속도가 더뎠던 것은 주로 높은 영유아 사망률 때문이었다. 한 쌍의 부부가 평생에 걸쳐 출산하는 아이는 평균 6~7명에 달했으나, 이들 중 2~3명만이 가정을 꾸려 다시 후손을 보았다. 그래서 인구 문제에 대한 국가의 대책도 늘 영유아 사망률을 줄이는 데에 집중됐다. 임진왜란 직후 조선 정부가 《언해구급방(諺解救急方)》, 《언해태산집요(諺解胎産集要)》, 《언해두창집요(諺解痘瘡集要)》 등을 발간해 보급한 것도, 초보적인 의술이나마 민간에 보급해 갑작스레 죽는 아이를 줄이기 위해서였다.

세계 시장이 형성되어 식량의 원격지 이동이 가능해지고 우두를 필두로 한 각종 백신이 널리 보급된 이후에야, 영유아 사망률은 획기적으로 줄었다. 출산 관행은 그대로인데 사망률이 줄어드니, 인구는 폭발적으로 증가할 수밖에 없었다. 조선총독부 통계에 따르면, 1910년 한반도 인구는 1,300만여 명이었다. 행정력이 미치지 못해 통계에서 누락된 인구가 많았던 사정을 감안하더라도 2,000만 명 미만이었을 것이다. 그러나 1945년 해방 무렵에는 남북한 합쳐 3,000만 명을 넘었고, 지금은 남한만 해도 5,100만여 명, 북한까지 합치면 7,700만여 명에 달한다. 50년마다 거의 두 배씩 인구가 급증한 셈이다.

인구가 급증하는 시대는 모든 것이 부족한 시대다. 집도, 식료품도, 의복도, 학교도, 직장도 인구 증가 속도에 맞춰 늘어나야 했으나 현실은 그렇지 못했다. 그래서 사람들은 남보다 먼저 더 좋은 것을 차지하기 위해 치열하게 경쟁했다. 사람들의 의식 안에 경쟁력 지상주의가 깊이 자리 잡은 것은 자본주의 때문이라기보다는 인구 증가 때문이었다. 둘을 구분하는 것이 무의미하기는 하지만.

1960년대까지 많은 부모가 자기 자녀들이 혹독한 경쟁체제 아래 놓이게 되리라는 것을 짐작하면서도 '누구나 저 먹을 것은 가지고 태어난다'라는 근거 없는 믿음으로 구시대의 출산 관행을 답습했다. 출산율을 억제해야 한다는 범국가적 캠페인은 1960년대 이후에야 시작됐다. '딸, 아들 구별 말고 둘만 낳아 잘 기르자'에서 '하나씩만 낳아도 삼천리는 초만원'에 이르기까지 불후의 명문 표어들을 낳으면서 진행된 '가족계획 운동'은 한국 역사상 가장 성공적인 성과를 거뒀다. 여기에는 1960년 미국 식품의약국(FDA)의 승인을 얻어 대량 보급되기 시작한 경구 피임약 에노비드도 큰 구실을 했다. '안전한 피임약' 덕에 여성은 임신과 출산을 스스로 통제할 수 있는 권리를 확보했다.

그러나 한국 사회는 가족계획 캠페인이 성공하자마자 다급히 방향을 전환해야 했다. 역사상 한 번도 겪지 못한 자발적 인구 감소에 대한 두려움이 국가와 사회를 엄습했다. 2024년 출생아 수는 24만여 명, 올해 출생아 수도 그보다 많지 않을 것이라는 전망이 지배적이다. 이런 추세에서 현재의 병역체제가 유지된다면, 20년 후 대한민국 국군 병력은 20만 명을 넘을 수 없다. 그에 앞서 보육 시설과 유치원, 학교들이 차례로 과잉화해 많은 시설이 문을 닫게 될 것이다. 현대 한국인들이 전 재산을 묶어두다시피 한 주택 가격이 어떻게 될지도 충분히 짐작할 수 있는 바다. 역사상 처음으로, 각 개인의 선택으로 세계를 축소하는 시대가 도래했다. 그런데 우리는 축소되는 세계에 적응할 준비가 되어 있는가?

지난 10년간 저출산 대책에 지출한 정부 예산은 100조 원이 넘는다. 그런데 그 많은 돈은 다 어디로 갔는가? 보육 시설 등 금세 과잉화할 게 뻔한 시설들을 만드는 데 쏟아붓지 않았던가? 우리 정부가 산아 제한정책을 중단한 게 1995년, 정부 내에 '저출산고령사회위원회'가 설치된 게 2005년의 일이다. 인구 추이가 미래를 어떻게 바꿀지 내다보지 못한 근시안의 결과였다.

예나 지금이나 인구 감소에 대한 두려움은 개인 단위로까지는 파급되지 않는다. 개인들은 오히려 인구 감소를 '압력 완화'로 느낄 수 있다. 하지만 개인 또는 가족 단위의 선택은 또 다른 근시안적 태도를 양성한다. 혹자는 인간을 포함한 모든 생명체는 DNA의 자기 복제를 위한 수단일 뿐이라고 하는데, 아주 터무니없는 말은 아니라고 본다. 인간의 시선은 자식과 손자와 후손을 통해 먼 미래에까지 닿는다. 자식 없이 사는 친구와 대화하다가 가끔 답답함을 느낄 때가 있다. "나 죽은 뒤에 세상이 어떻게 되든 상관없어"라는 말을 들을 때다.

자기 생존 기간까지만 내다보는 사람과 자식과 손자가 살 세상까지 걱정하는 사람의 시간관과 가치관이 같을 수는 없다. 당장 국민연금 고갈 시점과 관련해서도 자기 노후만 걱정하는 사람이 있고, 자식 세대의 부담을 걱정하는 사람이 있다. 앞으로 자식 없는 사람과 있는 사람 사이의 가치관 차이는 사회 갈등의 한 축을 이룰 것이다. 저출산 시대가 불러올 또 하나의 위기는, 미래가 짧아질 수 있다는 점이다. 시야에서 '영원'이 사라지면, '영원한 가치'에 관해 생각할 필요도 없어진다. 인구가 줄어들어 많은 시설이 비어가는 상황도 두렵지만, '현세밖에 없는 근시안의 시대'가 더 두렵다.

#09
가짜 뉴스의 시대

'서울 가본 사람보다 못 가본 사람이 남대문에 대해 더 잘 안다.'

언제 생겼는지는 알 수 없으나, 수십 년 전까지 흔히 돌아다니던 속담이다. 얼핏 보는 것보다 많은 이야기를 듣는 것이 정확한 정보를 습득하는 데에는 더 도움이 되기도 한다. 하지만 이 속담은 들어서 얻은 정보가 진실인 줄 알고 우기는 사람을 조롱할 때 쓰던 것이다.

인류가 문자생활을 시작한 지 수천 년이 흘렀지만, 문자 해독능력을 가진 사람이 다수가 된 지는 100년도 채 되지 않았다. 게다가 대다수 사람에게 장거리 여행은 아주 드문 일이었다. 우리나라에서는 닷새에 한 번씩 열리는 장에 가서 세상 돌아가는 소식을 듣는 일도 17세기 이후에야 가능했다. 200년 전 사람이 평생에 걸쳐 만난 사람은 현대인이 하루에 만나는 사람보다도 적었다.

258

문자가 일반적으로 통용되지 않는 '닫힌 세계'에서 사람들이 세상에 대한 정보를 입수하는 방법은 듣는 것밖에 없었다. 그래서 옛날에는 거의 모든 정보가 들은 이야기, 즉 소문(所聞)으로 유통됐다. 말은 입에서 입으로 전해지는 과정에서 과장과 왜곡을 피하기 어려운 법이다. 그런 이치를 익히 알았기에, 새로 들은 소문을 곧이곧대로 믿는 것은 어리석은 사람에게나 어울리는 일이었다. 다른 사람에게 터무니없는 얘기를 들려준 뒤 그 말을 믿으면 바보로 낙인찍어 놀리는 것은 인류의 보편문화였다.

국가 권력이 법령이나 정령을 문서로 만들어 공포하는 일은 고대부터 있었으나, 세간에 떠도는 소문을 모은 인쇄물은 15세기 활판 인쇄술이 발명된 이후에야 유통되기 시작했다. 영단어 '뉴스(News)'는 17세기 중엽에 생겼는데, 새로 일어난 사건들이나 새로 밝혀진 사실들이라는 의미보다는 새로 떠도는 소문들이라는 의미에 가까웠다. 그런 점에서 일본인들이 뉴스레터나 뉴스페이퍼를 '새로 떠도는 소문을 적은 종이'라는 뜻의 신문지(新聞紙)로 번역한 것은 적절했다. 신문은 솔직한 작명(作名)이었으나, 놀라운 마력을 발휘했다. 소문을 귀로 듣는 대신 눈으로 읽음으로써, 사람들은 사건을 직접 보는 듯한 착각에 빠져들었다.

1883년 7월 15일, 조선 정부는 통리아문 산하에 박문국을 설치하고 이노우에 가쿠고로 등 일본인 7명을 초빙해 근대적 신문 발간 준비에 착수했다. 이듬해 10월 1일 관보와 논설, 국내외 새

소문을 모은 〈한성순보〉 첫 호가 발행됐다. 열흘에 한 번씩 발행되던 〈한성순보〉는 1884년 갑신정변으로 박문국 시설이 소실되는 바람에 일단 종간됐다가 1886년 박문국이 재건되면서 속간됐다. 발행 간격은 주 1회로 단축하고 제호도 '한성주보'로 변경했다.

그런데 1880년대 초, 조선 정부가 의욕적으로 설립했던 신문물 도입 기관들이 대개 그랬던 것처럼, 박문국 역시 재원 조달에 심각한 어려움을 겪었다. 〈한성주보〉는 운영비 일부를 보충할 목적으로 1886년 2월 22일 자 제4호의 두 면을 독일 상사 세창양행에 내줬다. 해당 지면에는 '덕상(德商) 세창양행 고백'으로 시작하는 장문의 글이 실렸다. 이것이 우리나라 최초의 신문 광고다. 당시에는 정부도 독자도, 심지어 광고를 낸 세창양행도, 자본이 세상에 떠도는 소문 전반에 막강한 영향력을 행사하는 시대가 열렸다는 사실을 깨닫지 못했다. 돈 받고 지면을 팔았음에도 〈한성주보〉는 재정난을 극복하지 못하고 곧 폐간됐다.

1896년 4월 7일, '신문'이라는 이름을 사용한 최초의 신문 〈독립신문〉 창간호가 발행됐다. 여기에는 사고(社告) 외에 여섯 건의 상업 광고가 실렸다. 그중 하나인 주지회사의 광고 문안은 '각색 외국 상등 물건을 파는데 값도 비싸지 아니하더라. 각색 담배와 다른 물건이 많이 있더라'였다. 자기 상점을 소개하면서 마치 남의 얘기를 전하듯 '~하더라' 체를 썼다. 그런데 당시 기사는 모두 소문을 옮겨 적은 것이었기 때문에 '~하더라'체가 바로 기사체였다. 신문 광고는 아주 이른 시기부터 기사로 변장하는 술수를 부렸던 셈이다.

광고료가 신문의 주된 수입원이 됨에 따라, 광고는 신문 지면의 핵심 구성요소가 됐다. 신문사들은 광고를 지면 하단에 배치해 기사와 구별했으나, 이 원칙은 자주 무시됐다. 광고는 계속 기사 흉내를 냈고, 기사보다 눈에 더 잘 띄기 위한 수법들을 개발했다. 광고는 기사보다 먼저 그림과 사진을 활용했다. 지면 상단의 '전면광고'라는 작은 글자를 보지 않고서는 기사와 구별할 수 없는 광고들이 나온 지도 꽤 오래됐다. 광고가 기사를 흉내 냈을 뿐 아니라, 기사도 광고를 닮아갔다. 오늘날에는 수많은 뉴스 기사가 '사실상의 광고'들이라 해도 과언이 아니다.

근래 팟캐스트, 유튜브 등 새로운 매체를 통해 유포되는 가짜 뉴스가 우리나라뿐 아니라 전 세계 공통의 골칫거리가 되어 있다. 역사상 국가 권력이 가짜 뉴스, 헛소문, 유언비어와 싸우지 않은 적은 없다. 하지만 이긴 적도 거의 없다. 당장 가짜 뉴스의 정의(定義)가 문제다. '한동훈 장관 외모가 조각 같다'는 기사는 가짜 뉴스인가, 아닌가? '환율 1,400원대, 한국 경제에 오히려 좋다'는 가짜 뉴스인가, 아닌가? 남측의 대북 확성기 방송 재개에 대해서는 언급하지 않고 북측의 대남 확성기만 문제 삼는 것은 가짜 뉴스인가, 아닌가?

사실이 아닌 것을 사실인 양 알리는 것뿐 아니라 사실의 의미나 인과관계를 왜곡하는 것도 가짜 뉴스다. 이런 뉴스들이 나름대로 공신력을 확보한 매체들에 버젓이 실리는데, 무슨 수로 단속할 수 있겠는가? 신문과 방송이 대중을 계몽한다고 주장할 수 있었던 시대는 이미 오래전에 끝났다. 대중 스스로 '각성한 상태'로 사는 수밖에 없다.

#10
법치의 시대인가, 무법의 시대인가?

　조선 태종 4년 10월, 의정부에서 《대명률》을 이두로 번역, 반포하고 각 관리에게 강습시키라고 건의하자 왕이 그대로 따랐다. 《경국대전》은 아직 만들어지지 않았던 데다가, 국초에 만든 《경제육전》이 너무 소략해서 적용하지 못하는 일이 많았기 때문이다. 당장 죄인을 장형(杖刑)에 처하는 경우에도, 몽둥이의 크기와 때리는 강도에 대한 규정이 없었다. 이 문제에 대해 의정부는 이렇게 썼다.

　　무릇 태(笞) 하나, 장(杖) 하나라도 반드시 율문(律文)에 따라 시행해야 합니다. 만약 율문(律文)을 살피지 않고 망령된 뜻으로 죄를 가볍게 하거나 무겁게 하는 자는 그 죄로써 죄줄 것입니다. 또, 형(刑)은 사람의 죽고 사는 일과 직결되므로 언도하는 자가 삼가지 않을 수 없습니다. … 근래 형물(刑物)의 크고 작은 것을 제멋대로 제작하므로 태(笞)와 장(杖)으로 인하여 죽는 자가 자못 많습니다.

금후로 가쇄(枷鎖: 목과 발목에 씌우는 형구), 태(笞), 장(杖), 추(杻: 일종의 수갑)는 모두 율문에 의해 제작하게 하며, 관찰사가 이를 살펴 함부로 제작한 수령은 죄를 주어야 합니다. 각 고을 수령이 옥사(獄事)를 결단할 때 율문을 제대로 살피지 않아 태(笞)를 써야 마땅한데 장(杖)을 쓰고, 장(杖)을 써야 마땅한데 신장(訊杖)을 쓰고, 볼기를 쳐야 마땅한데 허리를 때리고, 넓적다리를 때려야 마땅한데 등에 채찍질을 하여 인명을 손상하는 경우도 있습니다.

원하건대, 태(笞) 하나 장(杖) 하나라도 반드시 율에 의해 결단하게 하고, 장죄(杖罪) 이상 사죄(死罪)이면 법에 비추어 도관찰사(都觀察使)에게 보고하게 하고, 도관찰사는 율학인(律學人)으로 하여금 다시 검토하게 하십시오.

법치주의를 근대의 산물이라고들 하지만, 사실 근대 이전의 유교 문화권 국가들에서도 법치는 흔들리지 않는 원칙이었다. 다만 예(禮)를 법보다 앞세웠기 때문에 '예치(禮治)'라고 부를 뿐이다. 예치의 원칙에 따르면, 문자를 아는 자와 모르는 자를 대하는 예가 서로 달라야 했고, 군주를 대하는 예와 서민을 대하는 예도 달라야 했다. 같은 죄를 지어도 사대부에게 내리는 벌과 평민에게 내리는 벌이 달랐다. 법에 따라 벌을 줄 때도 예는 지켜야 했다.

1894년 갑오개혁으로 신분제가 소멸하면서 만인에게 평등한 법의 시대, 이른바 법치의 시대가 열렸다. 이어 1895년에는 지방관이 독점했던 재판권을 분리해 심문과 기소는 검사에게, 판결은 판사에게 맡겼다. 하지만 오래된 관행이 쉽게 바뀌지는 않는 법이다. 신분제는 사라졌으나 신분의식은 남았으며, '사람 봐가며' 수사하고 기소하고 판결하는 현상도 여전했다.

1910년 한국을 강점한 일제는 '민족 차별'이라는 새 신분제를 만들었다. 본래 신분제는 법치주의와 어울리지 않는 법이다. 더구나 이들이 만든 새 신분제는 예치(禮治)를 회복한 것이 아니라 비례치(非禮治) 또는 무례치(無禮治)로 이어졌다. 1912년 조선총독부는 조선인에 한해 시행한다는 전제하에 『조선태형령』과 『태형집행심득』을 제정, 공포했다. '태형은 수형자를 형판 위에 엎드리게 하고 양팔을 좌우로 벌리게 하여 형판에 묶고 양다리도 같이 묶은 후 볼기 부분을 노출시켜 태(笞)로 친다. 형장에 물을 준비해 수시로 수형자에게 물을 먹일 수 있게 한다. 수형자가 비명을 지를 우려가 있을 때는 물에 적신 천으로 입을 막는다' 등 세세한 것까지 일일이 법규로 정했으니, 그야말로 법치주의의 완벽한 구현이라 할 만하다.

태(笞)는 경무총감부에서 일괄 제작해 각지 헌병 분견소와 경찰 주재소에 보냈다. 그러나 지방 관헌이 임의로 태를 개조하는 행위는 눈감아 줬다. 관제(官製) 태에 납덩어리를 박는 일은 흔했다고 한다. 여기에 민족 차별의식이라는 '사감(私感)'이 작용하여 일제강점기의 태형은 조선 시대 태형보다 훨씬 잔혹했다. 조선인에 한정된 야만적이고 반인도적인 폭력이 '법치'의 이름으로 횡행했다. 조선총독부는 태형을 당하고 사망한 사람의 통계는 작성하지 않았다.

조선태형령은 3.1 운동 이후 폐지됐지만, 조선인에 대한 예의 없는 법치, 반인도적인 법치는 여전했다. 일제강점기에는 요릿집에서 경찰이나 검사가 민족의식이 높은 기생들에게 은근히 모욕당하는 일이 종종 있었다. 그런 일을 겪으면 그들은 기생집 앞에 몰래 잠복해 있다가 기생이 남자와 함께 있는 기색이 보이면 급습해 밀매음(密賣淫) 혐의로 체포하곤 했다. 그들은 체포한 기생을 속옷 차림으로 머리 위에 베개를 인 채 경찰서까지 걷게 했다. 기생이 왜 이렇게 모욕을 주느냐고 항의하면, 그들은 낄낄 웃으며 속옷과 베개가 밀매음의 증거물이기 때문이라고 대답했다. '법적 증거물'을 모욕적 방법으로 확보하는 것은 불법이 아니었다. 그 탓에 기생은 재판도 받기 전에 온 동네 사람들에게 '밀매음녀'로 낙인찍혔다. 물론 고문이 일상적으로 자행되던 시대에, 이 정도의 모욕을 문제 삼는 건 정신적 사치였다. 해방 이후에도 경찰, 검사, 판사들은 수시로 수사, 기소, 재판과정에 사감(私感)과 사욕(私慾)을 담았으나, 이는 고문에 비하면 사소한 문제였다.

1987년 박종철 고문치사 이후 통닭구이, 전기고문, 물고문 같은 것들은 사라졌으나 피의자와 그 가족에게 모욕을 주는 정신적 고문까지 사라지지는 않았다. 수사과정에서 취득한 정보를 공개할 것이냐 말 것이냐, 피의자에게 모욕을 줄 것이냐 말 것이냐를 검찰 마음대로 정하는 관행도 요지부동이다. 법치주의와 준법주의는 다른 것이다. 법을 집행하는 사람들이 '사람 봐가며' 사감이나 사심을 담는 행위야말로 법치주의의 원칙을 부정하는 짓이다. 지금은 국민이 주권자인 시대다. 주권자에게 예의를 갖추는 법치의 시대를 어떻게 열 것인지, 고민해야 할 때다.

#11
대학 대중화 시대

> 대학(大學)의 도는 밝은 덕을 밝히고 백성을 가까이하며 지극한 선(善)
> 에 이르는 데에 있다.

유교에서 '대학'은 문자 그대로 큰 학문, 즉 천하를 다스리는 학문으로써 치자(治者)의 학이었다. 미래의 치자(治者)인 귀족 자제들을 모아 가르치는 교육기관의 역사는 매우 길다. 우리의 경우 고구려 때 '치자의 학'을 가르친 기관의 이름도 태학(太學)이었다. 하지만 고구려의 태학이나 신라의 국학 등에서 현대 대학이 기원했다고 보기는 어렵다. 현대의 대학(University)제도는 12세기 프랑스와 이탈리아에서 결성된 '학자들의 동업조합'에서 기원한다.

학문은 인간이 자신을 성찰하고, 자신이 속한 세계의 총체 및 그 구성요소들의 본질과 운동 원리를 이해하며, 자신과 세계 사이의 관계를 끊임없이 재설정하는 실천 활동이다. 학문하는 인간 역시 인종, 민족, 국가, 종교, 젠더, 계층, 직업 등의 여러 범주가 중층적, 복합적으로 얽힌 관계망 위에 존재하는 구체적 인간이다. 다만 학자는 그 관계망의 정당성을 회의하고 변화 가능성을 탐색하기 때문에 각각의 범주들과 팽팽한 긴장관계를 맺는다. 학자는 상식과 통념을 의심하기에, 자기 시대와 불화(不和)한다. 이 때문에 정치 권력은 자주 학문을 탄압했다. 진시황의 분서갱유(焚書坑儒)는 그 대표적 사례다. 유럽에서 '상아탑'이라는 별명을 가진 대학이 출현한 것은, 정치 권력과 학문 사이의 이 긴장관계를 완화하기 위해서였다.

하지만 국가 권력과 관계를 아예 끊고서는 대학의 존립이 불가능했다. 대학은 결국 근대 국민국가가 형성되는 과정에서 국가기관의 일종, 또는 국가기관의 감독을 받는 기구로 편제됐다. 대학을 정점으로 하는 교육체계는 근대 국민국가를 직조하는 씨줄의 하나였다. 학문 공동체는 국가의 관점에 따라 국가의 이익을 위해 복무하는 역할을 부여받았다. 제국주의 시대 유럽의 학자들은 세계 도처를 다니며 제국의 척후(斥候) 구실을 했다. 그들은 전 세계의 지식을 수집해 자국에 축적하고, 그것을 학문의 자료로 삼았다. 이렇게 구축된 학문체계는 다시 유럽 국가들로 하여금 전 세계에 지배력을 확장할 수 있게 해줬다. 20세기 사회주의체제를 구축한 국가들은, 공공연하게 혁명에 복무하는 학문을 요구했다. 학자들은 예정된 미래로 가는 지름길을 발견하거나 개척하는 임무를 맡았다.

유교 문화권 사람들은 '학자들의 동업조합'을 대학으로 번역했다. 그들에게 학문은 '치자의 소양'과 같은 뜻이었기 때문이다. 한국인들은 1881년 일본에 파견된 조사시찰단을 통해 유럽식 대학제도에 대한 구체적 정보를 처음 얻었다. 시찰단의 일원이었던 이헌영은 일본에는 법학부, 이학부, 문학부, 의학부로 구성된 도쿄대학교를 비롯해 8개의 대학이 있다고 보고했다. 이후 대학 설립은 조선 정부의 주요 과제가 됐다. 1886년 육영공원 설치가 그 첫걸음이었다. 왕은 이 학교에 "언어, 문자뿐만 아니라 농상(農桑), 의학(醫學), 공기(工技), 상무(商務), 이용(利用), 후생(厚生) 등 각 방면의 기술 분야를 두루 설치해 제각기 체계를 갖추도록 명"했고, 미국인 교사들은 이 학교를 왕립대학(Royal University)이라고 불렀다.

고종이 1895년 『교육입국조서』를 발표한 후, 조선 정부도 유럽식 대학 설립을 준비하기 시작했다. 이 해에 여러 개의 소학교가 설립됐고, 졸업생이 배출된 1900년에는 관립중학교가 개교했다. 애초 계획대로라면 1904년에 대학교가 문을 열어야 했으나, 러일전쟁 와중에서는 불가능했다. 대한제국 정부는 정규학제와 별도로 법관양성소(1895)와 의학교(1899) 등을 설립해 대학으로 발전시킬 계획도 세웠다. 선교사들도 자기들이 세운 학교를 대학으로 발전시키려고 했다.

그러나 한국을 강점한 일제는 '민도(民度)가 낮은 조선인에게는 고등 교육이 필요 없다'는 태도를 견지했다. 그들은 식민지 원주민들에게는 치자(治者)는 물론 학자가 될 자격도 없다고 판단했다. 그들은 근대 과학이 식민지 원주민의 손에 잘 닿지 않는 곳에 있을 때 신비로움을 유지할 수 있다는 점을 잘 알았다. 식민지를 비(非)문명 또는 반(反)문명 상태에 묶어 두는 것은 정치적으로나 이데올로기적으로나 유익했다. 같은 맥락에서 한국인들은 대학을 세워 치자와 학자를 양성하는 것이 독립의 지름길이라고 생각했다. 3.1 운동 직후 조선인 스스로 조선인의 대학을 세우자는 '민립대학설립운동'이 일어났으나, 결실은 보지 못했다. 1924년, 일제는 이른바 '문화 통치'의 일환으로 경성제국대학을 설립했다. 대학 교육에 대한 원주민들의 열망을 일부 수용함으로써 식민 통치를 안정화하기 위해서였다. 그러나 조선인학생 비율은 3분의 1 이내로 제한됐고, 조선인 교수는 단 한 명도 채용하지 않았다. 물론 조선인도 일본이나 외국 대학에 진학할 수는 있었으나, 그 수는 극히 적었다. 이런 상황에서 대학생,또는 대학 졸업자는 바로 '특권층'이 됐다.

해방은 대학 교육에 대한 욕망도 해방시켰다. 미군정(美軍政)은 식민지하의 관립 전문학교들을 경성제국대학에 통합해 하나의 국립대학교를 만드는 한편, 여러 사립 전문학교들을 대학으로 승격시켰다. 그 뒤 70년, 이제 한국은 세계에서 대학 진학률이 가장 높은 나라가 됐다. 10대 청소년들의 삶은 대학 입시에 철저히 종속되어 있으며, 부모들은 대학 입시제도가 사회의 형평성과 공정성 문제를 압축적으로 보여준다고 생각한다.

하지만 지금, 대학의 존재 이유에 대한 사회적 고민은 사라졌다. 이제 대학 졸업장은 어떤 특권도 보장하지 않는다. 신분 이동의 사다리 구실을 못한 지도 오래됐다. 자본의 일방적 지배를 받는 학문에 대해 성찰하는 목소리도 사라졌다. 대학 진학에 대한 욕망이 역사적 형성물이었던 것처럼, 대학생활을 '인생의 시간 낭비'로 보는 생각이 자리 잡는 것도 시간 문제일 수 있다. 국가, 자본, 시민 사회, 개인 모두가 자문(自問)해야 한다. 대학은 왜 필요한가? 대학을 개혁하지 않고 입시제도만 개혁하는 것이 무슨 의미가 있는가?

5장

작은 변화라도 바라며

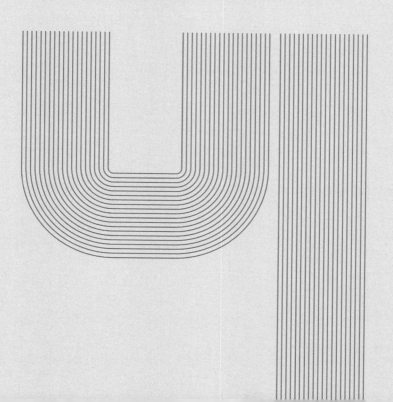

#01
세대 전쟁을 막는 길

2011년 9월, 부산의 모 대학에서 '고령화 사회의 인문학'이라는 제하에 소규모 세미나가 열렸다. 각 분야 전문가가 모여 '고령화 사회'에서 나타날 수 있는 문제들을 예측하고 그 대처 방안을 모색하는 자리였는데, 나도 토론자로 참석했다. 그 자리에서 논의된 내용을 요약하면 대략 다음과 같다.

첫째, 노년의 삶은 질병으로 인한 고통 및 장애와 함께하는 삶이다. 거기에 배우자 사망, 퇴직 등으로 인한 심리적 상실감이 더해진다. 이런 육체적·심리적 조건에서는 관심이 자기에게 집중될 수밖에 없다. 노인들이 자기중심적이 되고 사회 정의에 대한 인식이 박약해지는 것은 심신의 변화에 따른 자연스러운 현상이다. 이에 적절히 대처하기 위해서는 장애를 대하는 통념을 바꾸고 노인을 장애인과 유사한 '사회적 약자'로 대하는 자세 전환이 절실하다.

둘째, 지난 반세기 한국 사회의 '압축 성장'이 노인의 삶도 압축했다는 사실에 주목해야 한다. 대략 반세기 전부터 대다수 가정에서 부모와 자식 사이에 '지식의 역전' 현상이 나타나기 시작했다. 초등 교육이나 중등 교육밖에 받지 못한 부모, 심지어 학교 교육 자체를 받지 못한 부모와 대학 교육까지 받은 자녀 사이에 '지적 갈등'이 생기는 것은 불가피하다. 더구나 급속한 사회 변화는 직접 경험을 무의미하게 만들었다. '해 봐서 아는 일'보다는 '겪어보지 못한 일'이 훨씬 더 많아졌다. 현대의 노인은 리모컨 사용법이나 스마트폰 사용법을 자녀와 손자녀에게 배워야 하는 사람이다. 압축 성장 기간에 노인의 경륜과 지적 권위를 존중하는 문화가 사라졌다. 여기에서 오는 노인 일반의 분노와 좌절감을 이해할 필요가 있다.

셋째, 교육의 내용과 관련한 문제다. 지금 노인들은 6.25 전쟁 전후 애국심과 이념 무장이 교육의 중심 목표이던 시대에 교육받은 사람들이다. 더구나 1950~1960년대는 빈곤의 시대였다. 학교에서 사회적 약자에 대한 배려나 '더불어 살기'를 가르쳤더라도 실천할 수 없었다. 6.25 전쟁 중 부상한 장애인이 헤아릴 수 없이 많던 시절에 육교와 지하도를 무수히 건설한 것만 봐도, 저 시절 '사회적 약자'에 대한 국가와 사회의 배려 정도를 알 수 있다. 거기에 극도의 빈곤 상황에서 '상대를 죽여야 내가 산다'는 전쟁의 논리가 사회 전반을 지배하고 있었으니, '사회 교육' 자체가 '이기적으로 살라'고 가르치는 격이었다.

넷째, 현재 한국 사회의 주류 담론은 신자유주의 경제이론에 지배되고 있다. 이 이론에 따르면, 노인과 장애인 등은 생산에 이바지하는 바 없이 비용만 증대시키는 사회의 짐이자 성장의 장애물이다. 이런 논리를 극복하지 못하면, 노인을 '사회적 잉여'로 취급하는 태도가 일반화할 것이고, 노인에 대한 증오가 만연할 것이다.

세미나에 참석한 경제학자는 우리 사회가 이런 논리에 계속 지배된다면, 알버트 브룩스의 소설 《2030년 그들의 전쟁》이 예견한 대로, 2030년쯤에는 '노인암살단'이 생길지도 모른다고 우려했다.

'초고령 사회'가 시대의 화두로 자리 잡은 뒤 선거 때마다 '세대 대결'의 양상이 적나라하게 드러났다. 최근의 윤석열 대통령 지지율 여론 조사 결과를 보면, 모든 세대에서 '부정 평가'가 압도적으로 많은데 70대 이상에서만 '긍정 평가'가 우세하다. 젊은 층과 중장년층은 노인들을 '꼴통'이라고 흉보고 노인들은 그들을 '철없는 빨갱이'라고 욕한다. 심지어 공공장소에서 노인과 청장년이 정치 문제로 언성을 높이며 다투는 일도 드물지 않다. 살아온 시대가 다르고 접하는 문화가 다르니 갈등이 생기는 것이야 어쩔 수 없지만, 그래도 상호 혐오 감정의 표현 정도가 도를 넘었다. 원인이야 추론할 수 있지만, 뾰족한 대책은 없다.

요즘 노인들에게 먼저 말을 거는 젊은이는 효능이 의심스러운 약이나 의료기기를 파는 사람들이 아니면, 그들을 정치적으로 이용하려는 사람들뿐이다. 노인 대다수는 심지어 가족들로부터도 격리되어 있다. 그런데도 정부와 지방자치단체의 정책은 고령화에 따라 야기될 사회 문제의 근본을 직시하기보다는 노인을 '문제 집단'으로 인식하고 그 문제의 파급력을 줄이려는 수준에 머물러 있다. 전국 여러 도시에 '젊음의 거리'는 무척 많지만, '세대 간 소통의 거리'를 만들려는 시도는 없다. '노인만을 위한' 시설은 자꾸 늘어나지만, '노소가 함께하는 시설'에 대한 구체적인 구상은 없다.

문제는 '노인'이 아니라 '소통'이다. 이 사회가 그들만의 게토(Ghetto)에 유배된 노인들에게 일상의 공간을 적절히 배정하지 않으면, 머지않은 장래에 지금으로선 상상조차 할 수 없는 일들이 벌어질지도 모른다. 지금부터라도 노인과 젊은이들이 모여 소통할 수 있는 일상의 공간을 만들어 내고 늘려야 한다. 소통 없이는 이해도 없다. 서로 이해하려 들지 않는 집단 사이의 갈등을 해소하는 방법은 폭력뿐이다.

지금 우리 사회는 여태 겪어본 적 없는 새로운 도전에 직면해 있다. 이 도전에 제대로 대처하지 못하면, 곧 노인에 대한 '존경'과 '배려'가 모두 사라진 미래가 닥칠 것이다. 그런 미래에서 피해자가 될 사람들은 지금의 젊은 세대다. 신성장동력을 찾는 것보다 더 시급한 우리 시대의 과제는 세대 전쟁을 막을 방도를 찾아내는 것이다.

#02
젊은이가 불행한 시대는
그냥 불행한 시대일 뿐

우리나라 사람이라면 누구나 익히 외는 시 「진달래꽃」을 지은 김소월은 평북의 명문 오산학교와 서울의 명문 배재고보를 거쳐 일본에 유학, 도쿄의 명문 도쿄상대에 입학했다. 재학 중 간토대학살을 겪은 그는, 학교를 중퇴하고 조선에 돌아왔다. 영문 모를 죽음 곁에 섰던 트라우마가 얼마나 심했던지, 돌아온 뒤에도 간토대학살에 대해서는 입을 열지도, 글을 쓰지도 않았다. 김소월은 중학생 때부터 시를 쓰기 시작해 19살에 등단했으며, 일본 유학 시절은 물론 귀국한 직후에도 창작열을 불태워 모두 154편의 시를 발표했다. 그러나 그는 1920년대 중반부터 시 짓기를 그만두고 고향에서 신문사 지국을 운영했다. 생활고를 견디기 어려웠기 때문인데, 이 사업에 실패하자 술로 세월을 보내다가 1934년 33살에 음독자살했다.

「물레방아」, 「벙어리 삼룡이」 등 역시 우리나라 사람이라면 읽지는 않았어도 들어는 보았을 소설들을 남긴 나도향도 배재고보를 졸업하고 당시 식민지 조선에서 가장 들어가기 어려운 학교였던 경성의학전문학교에 입학했다. 그런데 의학이 적성에 맞지 않았던지 중도에 일본 유학을 결심하고 도일(渡日)했으나 학비를 마련할 길이 없어 바로 귀국했다. 귀국 후 별다른 직업 없이 소설 집필에 전념하던 그는 1926년 25살의 나이로 요절했다.

이 둘은 모두 한국 문학사에 길이 빛나는 '불후의 명작'을 남겼으며, 남다른 수재로서 명문 학교를 거쳐 일본에 유학한 사람이다. 공부를 다 마치지 못하고 중도에 귀국한 점도 같다. 공통점은 이뿐이 아니다. 이들은 모두 1902년생이다. 장편 소설 「탁류」를 지은 채만식, 「사랑 손님과 어머니」의 작가 주요섭, 「향수」의 정지용도 이들과 동갑내기다. 이들 또래에는 유달리 특출한 작가가 많았다. 「감자」, 「배따라기」의 김동인, 「빈처」, 「운수 좋은 날」의 현진건, 「나는 왕이로소이다」의 홍사용, 「파초」의 김동명, 「불놀이」의 주요한이 1900년생이며, 「빼앗긴 들에도 봄은 오는가」의 이상화, 신경향파 문학의 개척자 박영희, 「탈출기」를 쓴 최서해, 「금삼의 피」를 지은 박종화는 1901년생이다.

1903년에 태어난 걸출한 작가로는 「모란이 피기까지는」을 지은 김영랑, 작가이자 언론인으로 유명한 김기진, 「성불사의 밤」, 「옛 동산에 올라」 등 한국인의 애창 가곡이 된 숱한 시조 작품을 남겼고 어지간한 학교 교가는 죄다 작사하다시피 한 이은상이 있다. 좀 과장하자면, 1900년부터 1903년 사이에 태어난 문인들에 관한 이야기만으로도 한국 근대 문학사의 반을 채울 수 있을 정도다. 신이 특별한 재능을 특정한 세대에 몰아주는 '괴벽'을 지녔기 때문일까? 아마 그렇지는 않을 것이다. 이 세대가 함께 겪은 '시대상'이 이들을 뛰어난 작가로 만들어줬다고 보는 편이 더 합리적이다.

이들은 대한제국에서 태어나 열 살 즈음에 나라가 망하는 것을 지켜봤고, 식민지 차별 교육을 받으며 성장했다. 어려서 한문을 배우고 보통학교에 입학한 뒤에는 조선어와 일본어를 배웠다. 고등보통학교 이후로는 영어나 독일어를 더 배웠다. 3개 국어, 4개 문자 이상을 배우면서 문학에 대한 감수성과 욕구가 깊어졌을 수도 있다. 일제의 치밀한 검열망을 우회하는 길을 찾는 과정에서 저도 모르는 사이에 문학적 수사(修辭)와 메타포를 발전시켰을 수도 있다. 그러나 더 근본적인 배경은 이들이 '근대적 고등 실업자군'의 첫 세대였던 데에서 찾아야 할 듯하다.

1914년 제1차 세계대전 발발을 계기로 전례 없는 호황 속에 고도성장을 거듭하던 일본 자본주의는 제1차 세계대전 종전(終戰) 직후 바로 '전후(戰後) 공황'에 빠져들었다. 설상가상으로 1923년에는 간토 대지진의 여파로 '진재(震災) 공황'이 닥쳤다. 1920년대 초반부터 일본 제국주의 판도 전체가 장기간의 '경기 침체'에서 헤어나지 못했다. 1920년대판 '잃어버린 10년'이었다. 고등 교육을 받고도 취업하지 못하는 사람이 갑작스럽게 늘어났다.

취업난은 조선 청년들에게 훨씬 심했다. 고등 교육을 받은 조선 청년들이 부쩍 늘어난 데다가 본토의 취업난을 피해 조선에 건너온 일본인들까지 취업 경쟁에 합류했기 때문이다. 더구나 3.1 운동을 겪은 직후여서 총독부 하급 관리라도 되기 위해서는 '민족의 양심'을 팔았다는 자괴감을 떨쳐 버려야 했다. 섬세하고 순수한 열정을 품은 젊은이들로서는 차마 할 수 없는 일이었다. 양심과 생계를 함께 보장해 주는 직장이라고는 학교나 신문사 정도밖에 없었다. 그러나 이런 곳에 취직하는 것은 하늘의 별 따기였다. 연줄이 있고 운이 따라주어야 했으니, 고등 교육을 받은 수많은 젊은 인재가 '문필가'라는 칭호 뒤에 '룸펜 인텔리'의 실체를 숨기는 일이 유행했다.

이들의 작품을 낭만주의, 허무주의, 사실주의 등 어떤 유파로 분류하든 간에, 그 분위기는 대체로 어둡다. 이들은 개인적으로나 민족적으로나 '암울한 현실'에서 벗어날 수 없었다. 논 팔고 땅 팔아 학비 대준 부모의 기대에 부응하지 못하는 자책감, 안정적인 직업을 구할 수 없는 데에서 오는 좌절감, 자기보다 공부도 못하고 재주도 없던 동기생들이 양심을 팔고 연줄을 대어 좋은 직장에 취직해서는 거들먹거리는 꼴을 보고 느끼는 허탈감 등이 이들의 의식과 무의식을 지배했다. 1920년대 전반을 아름답게

수놓은 '불후의 명작'들에는 좌절, 자책, 허무, 분노, 체념이 응축되어 있다.

1997년 외환위기 이후 대학을 졸업하고도 취직하지 못하는 '청년 실업자'들이 해마다 늘고 있다. 직장의 질도 아주 나빠져서 비정규직이 태반이다. '저주받은 세대'니 '88만 원 세대'니 하는 말은 사전에 올려도 좋을 만큼 진즉에 일반화했다. 이른바 MZ 세대가 한국 근현대 역사상 최초로 '부모보다 가난한 삶'을 살 것이라는 전망도 지배적이다. 삶의 돌파구를 찾으려 고뇌하는 이 세대가 후일 어떤 천재들을 낳을지는 모르는 일이다. 설령 우리 후손들이 기억할 '불후의 명작'이 줄어드는 한이 있어도, 이들을 좌절감과 절망감 속에 방치해서는 안 된다. '아프니까 청춘'이 아니라 오늘의 한국 사회가 청춘을 아프게 만든 것이다. '젊은이가 불행한 시대'는 그냥 '불행한 시대'일 뿐이다.

위인의 시대

영웅이라는 뜻의 영어 히어로(Hero)는 '반신(半神)' 또는 '신인 (神人)'이라는 뜻의 고대 그리스어에서 온 것으로 '다르다'라는 뜻의 헤테로(Hetero)와 연관된다. 오늘날 헤테로는 '이형(異型) 접합자' 또는 '이형 배우자'라는 뜻의 과학 용어로 사용된다. 사자(Lion)와 호랑이(Tiger) 사이에서 태어난 새끼인 라이거(Liger) 나 타이온(Tion)이 헤테로다.

고대 그리스인들에게 영웅이란 '신과 사람 사이에서 태어난 제 3의 존재'로서, 신의 능력을 지녔으되 죽음이라는 인간의 한계를 벗어나지 못하는 존재였다. 그리스 신화는 이들의 활약이 중심 주제를 이루는데, 이들이 인간을 구원하기 위해 맞서 싸우는 대 상 역시 사람과 사자가 섞인 스핑크스, 사람과 독수리가 섞인 그 리핀, 사람과 말이 섞인 켄타우로스, 사람과 소가 섞인 미노타우 로스, 사람과 뱀이 섞인 메두사 등 '다른 존재들'의 속성을 아우른 존재들이다. 신성(神性)과 결합한 인간은 '초인'이자 '영웅'이며 동물성과 결합한 인간은 '괴물'이다. 영웅이 괴물을 물리쳐 인간을 구원하는 것이 그리스 신화의 기본 서사 구조다.

우리나라의 건국 신화 서사도 비슷하다. 신의 아들이자 그 자신이 신인 환웅이 땅에 내려와 곰을 인간으로 변신시키고, 아내로 맞아 낳은 '존재'가 단군이다. 오늘날의 유전학으로 보자면, 단군의 유전자에 '인간성'은 없다. 동서를 막론하고 고대인들은 신과 인간, 인간과 동물 사이에 각각 중간적 존재가 있다고 믿었고, 신과 인간의 속성을 아울러 지닌 '중간자'를 영웅으로 추앙했다.

기원후 1세기쯤에 저술된 플루타르크의 《영웅전》은 사람들을 영웅으로 묘사했으나, 이 인문주의는 금세 소멸했다. 중세의 유럽인들에게 그리스도는 '영웅으로 태어났으되 부활을 통해 영웅의 한계를 뛰어넘은 존재였고, 교황과 성인들은 그 아래에 자리 잡은' 준영웅적 존재였다. 동아시아에서는 황제가 곧 '인신(人神)'이었다. 그는 '하늘의 아들'이라는 뜻의 천자(天子)로 불렸으며, 그에게 큰 공을 세운 사람들만이 '공신(功臣)'으로서 죽은 뒤 황제들의 사당 옆에 자리를 얻을 수 있었다. 공자, 맹자, 증자, 주자 등 유교의 성인(聖人)으로 추앙받은 사람들도 어쨌거나 '사람[人]'일 뿐이었다.

시민혁명은 신이 자기와 혈연적 관계를 맺은 군주를 내세워 사람들을 다스린다는 중세적 관념을 무너뜨렸다. 날 때부터 신과 맺어진 황제나 왕이 아니더라도, 인간 자신의 힘만으로 위대한 업적을 남길 수 있다는 생각이 널리 퍼졌다. 위대한 업적을 남긴 사람들은 따로 '위인(The Great Man)'으로 불렸다. 중세는 '영웅의 시대'와 함께 저물었으며, 근대는 '위인의 시대'와 함께 열렸다. 그리고 곧 영웅과 위인이 동의어처럼 됐다.

우리나라에서는 20세기 초가 돼서야 '영웅과 위인들'에 관한 얘기가 쏟아져 나왔다. 나라가 곧 망할 위기 상황이었기 때문에, 당시의 애국 지식인들은 외침(外侵)을 막아내고 나라를 위기에서 구할 '영웅과 위인'의 출현을 고대했고, 옛 위인들에 관한 얘기를 널리 퍼뜨림으로써 사람들의 용기와 의지를 북돋우려 했다. 그래서 이순신, 을지문덕, 연개소문, 강감찬 등 외세의 침략에 맞서 나라를 구한 사람들이 특히 주목받았다.

일제가 한국을 강점한 뒤, 한국 위인들에 관한 얘기는 공식 역사서에서 사라졌고 한국 위인들에 관한 책은 대개 금서(禁書)로 지정됐다. 1925년 장도빈이 새로《조선위인전》과《조선영웅전》을 저술, 출판했으나 1931년 만주사변 이후 조선총독부가 조선인들에 대한 사상 통제를 강화함에 따라 이런 제목의 책은 더 이상 나오지 못했다. 1939년 〈조선일보〉가 출판한 비슷한 내용의 책에는《조선명인전》이라는 제목이 붙었다. 조선인은 '유명인'은 될 수 있어도 '영웅'이나 '위인'은 될 수 없다는 것이 군국주의 지배자들의 공식 견해였다. 다른 민족들이 자민족 영웅과 위인을 찾고 만들어 '국민 교육'의 구심으로 삼는 동안, 한국인들은 자민족 영웅과 위인들에 대해 제대로 알지 못한 채 40년 가까운 세월을 보냈다.

해방되어 국민국가 건설을 위한 새 구심점을 선정할 때, 위인 하면 도쿠가와 이에야스나 사이고 다카모리, 이토 히로부미를 떠올리는 사람들의 동의를 구할 이유는 없었다. 몇몇 '권위자'에 의해 40년 전의 텍스트를 기반으로 다섯 명의 위인이 급조됐다. 1946년 10월, 서울시 산하에 신설된 가로명제정위원회는 일본인들이 마음대로 바꿔놓은 서울의 길 이름을 옛 이름으로 되돌리는 한편, 주요 가로에는 우리 역사상의 위인들 이름이나 시호를 붙이자는 원칙을 정했다. 이들은 서울의 중심 대로에 세종의 묘호(廟號)를, 일본인 거주지의 중심 가로였던 본정(本町)에 충무공의 시호(諡號)를, 중국인들이 다수 거주했던 황금정(黃金町)에 을지문덕의 성을, 일본인들이 원정(元町)이라는 이름을 붙였던 동네에는 원효대사의 법호(法號)를 붙였다. 이렇게 세종로, 충무로, 을지로, 원효로가 생겼다. 누군가 독립운동가도 한 사람쯤 있어야 하지 않겠느냐고 제안했다. 당시는 이토 히로부미를 척살한 안중근 의사에 대한 숭모 열기가 높던 때였으나 어찌 된 영문인지 위원들은 '가장 먼저 순국한 민영환으로 하자'는 데에 합의했다. 그래서 일본 대리공사 다케조에 신이치로(竹添進一郎)의 이름을 따서 '죽첨정'이었던 동네가 민영환의 시호를 딴 충정로로 바뀌었다.

이들 다섯 명은 이후에 쏟아져 나온 '한국 위인전'의 기득권자
가 됐다. 현재 한국 화폐에는 신사임당, 세종대왕, 율곡 이이, 퇴
계 이황, 충무공 이순신 등 다섯 위인의 초상이 그려져 있다. 전
국 곳곳에는 위인들의 동상과 위인들의 이름을 딴 길과 위인들
을 기리는 기념관들이 있으며, 각 가정 책장에는 '위인전'들이 꽂
혀있다.

'위인전'과 '위인 숭배'는 '신의 시대'가 끝나고 '인간의 시대'가
시작됐음을 알리는 구실을 했다. 그러나 '위인전'의 서사 구조는
'영웅전'의 서사 구조와 별로 다르지 않았다. 하늘 또는 신의 계
시, 어려서부터 드러난 비범성, 어떤 역경도 극복하는 초인간적
의지, 완전무결한 도덕성 등 '위인전' 안의 위인들은 사람보다는
오히려 신에 가까웠다. '위인전'이 있기에 현대의 아이들은 자라
서 어떤 '사람'이 될 것인지 생각할 수 있다.

물론 위인에게 '신의 속성'을 부여한 것이 꼭 잘못이라고 할 수
는 없다. 인간은 '신성'에서 '지고지선(至高至善)'을 찾기 때문이
다. 근래 이승만을 '우리 역사상 최고의 위인'으로 숭배해야 한다
는 사람이 급증하고 있다. 그가 '지고지선(至高至善)'했기 때문인
지, 아니면 자기 닮은 위인이 필요하기 때문인지 성찰해야 할 터
이다. 위인 선정은 자라나는 아이들의 모범을 만드는 일이다.

#04
가만히 있으라

　2013년 7월, 충청남도 태안의 사설 해병대 캠프에서 훈련받던 고등학생 5명이 아까운 목숨을 잃었다. 세상에 아깝지 않은 목숨이 어디에 있겠는가마는, 채 피어보지도 못한 어린 생명이 스러졌다는 소식을 접할 때면, 그 부모들의 극렬한 아픔이 그대로 전해지는 듯해 더 견디기 어렵다. 아이들을 죽이고 부모들에게 평생 씻을 수 없는 한을 남긴 것은 구명조끼 없이 바다에 뛰어들라는 부당한 명령만이 아니었다. 더 직접적인 것은, 그에 후속된 무모한 집단적 순응이었다. 시쳇말로 '까라면 까는' 것이 군인정신의 정수이자 남자다움의 본령이라는 믿음이었다.

　국민 각자에게 '자발적으로 순응하는 신체'를 갖추라고 요구하는 것은 근대 국민국가의 주요 특징이고, 군대가 그런 신체를 만들어 내는 가장 효율적인 기구였던 것도 보편적 현상이지만, 식민지 근대는 개인의 자발성을 극도로 왜소화하고 일방적 순응만을 요구했다. 학교 교육에서 남녀 불문하고 '온순 착실한 성격과 방정(方正)한 품행'만을 요구하던 일제가 '박력'을 강조하기 시작한 것은 1930년대, 조선인을 침략전쟁에 동원할 준비에 착수하면서부터였다. '밀어붙이는 힘'이라는 뜻의 이 단어는 명령에 따라 앞뒤 가리지 않고 돌격해야 하는 말단 보병에게나 어울렸지만, 곧바로 남성성을 표상하는 개념으로 자리 잡았다. 더불어 오랫동안 한국의 남성성을 대표하는 정신이자 태도였던 기개와 지조는 성가신 개념이 됐다. 부정한 권위에 맞서고 부당한 명령에 불복하는 것은 비국민적 악덕으로 재배치됐다. 식민지의 원주민 남성들을 기개 없는 박력, 지조 없는 돌격 정신을 지닌 제국 군대의 사병으로 만들기 위한 유효한 수단이 무자비한 구타였다.

해방 후 식민지 군사 문화의 문제점을 스스로 성찰할 여유도 없이 전쟁이 터졌다. 부득이하게 사회 전반이 전쟁의 논리에 지배됐다. 혹자는 인간이 발명한 가장 무모한 짓이 전쟁이라고 한다. 전쟁은 살인, 방화, 강간, 약탈 등의 극악한 범죄행위를 정당화하고, 묻거나 따지거나 망설이는 행위를 죄악시한다. 스스로 판단하는 능력을 유보한 채 아무리 무모한 명령이라도 충실히 이행하는 인간, 기계의 부품처럼 움직이며 문제가 생겼을 경우 즉각 교체할 수 있는 인간이 전시 군대가 요구하는 효율적인 인간이었다. 총성이 멎은 뒤에도 분단 상태는 계속됐고, 군사적 관점에서 국민의 자질을 규정하는 국가 권력의 태도도 흔들리지 않았다. 이 같은 상황에서 '군대 갔다 와야 사람 된다'는 말이 설득력 있는 담론으로 통용됐다. 물론 보통의 남성들은 '사병'으로 군대에 간다. 사병에게 명령은 자신이 개입할 수 없는 '주어진 것'이다. 따라서 여기에서 '사람 된다'는 것은 하달된 명령만을 성실히 이행하는 사람이 되는 것을 의미했다.

전쟁의 논리가 지배하는 상황에서 대량 생산된 '사병형 국민'들이 군사 독재체제와 초기 개발경제를 떠받쳤다. 기계적인 단순노동을 기축으로 한 초기 경제개발 과정에서는 이런 국민이 유효하고 유능할 수 있었다. 그런 점에서 '개발 독재'라는 작명에는 정합성이 있다. 그러나 산업 구조가 고도화하고 민주화가 진전함에 따라 군사 문화의 지배력도 약해졌다. 복종과 순응만을 가르치던 학교 교육이 변했고, 폭력적인 병영 문화도 개선됐다. 그런데도 자기 지배하에 있는 사람들을 '사병'의 위치에 묶어 두려는 미시 권력의 요구와 그를 주체적으로 수용하는 태도는 그리 변하지 않았다.

태안에서 고등학생 5명이 참사를 당하기 며칠 전, 서울 노량진에서 노동자 6명이 목숨을 잃었다. 그들도 폭우가 쏟아지는 가운데 지하에 들어가 일하라는 부당한 명령에 순응한 사람들이었다. 이 두 참사로부터 10개월도 안 되어 세월호 참사가 일어났다. 아이들은 "제 자리에서 움직이지 말고 가만히 있으라"는 승무원의 지시에 순응했다. 배가 기울어 위험을 감지한 순간에도 그들 대다수는 다음 방송을 기다리며 가만히 있었다. 가만히 있지 않고 바깥 상황을 직접 살폈던 소수 학생만이 살아남았다. 학생들에게 '가만히 있으라'고 지시한 선장과 승무원들은 미리 배에서 빠져나갔다. 6.25 전쟁이 발발하자 서울 시민들에게 '가만히 있으라'고 지시하고 자기 먼저 서울을 빠져나간 이승만처럼. 태안 참사는 세월호 참사의 과거상이고, 세월호 참사는 태안 사고의 미래상이다. 모두가 더 나은 미래를 기대하지만, 먼저 사람이 새로워져야 새로운 미래를 열 수 있다.

지금 더 나은 미래를 위해 진정 필요한 국민은 묻지도 따지지도 않고 그저 권력이 시키는 대로만 하는 '사병형 국민'이 아니라 묻고 따지고 항의하며 '명령' 자체에 개입할 수 있는 민주적 국민이어야 한다. 정조 때 규장각 제학 김종수는 "우리나라에서 명예와 절개를 지키는 데 힘쓰고 기개를 숭상함으로써 400년 동안 종사(宗社)를 보존하여 유지시킨 것은 바로 사대부들"이라고 했고, 정조는 이 말에 "옳다"고 답했다. 유교가 지배하던 군주제 시대의 덕목과 민주주의 시대의 덕목은 달라야 하지만, 그래도 '부당한 지시에 순응'하는 아돌프 아이히만 같은 국민보다는 부정한 권위에 맞서는 '기개'와 부당한 명령에 불복하는 '지조'를 지닌 국민이 민주주의에 훨씬 더 잘 어울린다.

/경축! 안전진단 통과

종이 울리네 / 꽃이 피네 / 새들의 노래 / 웃는 그 얼굴 (중략) 아름다운 서울에서 / 서울에서 / 살렵니다.

　서울 사람은 물론 한국 사람이라면 거의 모두가 아는 노래, 「서울의 찬가」 첫 소절과 마지막 소절이다. 패티 김이 이 노래를 발표한 1969년의 서울은 종이 울리고 꽃이 피며 새가 우는 목가적인 도시가 아니라 망치 소리가 울리고 나무들이 뿌리 뽑히며 새들이 떠나는 개발의 도시였지만, 그래도 이 노래는 이후 오랫동안 '서울살이'에 대한 한국인들의 보편적 욕망을 표현하는 노래로 널리 애창됐다.

　6.25 전쟁의 포성이 멎었을 때, 서울 인구는 100만 명이 조금 넘는 정도였다. 그런데 「서울의 찬가」가 나왔을 때 서울 인구는 이미 500만 명에 육박했고, 그 3년 뒤인 1972년에는 다시 600

만 명을 넘어섰다. 서울의 인구 팽창은 그 뒤로도 20년 가까이 계속되어 서울올림픽이 열린 1988년에 1,000만 명을 돌파했다. 한 세대가 조금 넘는 기간에 한 도시의 인구가 10배 가까이 증가한 것은 세계사적으로도 희유한 사례다. 이 엄청난 속도의 인구 증가는 당연히 지방 사람들이 서울로 이주한 결과다. 노랫말처럼 서울이 '아름답고 살기 좋아' 이주했든, 아니면 그저 '살기 위해' 어쩔 수 없이 이주했든, 이 이주민들이 '개발 시대' 서울시민의 주력이었다. 그런데 그들은 고향을 따로 둔 사람들이었다. 그들은 고향에 내려가서는 '서울 사람 다 되었음'을 자랑하면서도 서울에 올라와서는 고향을 그리워하는 '이중 정체성'을 가진 사람들이었다. 해마다 명절이면 하행선 고속도로를 가득 메우는 자동차 행렬과 기차역 매표소 앞에 장사진을 친 사람들은 서울시민 다수의 내면에 자리 잡은 이 이중 정체성의 표상이었다. 그런데 이들이 진짜 정을 붙인 땅은 어디일까?

타향도 / 정이 들면 / 정이 들면 / 고향이라고 (중략) 그것은 / 거짓말 / 향수를 / 달래려고 / 술이 취해 하던 말이야 / 아아아아 / 타향은 싫어 / 고향이 좋아.

1972년 김상진이 발표한 노래 「고향이 좋아」 가사의 일부다. 이 시대 서울시민들은 '서울에서 살렵니다'와 '타향은 싫어 고향이 좋아' 사이에서 전혀 이율배반을 느끼지 않았다. 어떻게 그런 일이 가능했을까?

서울에 관해 강연을 할 때면, 청중에게 종종 "서울에서 돌아가 시고 싶습니까?"라고 짓궂은 질문을 던지곤 한다. 그럴 때 돌아 오는 반응은 주로 쓸쓸한 웃음이다. 오랫동안 평범한 서울 사람 들의 소박한 꿈은, 일할 수 있는 나이까지는 서울에서 살며 돈을 번 뒤 고향이나 교외에 그림 같은 전원주택 한 채 지어 평온한 노후를 보내는 것이었다. 그들에게 서울은 살고 싶기는 하되 죽 고 싶지는 않은, 그런 도시였다. 속되게 표현하자면, 대다수 서울 시민에게 서울은 '한탕 하고 튀는' 도시였다. 서울이 아무리 망가 져도, 그들에게는 돌아갈 고향이 있었다.

거리를 지나다 아파트 단지 입구에 '경축! 안전진단 통과'라고 쓴 현수막이 나붙은 걸 볼 때가 있다. 물론 여기에서 '안전진단 통과'는 안전하지 않다는 진단을 받은 걸 말한다. 자기 집이 곧 무너지게 생겼다는데 그게 좋다고 경축 현수막을 내거는 사람들 이 사는 세상, 이게 정상적인 세상인가? 몇 년 만에 찾은 고향 마 을 정자나무가 사라진 걸 보곤 마음 아파하면서, 정작 자기 사는 동네에 천연기념물로 지정된 고목이 있으면 그까짓 나무가 뭐 중요하기에 건축물 고도 규제를 받아야 하느냐고 펄펄 뛰는 사 람도 많다. 이들에게 자기 고향 느티나무는 추억이 깃든 좋은 나 무고, 자기 사는 동네의 느티나무는 재산권을 침해하는 나쁜 나무다.

1988년 1,000만을 넘은 서울 인구는 그 이후 지금까지 30년 넘게 정체 상태에 있다. 지금 서울에 사는 어린이와 젊은이들 대다수의 고향은 서울이다. 그들에게는 서울 말고 달리 마음 붙일 고향이 없다. 이제까지와 같은 개발 추세가 계속된다면 10~20년 뒤 그들이 자란 집, 그들이 뛰어놀던 놀이터, 그들의 추억이 담긴 나무 중 남는 것은 거의 없을 것이다. 게다가 지금의 서울은 저개발도시가 아니라 과잉 개발도시다.

한국 인구가 줄어들기 시작한 지 이미 몇 년이 지났다. 서울이 지금의 규모를 유지하려면 지방 도시들이 소멸해야 하는데, 그 또한 재앙이다. 그런데도 선거 때만 되면 대다수 후보자는 '재개발·재건축 규제 완화' 공약을 내세운다. 유권자들이 자기 동네 '파괴하는 일'을 더 좋아하기 때문이다. 사람이 줄어드는데 집만 늘려서 어쩌겠다는 것인가? 이제는 자기 아이들에게 서울을 고향답게 만들어 물려줄 생각도 좀 해야 하지 않을까?

#06
고령 시대

　서울 광화문 교보빌딩 앞에는 '기념비전'이라는 현액(懸額)이 걸린 전통 양식의 건물이 있다. 조선 시대에 비석을 보호하는 건물은 모두 비각(碑閣)이라 했지만, 이 건물 안에는 황제를 기리는 비석을 뒀기 때문에 이름의 위격(位格)도 비전(碑殿)으로 높였다. 비석에는 후일 순종황제가 되는 당시 황태자의 글씨를 받아 '대한제국대황제보령망육순어극사십년칭경기념비송(大韓帝國大皇帝寶齡望六旬御極四十年稱慶紀念碑頌)'이라고 새겼다. 이 비석과 비전을 세운 해는 1902년으로 고종이 즉위한 지 40년, 나이 51세가 되던 해였다. '망육순'은 60을 바라본다는 뜻으로 시쳇말로는 '내일모레 환갑'이다. 그 나이를 지낸 처지에서 말하자면, 이건 결코 '듣기 좋은 소리'가 아니다.

　기념비전 뒤 교보빌딩 자리에는 조선 개국 초부터 1909년까지 기로소(耆老所)라는 관청이 있었다. 하는 일이라고는 소속 관원의 명부를 작성, 관리하고 봄가을로 연회를 여는 정도밖에 없었지만, 조선 후기 법전인《대전회통》에는 관부 서열 1위로 기재됐다. 조선 시대 관리들은 기로소에 들어가는 것을 평생의 영예로 여겼으니, 입소 자격을 얻기가 아주 어려웠을뿐더러 같은 자격이 되면 왕도 관리들과 함께 입소했기 때문이다. 입소 자격은 '2품 이상의 전·현직 문관으로서 나이 70 이상일 것'이었다. 왕도 70이 되지 않으면 입소할 수 없었으나, 입소 자격을 얻을 때까지 살지 못하는 왕이 많아지자 스스로 '노인'이 됐음을 선언하고 입소하는 왕도 나타났다. 숙종은 59세에, 영조는 51세에 각각 기로소에 입소했다. 고종도 영조의 예를 따라 51세에 입소하면서 즉위 40년이 된 것과 '자칭 노인'이 된 것을 백성들과 함께 경축하려 했다. 그의 '망육순' 생일과 즉위 기념일은 1902년의 '쌍대 경절(慶節)'로 지정됐다. 남들보다 일찍 '노인'이 되는 게 뭐가 그리 좋아서 국경일로까지 삼았을까?

중세의 노인은 현대의 노인과 달랐다. 60이 되면 양인(良人) 남성이 의무적으로 부담해야 했던 군역과 요역에서 면제됐다. 환갑잔치는 이제 더 이상 억지로 끌려 나가 힘든 일을 할 필요가 없게 되었음을 자축하고 그때까지 함께 역(役)을 졌던 마을 주민들에게 미안함을 표시하는 잔치였다. 노비도 80이 되면 '면천(免賤)'의 은전을 입을 수 있었다. 그렇다고 사회적으로 퇴물 취급을 받지도 않았다.

노인들이 평생에 걸쳐 쌓아 올린 식견과 기능은 사회적으로 유용했다. 10년이면 강산도 변한다지만, 관습과 지식이 변하는 속도는 그보다 더 더뎠다. 노인이 되면 국역에서 면제되었을 뿐 아니라, 가정과 지역사회에서 훈계 들을 의무로부터도 해방됐다. 대신 '훈계할 권리'는 거의 무한정 허용됐다. 그러면서도 자식들에게 봉양 받을 권리를 누렸고, 자식들 역시 부모 봉양을 당연한 의무로 여겼다.

　옛날 노인들도 겸사(謙辭)로 "늙으면 죽어야지"라는 말을 쓰기는 했으나, 노인의 기대 수명이 다른 연령층의 기대 수명보다 압도적으로 짧지는 않았다. 노인이 돼 보지도 못 하고 죽는 사람이 태반이었으며, 영유아 사망률이 노인 사망률보다 오히려 높았다. 흰머리가 늘어가고 기력이 쇠하는 것이 서글픈 일이기는 했으나, 노인이 되어서 '좋은 점들'이 그 서글픔을 상쇄하고도 남았다.

　현대의 노인은 기대 수명이 훨씬 늘어났다는 점 말고는 옛날 노인의 '좋은 점'을 거의 누리지 못한다. 그들이 평생에 걸쳐 쌓아온 지식과 기능은 경륜으로 대접받기보다는 '시대착오'로 취급받기 일쑤다. '어른의 훈계'였던 말들은 '꼰대의 잔소리'로 격하됐다. 야간에 근무하는 경비원으로 노인을 모집하면서 시급 2,000원을 제시한 공고문은, 현 사회가 노인의 몸과 경륜에 내리는 냉정한 평가다. 노인들 스스로 "늙을수록 지갑은 열고 입은

닫아라"라는 경구를 만들어 실천하려 하지만, 그것도 열 지갑이 있는 노인들에게나 해당할 뿐이다. 부모 봉양의 의무를 이행하려는 자식과 부모의 노후자금조차 노리는 자식 중 어느 쪽이 많은지는 알 수 없으나, '봉양'이라는 개념 자체가 희미해진 건 누구도 부인할 수 없는 사실이다. '죽을병'이 '안 죽을병'으로 자리를 옮긴 덕에 수명은 길어졌으나, 병마와 함께 하는 세월도 길어졌다.

그럼에도 현대의 노인들은 과거의 노인들에게서 '노인 노릇'을 배운다. 학문체계가 고도로 세분화한 시대에 서당에서 천자문을 배우는 격이다. 젊은 부모들을 위해서는 '좋은 아빠 되는 법'이나 '좋은 엄마 되는 법' 같은 교육 프로그램이 풍성하나, 노인들에게 제공되는 교육 프로그램은 대개가 단순한 소일거리일 뿐이다. 노인이 되면 응당 누릴 수 있으리라 기대했던 권리들은 사라지고, 대신 언제 끝날지 알 수 없는 고통스럽고 고독한 시간 앞에 선 사람들이 현대의 노인이다. 게다가 그들은 '희소한 존재'가 아니라 인구수가 가장 많은 세대를 구성한다. 그럼에도 우리 사회는, 시대 변화에 조응하는 '노인다운 삶'에 대한 개략적 합의조차 이루지 못했다.

고령 시대에 제기되는 문제들은 복지비용이나 노인 일자리에 국한되지 않는다. 노인들 스스로 옛날 노인들처럼 살았다가는 시대와 심각한 불화를 겪다가 좌절할 수밖에 없다는 사실을 자각해야 한다. 나머지 사회 구성원들도 노인들을 다른 사회적 약자를 품듯이 품어야 한다.

산업화와는 달리 고령화에 대해서는 후발 주자의 이점도 누릴 수 없다. 우리는, 그리고 세계는, 인류가 이제껏 겪어보지 못한 새롭고도 엄중한 도전에 직면해 있다. 이 도전을 극복하기 위해서는 기존의 관념, 태도, 관습, 문화 전반을 혁신해야 한다. 산발적이고 비연속적인 노인 문제 담론들을 생산하기에는 고령화의 속도가 너무 빠르다. 지금은 고령 시대의 문제 해결을 국가적 의제로 삼고 역량을 집중해야 할 때가 아닐까? 독립된 정부 부처로 '노인부'를 신설할 필요는 없는지, 신중하게 검토해야 할 때다.

#07
지(知)와 식(識) 사이의 거리

    가까운 지인 중에 유명 연예인과 같은 아파트에 사는 사람이 있다. 어느 날, 엘리베이터 안에서 그 연예인과 마주친 지인은 아주 반갑게 인사를 건넸는데, 그 순간 '아차'하는 생각이 들더란다. 둘은 비록 같은 아파트에 살지만, 그때까지 한 번도 직접 대면한 적이 없는 사이였다. TV 화면을 통해 워낙 자주 대하다 보니 '아는 사람'이라고 착각했을 뿐이다. 다행히 그런 일을 수도 없이 겪었을 그 연예인이 미소로 화답해 준 덕에 민망함은 덜었다지만, 무척 멋쩍은 일이었을 게다.

    '안다'만큼 모호한 단어도 드물다. 비단 우리말만이 아니라 다른 나라 말에서도 마찬가지다. 내가 어떤 사람을 '안다'는 것은 무슨 의미일까? 오다가다 지나치면서 겨우 낯이 익은 사람도 '아는' 사람이고, 서로 인사를 나눈 적은 없지만 어쩌다 이름을 알게 된 사람도 '아는' 사람이다. 그러나 수십 년을 같이 살아온 배우자조차 '모르는' 사람으로 느껴질 때도 있다. '2+2=4'나 '지구는 태양의 주위를 돈다'처럼 인류가 기본적으로 공유하는 '앎'도 있지만, '나는 네가 지난여름에 한 일을 알고 있다'처럼 '나만이 아는', 진위를 가릴 수 없는 '앎'도 있다.

고대 그리스인들은 실용적 앎과 실천적 앎을 프로네시스, 이론적 앎과 철학적 앎을 에피스테메로 구분했다. 에피스테메라는 단어는 프랑스의 철학자이자 역사가인 미셸 푸코가 '한 시대에 공통된 이야기들을 만들어 내는 생각의 토대'라는 어려운 의미로 사용하면서 현대의 인문 사회과학 용어로 정착했지만, 우리나라를 포함한 한자 문화권에서도 그와 유사한 구분이 있다. 일반적으로 '지식'으로 묶어 쓰기는 하지만, 엄밀히 구분하자면 '지(知)'와 '식(識)'은 각각 다른 '앎'을 지칭했다.

한자의 지(知)는 '화살 시(矢)'와 '입 구(口)'를 나란히 놓은 글자다. 화살로 자기 입을 찌르면 안 된다는 '사실'은 체계적으로 배워야 알 수 있는 것이 아니다. 흙을 먹으면 안 된다거나 돌로 사람을 때려서는 안 된다거나 뜨거운 물에 손을 넣어서는 안 된다거나 하는 것들은, 아이가 아주 어릴 때 한두 번만 가르치면 된다. 이런 '앎'에 이르는 데에는 예습, 복습도 필요 없다. 또 '하나를 가르치면 열을 아는' 종류의 앎이기도 하다. 초등학교는 물론 유치원에서조차 이런 일들을 가르치지는 않는다. 그래서 '생이지지(生而知之)'라 한다. 지(知)란 사람이 나면서 저절로 아는 것, 곧 오성(悟性)으로 얻는 '앎'이요, 경험으로 깨닫는 '앎'이다.

반면 '말씀 언(言)', '소리 음(音)', '창 과(戈)'로 구성된 '식(識)'은 다른 사람이 하는 말을 들어 얻는 '앎'이다. '학이습지(學而習之)', 즉 배우고 익혀야 하는 앎이다. 사람이라면 배우지 않아도 응당 알 수 있는 일들을 모르는 것을 '무지(無知)'하다, 또는 강조해 '무지막지(無知莫知)'하다고 하지 '무식'하다고 하지는 않는다. '무식'은 배우지 못한 것을 가리킬 뿐이다. 그러나 '지'가 뒷받침되지 않으면 '식'을 얻을 수 없다는 점에서 둘 사이에는 아주 밀접한 관계가 있다. 똑같이 가르쳐도 똑똑한 사람이 더 많이 배우는 법이다.

근대 이전, 신분제 사회를 지탱한 일반적 믿음은 양반 귀족은 다른 신분의 사람들과 천품(天品=뼈대, 혈통) 자체가 다르다는 것이었다. 양반 귀족은 이런 믿음을 근거로 교육의 기회를 독점했다. 양반끼리는 서로를 '무식'하다고 흉봤고, 천민에게는 '무지렁이'라고 욕했다. 타고난 신분이 지적 능력을 결정한다는 터무니없는 믿음이 깨지고 난 뒤, 천한 사람도 배우면 지식인이 될 수 있다는 사실을 입증하려는 열망이 우리 사회 전반을 휩쓸었다. 20세기 후반 이후 한국 사회와 경제의 역동적인 변화는 이 교육열에 힘입은 바 컸다.

그런데 신분제가 폐지된 뒤에도 '지적 능력'이 정확하게 평가된 적은 없었다. 신분 대신 재산이 '지적 능력'의 자리를 차지하는 경향이 새로 나타났기 때문에 '지'와 '식' 사이에는 여전히 거리가 있었다. 문제는 그 '거리'다. 그 거리가 줄어들면 '조상 탓' 하는 사람이 줄어들고 그 거리가 늘어나면 세상을 원망하는 사람이 늘어나게 마련이다.

한국교육개발원 조사에 따르면, 2000년대 초부터 지금까지 학생들의 성적이 부모의 소득수준에 좌우되는 경향은 계속 심해지고 있다. '식'이 학생들의 타고난 '지'보다는 부모의 '돈'에 좌우된다는 의미다. 물론 이것이 아주 새삼스러운 현상은 아니다. 조선 후기 왕들도 과거 급제자가 '백악과 남산 사이'에서만 나오는 현실에 자주 불안감을 표시했다. 부유한 집에서 태어나 유복하게 자란 사람들만 관리가 되면, 가난한 사람들의 삶을 이해하지도 보살피지도 못할 것이라는 불안감이었다. 절대다수 백성의 삶을 살피지 못하는 나라가 위태로워질 것은 뻔한 일이다. 이른바 세도가(勢道家)가 과거 급제자를 독점하는 현상은 자체로 '망조(亡兆)'였다.

환자들의 생명을 볼모로 자기 이익을 챙기려는 의사들, 자기들의 이해관계에 따라 있는 죄를 없애기도 하고 없는 죄를 만들기도 하는 판검사들을 비판하는 소리가 높다. 2024년 12월 3일 윤석열이 비상계엄으로 헌정질서를 파괴하려 했을 때도 우리 사회의 최고 엘리트인 장관들과 장성급 군인들은 동조하거나 방임했다. 많이 배워 '식'은 충분히 갖췄으나 인간이라면 기본으로 갖취야 할 '지'는 부족해서 '무지막지'한 엘리트들은 언제나 국가와 백성을 위태롭게 했다. 부모의 경제력보다는 타고난 천품과 배우려는 의지가 더 높이 평가되는 사회라야, 나라도 안전하고 국민도 안전하다.

직방세계와 세계지도

2002년 한일월드컵을 앞두고 서울시의 의뢰로 자원봉사자 교육을 맡은 적이 있었다. 교육 대상은 외국인 응원단에게 방 한 칸 내주려는 중년 주부들이었다. 강의에 앞서 홈스테이 봉사를 자원한 동기를 물어봤다. 한 분이 "아이들에게 영어 배울 기회를 주고, 글로벌한 마인드를 심어주기 위해서"라는 취지로 답했다. 주변의 다른 분들도 고개를 끄덕이며 공감했다. 문득 궁금한 생각이 들어 다시 질문을 던졌다. "그런데 만약 세네갈이나 카메룬 사람이 집에 들어오면 어쩌죠?" 순간 차가운 공기가 강의실을 채웠다.

많은 한국인이 세계는 마치 미국과 유럽으로만 이뤄진 것처럼 생각하고 행동한다. 이들 나라의 언어, 문화, 습속, 지리에 대해서는 세세한 것까지 알려고 하면서도, 아시아, 아프리카의 나라들에 대해서는 알고 싶어 하지 않는다. 미국인이나 유럽인들과는 어떻게든 사귀어 보려 하면서도, 아시아나 아프리카 사람들과는 일부러 거리를 둔다.

　시간이 흐르는 속도에는 변화가 없지만, 사람들의 기억이 집중되는 '시간대'는 따로 있다. 한국인들은 조선 시대에 세종이나 정조가 무슨 일을 했는지는 대충이라도 알지만, 인종이나 명종 때 어떤 일들이 있었는지는 잘 모른다. 자신의 일생을 되돌아봐도 추억거리가 밀집해 있는 시간대가 있는가 하면, 기억 속에 공백으로 남아 있는 시간대도 있다. 가까운 과거의 일이라 해서 더 많이, 더 잘 기억하는 것도 아니다. 방금 겪은 듯 생생하게 기억하는 오래전 일이 있는가 하면, 어제 겪은 일이지만 잘 기억나지 않는 것도 많다.

　기억은 경험과 관심의 밀도에 크게 영향받는다. 공간에 대해서도 마찬가지다. 지구상에는 200개가 넘는 나라가 있으나 그 이름을 다 외는 사람은 거의 없다. 북아메리카 지도 위에는 도시 위치까지 정확하게 표시할 수 있는 사람도, 유럽 지도 위에 영국, 프랑스, 이탈리아, 독일의 국경선을 그려 넣을 수 있는 사람도, 다른 지역 지도를 주면 어디에 어떤 나라 이름을 써넣어야 할지 막막해한다. 오늘날 한국인들의 의식 속에 있는 세계지도는 깨알 같은 글씨가 다닥다닥 붙어 있는 영역과 몇 개 안 되는 글자가 듬성듬성 박혀 있는 영역으로 나뉘어 있다.

　지금껏 전하는 우리나라에서 가장 오래된 세계지도는 1400년

경에 제작된 '혼일강리역대국도지도'이다. 유럽의 100여 개 지명과 아프리카의 35개 지명이 들어있어 그 무렵의 지도로는 세계 최고 수준으로 평가된다. 그러나 이 지도는 그 시대 사람들의 세계 인식을 반영한 것일 뿐, 실체와는 거리가 멀어도 한참 멀다.

지도의 한 가운데에는 세계의 대부분을 차지하는 중국이 자리하고 있고, 그 옆에 조선이 유럽과 아프리카를 합한 정도의 크기로 그려져 있다. 유라시아에 걸친 대제국을 건설한 원나라를 통해 새로운 지리 정보가 입수됐지만, 그 정보는 중화사상을 조금도 흔들지 못했다.

중국 고대의 주나라에는 직방씨(職方氏)라는 관원(官員)이 있었다. 주 임무는 주나라에 조공을 바치는 주변 제후국들의 정보를 관리하는 일이었는데, 지도 제작도 그의 책임이었다. 그는 자기 직무와 직접 관련이 있는 지역만 상세히 그려 넣고 그 밖의 지역은 생략하거나 소략하게 그렸다. 당대인들은 그의 지도에 그려진 세계를 '직방세계(職方世界)'라고 불렀다. 이는 훗날 지도에 그려 넣을 가치가 있는 세계, 즉 '중화세계'나 '문명세계'와 동의어가 됐다.

오늘날의 세계지도는 '혼일강리역대국도지도'와 비교하는 것 자체가 무의미할 만큼 정교하고 정확하다. 그렇지만 우리가 세계를 보는 눈이 그 시대와 비교할 수 없을 만큼 밝아졌다고 자신하기는 어렵다. 우리 의식 속의 세계지도는 여전히 '혼일강리역대국도지도'와 흡사하다. 지식과 정보의 양에 따라 세계지도를 압축한다면, 동북아시아, 북아메리카, 남서유럽이 전체의 90% 이상을 차지하는 지도가 만들어질 것이다.

한국인들이 '세계화'를 민족적·국가적 책무처럼 여기며 살아온 지 벌써 수십 년이 흘렀다. 그러나 이는 늘 '미국화'와 혼동된다. 세계화는 한국 문화를 세계적 표준의 하나로 올려세우는 것이지, 미국식으로 개조하는 것이 아니다. 19세기 말의 미국인들과 유럽인들은 세계의 모든 지역에 대해 알려고 애썼다. 세계에 대한 영향력은 세계에 대한 지식에 의해 뒷받침되기 때문이다. 내 나라를 알리고 싶다면 먼저 다른 나라를 알아야 한다. 올림픽이든 월드컵이든 국제 스포츠 대회가 열릴 때마다, 세계지도를 펴놓고 한국팀과 경기하는 나라들과 그 주변 나라들에 대해 좀 더 알려는 의지를 가져보자. 우리 의식 속의 뒤틀린 세계지도를 활짝 펴보면, 세계가 얼마나 넓고 다채로운지 새삼 깨닫게 될 것이다.

#09
'님'의 시대

　일제강점기 월남 이상재는 YMCA 강당에서 강연할 때면 먼저 뒤쪽 임석경관석을 흘깃 쳐다보고선 "저기 개나리꽃이 피었군"이라는 말로 시작하곤 했다. 그러면 만장은 폭소로 뒤덮였으나, 일본인 경관은 무슨 뜻인지 몰라 어리둥절했다고 한다. 당시 한국인들에게 경찰은 2인칭으로 '나리', 3인칭으로는 '왜놈의 개'였다. 이상재는 2인칭과 3인칭을 하나로 묶었을 뿐이다. 검열과 감시가 일상적이었던 일제강점기와 군사 독재 시절에는 극장 등 다중이 이용하는 장소에 '임석경관석(臨席警官席)'이라는 게 있었다. '현장을 감시하는 경찰이 앉는 자리'라는 뜻이다.

　세계 어느 곳에서나 중세는 신분제 시대였으나, 한국인의 언어는 유독 신분을 심하게 따졌다. 한국인의 일상 언어생활은 가까운 중국이나 일본에조차 없는 '차별적 언어'가 지배했다. 화자와 청자의 위계에 따라 단어를 바꿔 쓰는 문화가 한국보다 더 발달

5장 작은 변화라도 바라며

한 나라가 또 있는지 모르겠다. 영어로는 'do' 하나뿐인 것을 한국어로는 '하오, 하시오, 하십시오, 하게, 해라'로 나눠 써야 했다. 여기에 임금에게나 쓰는 '하시옵소서'와 아직 어미 활용을 제대로 배우지 못한 아이들을 위한 반말 '해'가 추가되어 총 7등급의 활용법이 있었다. "잘 자라"와 "안녕히 주무십시오", "물어봄세"와 "여쭤봐도 되겠습니까?"는 각각 완전히 같은 뜻이지만 결코 화자와 청자가 바뀌어서는 안 되는 말들이었다. 서술어뿐 아니라 때로는 목적어까지 바꿔야 했다. 밥 먹어라, 수저를 들게, 진지 잡수십시오, 수라를 젓수시옵소서 등.

서술어와 목적어를 가려 쓰기가 이토록 어려웠으니 주어를 선택하기가 쉬울 리 없었다. 순우리말 1인칭은 나와 저뿐이지만 흔히는 본관, 본인, 소신, 소인, 이놈 등을 썼다. 2인칭은 더 복잡했다. 같은 또래의 친척이나 친구, 아랫사람에게는 너, 자네, 그대, 이 녀석, 야, 이놈 등을 쓰거나 이름을 불렀으나 윗사람이나 격식을 갖춰 대해야 하는 사람에게는 반드시 '신분에 맞는' 2인칭을 썼다. 마마, 마님, 영감님, 나리, 서방님, 도련님, 아씨, 부인 등. 낯선 이를 부를 때에는 2인칭을 생략한 채 이보시오, 이보게 같은 말머리를 달거나 어르신, 젊은이 등 나이로 어림잡아 관계를 설정했다. '남이 안 보는 데에서는 나라님도 욕한다'는 말대로, 3인칭은 제 맘대로 쓸 수 있었으나, 개화기에 발행된 한글 신문들은 '의정부 참정 박정양 씨가'나 '낙동 사는 김막동이가'처럼 지체가 높은 사람이면 이름 뒤에 '씨'를 붙였고, 보통사람이면 이름만 썼다.

윤치호, 최남선, 오세창 등이 1918년에 조직한 계몽운동 단체 계명구락부는 1921년 5월 28일 총회에서 '제2인 대명사 칭어(稱語)'로 '당신'을 사용하기로 결의했다. 2인칭 대명사가 너무 많은 것은 신분제 사회의 잔재로서 사민평등(士民平等) 시대에 맞지 않는다는 이유에서였다. '윗사람'과 '아랫사람'이 서로를 '아나타'라고 부르며, 일본인을 부를 때나 조선인을 부를 때나 가리지 않고 '상'을 붙이는 일본 언어 문화에서 영향받은 바도 있었을 것이다. 그러나 다 알다시피 이 운동은 성공하지 못했다. 그때까지 '아주 높은' 사람을 3인칭으로 부를 때 쓰던 '당신'은, 부부 사이에서만 겨우 평어(平語)로 정착했다. 요즘 낯선 사람에게 2인칭 '당신'을 쓰는 것은 싸우자는 뜻이다.

신분제는 해체됐으나 '평등한 언어 세계'를 만들지 못한 탓에 듣는 이의 맘에 들지 않는 2인칭 대명사로 인한 싸움이 흔했다. 1934년 서울 당주동에서는 양반가 후예인 한 젊은이가 나이 많은 물장수를 "여보게"라고 불렀다가 물장수 조합원들에게 집단 구타당하는 일이 생기기도 했다. 어린놈이 나이 많은 사람에게 '하게'체를 썼다는 이유였다.

해방 이후 미국 문화가 들어왔고, 전쟁을 겪으면서 양반과 상놈을 따지던 관행도 급속히 소멸했다. 신분을 따지던 문화가 나이를 따지는 문화로 바뀌었고, 복잡하던 존비법(尊卑法)도 존댓

말과 반말로 단순화했다. 하지만 민주주의와 평등사상도 호칭의 위계를 아예 부수지는 못했다. 친한 사이에는 서로 이름을 부르고, 공과 사가 뒤섞인 관계에 있는 사람에게는 성 뒤에 '형(兄)'을 붙이며, 공적으로만 관계 맺는 사람에게는 미스터, 미스, 미세스 등을 성 앞에 붙이는 관행이 오래 계속됐다. 을이 갑을 부를 때에는 직함 뒤에 '님'을 붙이고, 갑이 을을 부를 때에는 성 뒤에 '씨'를 붙이는 것도 일반적이었다. 정체를 알 수 없는 사람은 일단 사장님이나 선생님으로 부르는 편이 안전했다. 그리고 어느새 '씨'나 '미스터' 등 본디 상대방을 '존대'하는 의미로 쓰던 말들이 '하대'로 바뀌었다. 너무 흔해서인지, 듣는 사람이 과분하게 느껴서인지는 알 수 없으나 사장님이나 사모님 사용이 줄어든 대신 '고객님'이라는 해괴한 말이 일반화했다. 고객님은 종업원을 직접 부르지 못하고 흔히들 '여기요'라고 하거나 이모, 언니 등 제 맘대로 친척관계를 만들어 버린다.

문재인 정권 초기, '대통령 영부인 김정숙 여사'가 옳으냐 '대통령 부인 김정숙 씨'가 옳으냐를 두고 논란이 벌어진 적이 있다. 영부인(令夫人)이란 본디 '남의 부인을 높여 부르는 말'이고, 여사(女史) 역시 '여성을 높여 부르는 말'이다. 중국 고대에 여성 관료는 황후(皇后)의 일거일동을 기록하는 여자 사관(史官), 즉 여사밖에 없었기에 이런 호칭이 생겼다. 이 두 단어를 함께 쓰는 것이 적절한가의 문제와는 별도로, 이는 우리 사회에서 '사람 부르기'가 얼마나 어려운 일인지를 압축적으로 보여줬다. 이 문제는 '대통령 부인 김건희 씨'의 국정 관여 논란이 불거진 최근, 다시 평범한 사람들의 '싸움거리'가 되어 있다.

상대방을 직함으로 부르는 대신 이름 뒤에 '님'자를 붙여 부르는 '언어 문화'를 시험하는 기업이 있다고 한다. '님'은 임금님에서 서방님, 도련님에 이르기까지 극존대와 존대를 아우르는 의존명사다. 또 "님아, 저 강을 건너지 마오", "나를 버리고 가시는 님은", "사랑하는 나의 님은 갔습니다" 등에서 보는 바와 같이 사랑하는 사람을 부르는 2인칭 대명사로도 사용해 왔다. 인터넷에서는 꽤 오래전부터 '님아'나 '님들아'가 2인칭 대명사로 사용되고 있다. 계명구락부의 '당신' 쓰기 운동은 실패했지만, '님' 쓰기 운동은 성공했으면 좋겠다. 50년 넘게 한국어를 쓰며 살았으면서도 거리에서 누군가에게 길을 물을 때마다 "저기요, 저…"라고 뇌까려야 하는 답답한 상황에서 속히 벗어나고 싶다.

10

말을 바로 써야 세상을 바로잡을 수 있다

다른 사람과 나누지 않고 혼자 다 갖는 게 '독점', 다른 사람들의 의견을 듣지 않고 혼자 모든 일을 처리하는 게 '독재', 다른 사람들은 다 틀렸고 자기 혼자만 옳다고 믿는 게 '독선', 다른 형제 없이 하나뿐인 자식이 '독자'다. 그러니 '독립'이란, 본래 주변에 다른 사람 없이 혼자만 서 있다는 뜻이다. 중국인들이 사용하는 중국어 사전은 독립을 '혼자만 서 있음. 혹자는 남에게 의존하거나 예속되지 않는 관계를 가리킴'이라고 정의한다.

몇 해 전, 소규모 학술 세미나에 일본에서 번역의 역사를 전공하는 학자 한 사람이 참석했다. 어떤 사람이 그에게 물었다.

"인디펜던스(Independence)를 독립으로 번역한 이유가 뭡니까?"

사람을 허탈하게 만드는 대답이 돌아왔다.

"지금 생각하면 '자립'으로 번역하는 게 나았을 텐데, 당시 일본인들은 한자의 미세한 뉘앙스 차이를 잘 몰랐던 것 같습니다. 아무래도 모국어가 아니니까요."

순간 '중국인들이 그 번역어를 역수입해 간 이유는 무엇일까?' 라는 의문이 들었으나 그에게 묻지는 않았다. '혹시 다른 아시아 국가들은 다 엎드려 있는 상태에서 혼자만 일어서겠다는 의지가 작용하지는 않았을까?'라고 혼자 생각하고 말았다.

나는 일본인들이 만들어 중국으로 역수출한 번역어 중 최고의 걸작은 '낭만(浪漫)'이라고 생각한다. 군이 글자 그대로 해석하자면 '물결이 이리저리 일렁임' 정도 될 텐데, 일본인들이 로맨스 (Romance)에 상응하는 단어로 만들어 낸 신조어였다. 이와 거의 비슷한 뜻을 가진 한자어로 풍류(風流)가 있었음에도 왜 군이 신조어를 만들었는지는 알 수 없으나, 이 단어는 한자 문화권 전체로 퍼져 나가 중국인 중에도 이 단어가 중국 고전에서 유래한 것인 줄 아는 사람이 많다.

일본인들이 유럽 세계와 조우하기 훨씬 전에 《성경》을 접했던 중국인들은 더 갓(The God)에게 천주(天主)라는 이름을 붙이는 데에는 별로 망설이지 않았다. 그들은 자기들과 다른 유럽인의 우주관은 용인했지만, 천하관의 차이는 어떻게 해도 극복할 수 없었다. 천주의 독생자에 상응하는 한자어 '천자(天子)'는 이미 세속에서 절대적 권능을 행사하는 황제의 몫이었다. 중국에 들어온 그리스도교 선교사들은 부득이 발음도 비슷하고 땅을 감독하는 자로 해석할 수도 있는 '기독(基督)'이나 발음만 비슷할 뿐 아무런 의미도 없는 '야소(耶蘇)'라는 단어를 만들어 '천자인 예수 그리스도'에 대응시켰다.

해방 이후 한국 중등 교육에서 영어는 늘 가장 중요한 과목이었다. 영어는 사교육 시장에서도 수요가 가장 많은 과목이다. 한국에서 대학을 졸업한 사람이라면 1주일에 10시간 이상씩, 10년 넘게 영어 공부를 했다고 봐도 무방하다. 그런데도 신문 등에는 종종 오역(誤譯)한 기사가 실린다. 그러니 사전도 없이 처음 외국어와 맞닥뜨린 사람들은 어땠을까?

최초의 번역은 자기들의 언어와 결합한 지식으로는 들여다볼 수 없는 혼돈의 세계와 교류하는 일이었다. 교류 수단을 얻기 위해서는 자기 문화 전체와 상대 문화 전체를 맞대면시켜야 했다. 둘 사이에서 일치하는 것들을 찾아 대응시키고, 비슷한 것이 있으면 변형시키며, 없는 것은 창조해야 하는 버거운 일이었다. 이 일을 수행하기 위해서는 알려는 의지를 총동원해야 했으나, 그래도 완벽한 결과를 얻을 수는 없었다. 대통령, 장관, 목사처럼 격에 안 맞는 단어들이 만들어졌는가 하면, 가방, 구두, 돈카츠처럼 상대도 모르고 자기들도 모르는 단어들까지 발명됐다.

유럽인들이 전 지구를 무대로 해상 활동을 개시한 15세기 말부터 일본과 중국에서는 유럽인들의 언어를 통해 유럽인들을 이해하려는 노력이 본격화했다. 19세기 말에 이르러서야 서구 세

318

계와 접촉한 조선은 일본인과 중국인들이 대응시킨 단어들을 가져다 쓰기만 하면 됐으니, 이 점에서도 후발 주자의 이점을 톡톡히 누렸다. 그러나 한국 문화 전체를 놓고 보자면 결코 다행스러운 일이었다고는 할 수 없다. 번역할 기회를 잃은 탓에, 한국인들은 자기 문화 전체를 성찰하고 서구 문화 전반을 주체적으로 관찰할 기회도 잃었다.

19세기 말까지 유럽과 미국에서 유래한 신문물에 대한 한국인의 지식 세계는 중국 번역어와 일본 번역어의 공동 지배하에 있었으나 20세기 이후에는 일본이 이에 대한 지배권마저 독점했다. 한국인들은 일본인들이 일본어로 번역한 글을 그대로 읽거나 일본어를 한국어로 번역하는 가벼운 수고만 하면 됐다. 1980년대 초중반까지 100년 가까운 시간 동안, 한국인들은 별 문제의식 없이 이 편리함을 누렸다. 그런데 이 뒤로 일본 번역어를 매개로 한 간접 번역이 줄어들었다고 해서 번역어를 창조하려는 의지가 커졌다고 보기는 어렵다. 오히려 번역어 만들기를 포기하거나 우리말의 '미세한 뉘앙스 차이'를 모른 채 번역어를 만들고는 억지로 유포시키려는 경향만 강해진 듯하다.

이런 현상을 잘 보여주는 단어가 근자에 횡행하는 '혐오'다. 우리말 어감으로는 '징그럽거나 끔찍하거나 더러워서 싫어함'에 해당할 텐데, 이 단어 하나에 증오, 분노, 불신, 공포, 멸시, 경시, 비하, 조롱, 심지어 숭배의 의미까지 다 구겨 넣는 게 당연한 일처럼 됐다. 일본과 중국에서는 혐오, 불신, 공포, 차별로 나눠 번역하는 단어들도, 한국에서는 '혐오'로 통일돼 있다. 같은 단어에 다른 뜻을 담다 보니 상호 이해의 폭이 넓어지는 게 아니라 오히려 소통에 장애가 생긴다.

공자는 세상을 바로잡으려면 무엇보다 먼저 말을 바로잡아야 한다고 했다. 같은 말에 다른 뜻을 담는 사람들이 모여 살면서 세상이 평화롭기를 기대할 수는 없다. 게다가 자기 문화 전반에 대한 깊은 성찰 없이 남의 문화에서 탄생한 단어를 함부로 번역하는 것은, 자기 문화에 대한 무식을 심화하는 일이다. 국립국어원에서든 지식사회에서든, 올바른 번역어를 찾거나 만들기 위해 분발했으면 한다.

#11
분단 시대

서기 660년, 신라와 당나라 연합군은 백제의 수도 사비를 함락하고 왕과 태자를 사로잡았다. 후대의 사가들은 이를 백제의 멸망으로 기록했으나, 당대 백제인들은 그렇게 생각하지 않았다. 그들은 새 지도자를 옹립하고 왜의 지원군까지 끌어들여 자기 땅에서 신라와 당나라군을 몰아내기 위해 치열하게 싸웠다. 이 싸움은 4년 뒤에야 끝났다.

서기 668년, 신라와 당나라 연합군은 고구려를 남북에서 협공해 평양성을 함락하고 왕의 항복을 받아냈다. 후대의 사가들은 이 역시도 고구려의 멸망으로 기록했으나, 당대 고구려인들은 그렇게 생각하지 않았다. 그들 역시 새 지도자를 옹립하고 자기들 땅을 되찾기 위해 싸웠다. 이번에는 신라가 고구려인들을 지원했다. 고구려인들의 싸움도 5년간 계속됐다.

서기 675년, 신라는 마침내 백제와 고구려 땅 일부에서 당나라 군대를 몰아내고 불완전하나마 '삼국통일'을 이뤄냈다. 그런데 정말 '통일'이 되었던 것일까? 신라가 백제와 고구려의 왕조를 멸망시키고 그 영토를 자기 땅으로 삼은 것은 확실하지만, 그 백성들까지 온전히 자기 백성으로 만들었던 것일까?

신라가 삼국을 '통일'한 지 225년 뒤인 서기 900년, 옛 백제 땅에서 세력을 키워 스스로 왕위에 오른 견훤은 나라 이름을 후백제로 정했다. 그가 백제의 옛 왕실과 혈연관계에 있었기 때문이 아니다. 백제의 부활을 내세우는 것이, 그 땅에 사는 다른 호족들과 백성들의 마음을 얻는 데 유리했기 때문이다. 이듬해인 서기 901년, 옛 고구려 땅 일부를 차지한 궁예도 나라 이름을 고려로 정하고 고구려를 위한 복수를 다짐했다. 그에게는 신라 귀족의 후예라는 자신의 혈통보다도, 그 땅에 사는 사람들이 200년 넘게 지녀 온 '복수심'이 정치적으로 훨씬 더 중요했다. 궁예의 고려는 마진, 태봉으로 이름을 바꿨으나 궁예를 몰아내고 새 왕이 된 왕건은 나라 이름을 고려로 되돌렸다. 이어 신라와 후백제를 차례로 멸망시키고 다시 '통일'을 이뤘다. 결과적으로 고구려가 삼국을 통일한 셈일까?

다시 300년 가까운 세월이 흐른 1190년, 옛 신라의 수도였던 동경(현재의 경주) 일대에서 백성들이 봉기했다. 이들은 여러 집단으로 나뉘어 있었으나 모두 신라를 다시 세우겠다고 공언했다. 1217년에 서경(현재의 평양)에서 병졸들의 반란을 주도한 최광수는 '고구려부흥병마사'를 자칭했다. 1236년 옛 백제 땅에 살던 이연년 형제는 금성산성에서 병사들을 모아 '백제군'을 편성한 뒤 스스로 '백제도원수'가 됐다. 고구려와 백제가 망한 지 600년, 신라가 망한 지 300년이 지났어도 고구려, 백제, 신라 사람이라는 자의식은 소멸하지 않았다.

《삼국사기》(1145)에 없던 단군 관련 기록은 몽골의 침략을 겪은 뒤 일연이 기술한 《삼국유사》(1281)에 비로소 나타났다. 언어와 풍습이 판이한 몽골인들의 침략을 겪고 나서야, 고려인들을 한 무리로 묶기 위해서는 고구려, 백제, 신라의 유민(遺民)이라는 의식을 청산해야 한다는 생각이 확산했기 때문이다. 고려를 멸망시키고 새 왕조를 연 이성계 일파가 나라 이름을 '조선'이라고 정한 것도 '삼한(三韓)'을 정신적으로 통일하기 위해서였다. 백성들의 통일은, '삼국통일' 700년 뒤에야 이뤄졌다. 조선 시대에도 여러 차례 반란이 있었으나 고구려, 백제, 신라를 재건하겠다는 말은 더 이상 나오지 않았다.

북한의 김정은 국무위원장은 2023년 12월 제8기 제9차 조선노동당 전원회의에서 남북관계를 '적대적인 두 국가관계'로 규정했고, 2024년 1월 15일 최고인민회의 시정연설에서는 남한이 '불변의 주적'이라고 단언했다. 북한의 공식 매체들은 '남조선'이라는 칭호도 '대한민국'으로 바꾸었다. 윤석열 정권 출범 이후 문재인 정권의 평화 공존정책이 폐기되고 대북 적대정책이 공식화한 데 따른 반작용이었지만, 이후 남북관계는 일촉즉발의 팽팽한 대치관계를 이어가고 있다.

북측의 통일 포기 선언에 이어 남측에서도 '통일 포기론'이 대두했다. 2024년 7월, 서울대 통일평화연구원의 '통일의식' 조사에 따르면, '통일이 필요하다'고 생각하는 사람은 36.9%, 필요하지 않다고 생각하는 사람은 35%였다. 남측에서 통일을 원하지 않는 사람의 비중은 매년 높아가고 있다. 그러나 통일을 원치 않는 사람이 아무리 많아져도, 그 경로가 아무리 복잡해도, 같은 언어를 쓰면서 서로를 '동포'라 불러온 역사의 힘은 우리를 통일로 밀어붙일 것이다.

체제 경쟁은 이미 끝났다. 현대에 세습 독재 권력이 오래갈 수 없다는 건 인류 역사가 증명하는 바다. 그런데 북한체제가 붕괴한다고 해서, 북한 땅이 대한민국 영토로 통합된다고 해서, 그걸 '민족통일'이라고 할 수 있을까? 남북한 주민들 사이의 문화적 '이질화'를 걱정하던 단계는 이미 오래전에 지났다. 지금 문제로 삼아야 할 것은 그 '이질성'을 수용하고 그와 공존하는 방식이다. 북한에서 탈출해 남한에 정착한 사람이 3만 명을 넘어섰다. 그런데 남한 사회는 이들을 어떻게 '통합'하고 있는가? 저들 중 북한으로 되돌아간 사람이 확인된 수만 스물다섯이라고 한다. 목숨을 걸고 탈북하여 천신만고 끝에 남한에 정착했다가 되돌아간 이유를 다 알 수야 없지만, 저들이 결국 남한 사회에 '통합'되지 못했다는 사실을 부정할 수는 없다. 우리 사회가 그들을 대하는 일반적 태도는 호기심과 동정심과 멸시감이 뒤섞인 것으로서, 중국 조선족이나 동남아시아 이주 노동자를 대하는 태도와 그리 다르지 않다.

자진해서 '통합'되기를 원한 사람들에 대한 태도가 이런 상태인데, 만약 '도둑처럼' 통일이 다가온다면 어떤 일이 벌어질까? 역사적 경험에 비춰본다면, 평화통일이 이뤄진다고 해도 결코 평화로운 나라가 되지는 못할 것이다. 그렇기에 탈북자들을 우리 사회의 동등한 일원으로 재배치하는 일이 중요하다. 탈북자들을 우리 사회에 적응시키는 문제뿐 아니라, 우리 사회가 탈북자들에게 적응하는 문제도 함께 고민해야 한다. 그래야만 형식적으로나 실질적으로나 하루라도 일찍 분단 시대를 끝낼 수 있다.

#12
힘으로는 평화를 이룰 수 없다

   인간이 물자를 확보하는 방법은 채집(수렵), 약탈(수탈), 생산, 교환의 네 가지가 있다. 채집과 수렵은 모든 동물 종의 보편적 생활 물자 확보 방식이며, 다른 동물이 확보한 것을 빼앗거나 훔치는 동물 종도 있다. 생산과 교환은 오직 인간만이 하는 '인간다운' 활동이다. 비극은 인간이 생산 기술과 함께 그릇 만드는 법도 알아냄으로써 시작됐다. 그릇으로 인해 인간에게는 필요한 것보다 더 많은 물자를 미리 확보해 장기 보관하는 습성이 생겼다. 자기 미래를 위해, 또는 자기 후손을 위해 그릇에 담아 두거나 창고에 보관하는 물자가 재산이었다. 재산을 보유함으로써 물자에 대한 인간의 욕망도 커졌다.

   그런데 직접 생산하거나 평등하게 교환해서 물자를 얻는 방식만으로는 커진 욕망을 채울 수 없었다. 게다가 수십만 년에 걸쳐 형성된 인간의 사냥 본능은 생산을 시작한 뒤에도 소멸하지 않았다. 다른 인간을 '사냥'하여 그가 가진 물자를 빼앗거나 그를 사로잡아 가축처럼 부리는 것은 위험 부담은 크나 많은 재산을 빠르게 축적하는 방법이었다. 인류가 언제부터 다른 인간 집단을 약탈하거나 자기 공동체를 약탈로부터 보호하기 위한 전문적 무장 조직을 만들었는지는 단정할 수 없으나, 인류 최초의 직업 중 하나가 군인이었음은 의심할 여지가 없다. 군인이 하는 일이 전쟁이었고, 고대의 전쟁은 집단 약탈이었다. 국가는 전쟁을 통해 형성됐고, 전쟁을 통해 강해졌으며, 전쟁을 통해 자기 존재를 정당화했다.

국가의 역사는 곧 전쟁의 역사였다. 국가가 출현한 이래 수천 년간, 국가에 소속된 인간은 전쟁하거나 전쟁에 대비하면서 평생을 보냈다. 우리 역사에서도 삼국 시대 이전부터 고려 시대까지, 전쟁을 겪은 세대가 그렇지 않은 세대보다 많았다. 삼국 시대부터 조선 시대까지, 16세 이상 60세 이하의 노동력을 가진 평민 남성은 모두 농민인 동시에 군인으로 살아야 했다.

생산과 교환은 인간이 다른 동물과 확연히 구별되는 특별한 존재라는 증거였으나, 전쟁은 인간이 여전히 동물의 일종, 그것도 가장 잔혹한 동물이라는 증거였다. 인간의 가치관은 곡식을 키울 때와 전쟁을 할 때, 정반대의 방향을 향했다. '인간다움'이란 생산(生産), 즉 생명을 낳고 키우는 과정에서 체득된 속성이었다. 지구 어느 곳에서나 최초의 법률은 '살인하지 말라'였다. 생명을 살리기 좋아하는 호생지덕(好生之德)은 하늘의 덕이자 '인간다움'의 본령이었다. 자연재해, 역병, 전쟁은 인간을 대량 살상한 3요소였다. 앞의 둘은 하늘의 소관이나 전쟁은 인간이 벌이는 짓이다.

전쟁은 인간을 말살하는 행위이자, 인간성이 말살되는 상황이다. 전쟁은 연쇄 살인마와 살인강도, 방화범을 영웅으로 만든다. 자기 공동체 외부의 적대적 인간 집단에 대한 것이라면, 어떤 반인간적 범죄도 훈장감으로 바뀐다. 역사상의 모든 전쟁이 온갖 대의명분과 미사여구로 수식됐으나 그 본질은 타인을 죽이거나 포로로 삼아 재산을 불리는 것이었다. 인간은 생산 도구를 개발하는 일보다 전쟁 도구를 개발하는 일에 더 많은 지적 노력을 기울였다. 산업혁명으로 기계의 시대가 열리기 전에는 생산용 도구보다 무기 종류가 더 많았다. 산업혁명 이후 무기의 살상 능력은 신의 권능을 넘어섰다. 갑옷, 방패, 성벽이 무의미해졌고, 비행기로 인해 전선(戰線)이라는 개념도 모호해졌다. 전쟁의 목표는 상대의 요새를 함락시키는 것에서 생산 기반 전체를 철저히 파괴하는 것으로 바뀌었다. 이런 전쟁에서는 이긴 쪽도 이익보다 손실이 컸다. 1918년, 제1차 세계대전이 끝나자 유럽 국가들은 전쟁의 대차대조표를 작성했다.

1,200만 명 이상의 사망자, 인간의 곤경 위에 쌓아 올린 치욕적인 재

산들, 처형장에 선 죄 없는 사람들, 훈장 받은 죄인들. 전쟁과 그 주역들에게 저주 있으라.*

당대의 첨단 과학기술이 총동원된 전쟁은, 경쟁이 문명 발전의 유일 동력이라는 믿음도 무너뜨렸다. 무제한의 경쟁이 전쟁이다. 전쟁에서 이기는 것이 아니라 전쟁 없는 상태를 지속하는 것으로 인류 공통의 목표를 바꿔야 한다는 생각이 급속히 확산했다. 물론 이 반성의 힘이 관성의 힘을 확실히 누를 정도로 강하지는 않았다. 이로부터 30년도 지나지 않아, 인류는 핵무기를 개발했고, 사용했다. 인류 최후의 날은 신이 아니라 인간이 정하리라는 점도 분명해졌다.

제2차 세계대전 이후 전쟁을 없애거나 적어도 인간이 통제할 수 있는 범위 안에 둬야 한다는 인류의 합의에 따라 유엔(UN)이 창설됐다. 유엔은 1948년 『세계인권선언』을 제정해 인간은 피부색, 국적, 종교, 언어, 성별, 기타 어떤 차이가 있더라도 다른 인간을 '형제애'로 대해야 한다고 천명했다. 전쟁을 인간과 인간성에 대한 범죄로 규정했다는 점에서, 지난 한 세기는 인류 역사상 초유의 시대였다.

러일전쟁 직전, 일본의 한 시사잡지는 총과 칼, 대포 등 무기를

---

* 프랑스 생마르탱데스트레오의 제1차 세계대전 기념비문.

늘어놓아 '평화(平和)'라는 글자를 만든 삽화를 실었다. 총으로만 평화를 이룰 수 있다는 직설적 표현이었다. 윤석열 대통령이 기회 있을 때마다 말하는 "평화는 압도적 힘의 우위로만 이룰 수 있다"는 말과 완전히 같은 뜻이다.

평화의 반대는 전쟁이고, 전쟁은 힘으로만 막을 수 있다는 논리는 지금도 상식의 지위를 점하고 있다. 그러나 일본은 그 뒤로도 만주사변, 중일전쟁, 태평양전쟁을 잇달아 도발하여 수백만 명을 죽이고, 자기들도 수백만 명이 죽는 참화를 입었다. 안중근 의사는 일본인 검사가 이토 히로부미 덕에 동양에 평화가 이룩됐다고 주장하자 "동양 전역에 일본에 대한 원한을 쌓아둔 상태는 결코 평화가 아니라 다음 전쟁을 예비하는 것일 뿐"이라고 반박했다. 총으로 만드는 평화의 시대는 다음 전쟁을 준비하는 시대일 뿐이다. 사실 평화의 반대말은 전쟁이 아니다. 평(平)은 높낮이가 없는 상태를 뜻하는 글자로 반대되는 글자는 '차(差)'이다. 화(和)는 서로 다른 것들이 따로 놀지 않고 잘 어울려 있음을 뜻하는 글자로 반대되는 글자는 '별(別)'이다. 평화의 반대말은 차별이다.

총성이 울리든 아니든, 대량 살상 무기가 사용되든 아니든, 지금도 온 세상이 매일매일 전쟁 중이다. 힘으로는 결코 항구적 평화를 이룰 수 없다. 평화로운 세계는 차별 없는 세계와 같은 뜻이기 때문이다.

時代 論說

역사의 시선

초판 1쇄 펴냄　2025년 3월 7일
초판 2쇄 펴냄　2025년 3월 17일

지은이　　　전우용
펴낸이　　　김경섭
펴낸곳　　　도서출판 삼인
전화　　　　(02) 322-1845
팩스　　　　(02) 322-1846
이메일　　　saminbooks@naver.com
등록　　　　1996년 9월 16일 제25100-2012-000045호
주소　　　　(03716) 서울시 서대문구 성산로 312 북산빌딩 1층

ISBN　　　　978-89-6436-276-1　03900